OSNING
Die Externsteine

Usch Henze

Osning – Die Externsteine

Das verschwiegene Heiligtum Deutschlands
und die verlorenen Wurzeln europäischer Kultur

NEUE ERDE

1 2 3 4 5 6 7 15 14 13 12 11 10 09 08 07 06

Osning – Die Externsteine

Titelseite: Dragon Design, GB
Unter Verwendung eines Fotos von Michael Singer
Satz und Typo: Dragon Design
Gesetzt aus der Times und der Rotis Sans Serif
Gesamtherstellung: AALEXX Druck GmbH, Großburgwedel

Printed in Germany

ISBN 3-89060-229-0

Neue Erde Verlag GmbH · Cecilienstr. 29
66111 Saarbrücken · Deutschland · Planet Erde
www.neueerde.de

Inhalt

Prolog

Das Naturheiligtum Externsteine soll in diesem Buch in einen größeren Bezugsrahmen gestellt werden, vor allem, um die Vergangenheit des Alten Europa und seine geistigen Wurzeln lebendig werden zu lassen.

Für mehrere aufeinanderfolgende Kulturen, deren Weltanschauung, Glaubenssätze, religiöse und geistige Werte Wandlungen unterlagen, war dieser Ort der Mittelpunkt ihrer geistigen Welt. Sie alle brachten ihre Vorstellungen über die Schöpfung ein, über die Beziehung zwischen Gott und Mensch, ihre Weisheit und ihr Wissen um die Erde und den Kosmos. Sie sind es wert, verstanden und gewürdigt zu werden.

Die Externsteine sind ein lange »verschwiegenes Heiligtum«. Nach dem über Jahrhunderte anhaltenden Bestreben, alles »Heidnische« zu verteufeln, wurde es in der Neuzeit mit dem nationalsozialistischen Erbe der Deutschen in Verbindung gebracht. Beides hat zu einem anhaltenden Schock geführt, so daß man in unserem Lande kaum wagte, über diese Zeiträume hinauszublicken, oder ängstlich davor zurückscheute, damit in Verbindung gebracht zu werden.

Deshalb erscheint es mir wesentlich, den ursprünglichen Charakter der Externsteine als einen bedeutenden Kraftort der Vorzeit in ein Gesamtkonzept der lange vergessenen europäischen Kultur zu stellen – als eine Mysterienstätte, die über Jahrhunderte der Einweihung diente.

Die Funde der Archäologie bestätigen, im Gegensatz zur vorherrschenden Meinung, daß der Norden Europas bis zur Kolonisierung durch Rom kein Brachland gewesen ist. Auf gar keinen Fall entsprechen die älteren Völker dem lange verbreiteten Bild barbarischer Menschen, sondern ihre Mythologie und Wurzeln weisen auf große Hochkulturen im fernen Altertum hin.

Heutige Erkenntnisse bestätigen, daß es in der Vorzeit eine große, weltweit verbreitete Kultur gegeben hat, die dem, was wir »Vorgeschichte« nennen, vorausgegangen ist; sie hat mit ihrem umfassenden Weltbild in Wissenschaft und Bildung Akzente gesetzt, die noch in der Antike gepflegt wurden. Davon hat sich die Menschheit immer weiter entfernt.

Das einstige Wissen existierte nur noch verschlüsselt in einer Mythologie, die niemand mehr verstand. In den Händen einiger weniger wurde es Bestandteil von Geheimlehren, zu deren Verständnis ein hoher Grad von Bewußtsein erforderlich war, der durch eine Schulung des Geistes und durch langjährige metaphysische Studien erreicht werden konnte. Daraus gingen die großen Lehrer hervor, die die alten geistigen Traditionen aufrechterhielten, man nannte sie »Eingeweihte«, ihr Geist war beflügelt vom Wissen um universelle Gesetzmäßigkeiten.

Wie aus einem Tiefschlaf, der durch dunkle Zeitalter führte, beginnen die Menschen im heraufdämmernden Wassermannzeitalter sich zu erinnern, wozu der menschliche Geist fähig ist. Wie aber sollen wir uns erinnern, wenn die Vergangenheit nicht mehr lebendig ist, wenn wir nichts erkennen, was es zu erinnern gibt?

Vergessen ist auch, wie eng der dramatische Verlauf unserer Geschichte in West-Europa an die Externsteine gebunden war. Um die Erinnerung wachzurufen, ist dieses Buch entstanden. Und es ist eine Hommage an all die Menschen, die das legendäre Heiligtum zu dem gemacht haben, was es einst gewesen ist; an ihre geistige Größe, an ihre Achtung vor dem Leben und an den Mut derer, die verzweifelt versucht haben, eine Kulturstätte zu verteidigen, die größte Wertschätzung erfuhr und weit über ihre Grenzen hinaus bekannt war. Dabei geht es nicht um eine Romantisierung der Vergangenheit oder die Glorifizierung alter Völker; auch sie waren Menschen, die mit den Konflikten unserer menschlichen Natur lebten; hervorgehoben werden in erster Linie ihre spirituelle Welt, ihre Weisheit und die Grundwerte einer Lebensphilosophie, auf die wir heute sehnsuchtsvoll zurückblicken.

Wenn wir zurückgreifen auf die Vergangenheit, werden wir sehr schnell gewahr, wie wenig wir wirklich wissen und daß es darum allein nicht geht. Daher ist dies kein Buch für »Wissenschaftler« und auch kein Buch für solche, die die Ursachen der Vernichtung der alten europäischen Kulturvölker nicht wahrhaben wollen. In dieser Hinsicht mag der Inhalt provokativ erscheinen, da ich mich in die Rolle der »Verlierer« versetzt habe. Aber das sind wir letztlich alle, wie wir heute erkennen, da es im Verlauf unserer Geschichte viele »Wucherer« gab, die vergessen haben, daß wir Menschen »zu Gast« auf diesem Planeten Erde sind.

Das Buch soll außerdem Anstöße vermitteln und Mut machen, an den Externsteinen und in deren Umgebung Beobachtungen aufzugreifen, die das derzeitige Bild erweitern; darüber hinaus ist es ein Angebot, das alte Heiligtum selbst zu erforschen und zu nutzen, um dort Erfahrungen und Erkenntnisse zu sammeln, die der persönlichen Entwicklung dienen.

Vielleicht gelingt es mir, zu erklären, warum wir uns an besonderen Orten »zwischen den Welten« fühlen; ich will aber auch die »steinzeitliche Technologie« ansprechen und dem Gedanken nachgehen, weshalb die Orte errichtet wurden, die wir heute »heilig« nennen. Ich werde meine eigenen Beobachtungen und Erfahrungen an Kraftorten einfügen, an den Externsteinen und anderswo, und Impulse einfließen lassen, die mir meine spirituellen Begleiter oder die geistigen Hüter des Ortes in großer Weisheit vermittelt haben.

Der Kyffhäuser und die Externsteine waren in Deutschland die ersten Kraftorte, an die ich geführt wurde. Sie waren meine unschätzbaren »Lehrmeister«, bevor ich weiterging an viele der alten Stätten in Großbritannien, Irland, Frankreich, Ägypten und Mexiko, nach Kleinasien und zu den Mittelmeerinseln. Jeder Ort war im doppelten Sinne ein Ort der Einweihung. Neben spirituellen Erfahrungen stand die Herausforderung, ganz rational – »mit den Füßen auf der Erde« – zu forschen. Ich gebe weiter, was ich auf einem langen Wege gelernt habe.

Daher kommen vielleicht doch einige Wissenschaftler auf ihre Kosten, wobei fraglich ist, ob der alte OSNING – den wir heute Externstein nennen – noch in diesem Jahrhundert seine Geheimnisse preisgibt; besser gesagt, … ob wir bereit und interessiert sind, ihn zu entdecken.

Wer einmal in der Stille der Natur die Schönheit des entlegenen Felsenheiligtums bewunderte oder anderswo einen Steinkreis durchschritt, geheimnisvolle Pyramiden besuchte; wer aus einer alten Quelle trank oder im Schatten eines Jahrhunderte alten Baumes dessen Legende hörte, mag, neben dem Erstaunen über die geheimnisvolle Kraft einer geheiligten Stätte, berührt worden sein von etwas Unbenennbarem.

Nicht nur ein Hauch Jahrtausende alten Wissens und menschlicher Größe umweht uns dort, vielleicht auch ein wenig Melancholie oder das Gefühl, etwas vergessen und verloren zu haben, abgeschnitten zu sein von der Vergangenheit, die doch mehr in sich birgt, als wir dachten. Da kann etwas in unserem Inneren stattfinden, das wir nicht erklären können. Der Eindruck hinterläßt oft mehr als eine Ahnung von einer größeren Wirklichkeit.

Abgesehen von mystischer Faszination, erkennen wir in den alten Kultstätten noch andere Merkmale. Wie wir heute wissen, handelt es sich um mehr als Grabanlagen oder um Einrichtungen, die dem »frühen Menschen« die Beobachtung der Jahreszeiten ermöglichten. Dafür steht ein derartiger Aufwand nicht. Die Stätten wurden teilweise für diese Zwecke genutzt, was jedoch nicht bedeutet, daß dies ihre ursprüngliche und einzige Bestimmung gewesen ist.

Der Mensch unserer Zeit beginnt, unsere Welt, die Erde, den Kosmos, mit anderen Augen zu betrachten. Aufgrund so vieler neuer Erkenntnisse über die Vergangenheit schreiben wir dabei die Geschichte der Menschheit neu. Vielleicht zieht es deshalb mehr und mehr Menschen zu den alten Heiligen Stätten hin, die in den letzten Jahren weltweit einen Besucherstrom zu verzeichnen haben wie lange nicht.

Fragen drängen sich auf, die an unzähligen dieser Orte gestellt wurden. Wer erschuf Landschaftstempel, die sich über so viele Kilometer erstrecken, daß sie nur aus der Luft erkennbar werden? Wie haben die Menschen ungeheure Steinmassen bewegt und bearbeitet, wer waren die Architekten/innen der großen Megalith-Stätten? Unausweichlich begegnen wir hier einer unbekannten Vergangenheit, über die Jahrhunderte, Jahrtausende den Mantel des Vergessens decken, und wir stehen voller Staunen vor dem Unerklärbaren.

Seit vielen Jahren hat das Thema der Kraftorte und der Geheimnisse astrophysikalischer Bauwerke, Landschaftstempel und Naturheiligtümer zunehmendes Interesse geweckt. In allen Teilen der Erde werden mehr und mehr dieser Anlagen entdeckt und erforscht. Es sind »Kraftorte«, deren Errichtung auf die Existenz einer oder mehrerer Zivilisationen hinweist, die mit dem Umgang kosmischer und irdischer Naturkräfte vertraut waren. Umfangreiche Messungen haben ergeben, daß an diesen Orten tellurische und kosmische Strömungen zusammenfließen und wesentlich höhere Schwingungen vorhanden sind als andernorts. Erweiterte Forschungen lassen den Schluß zu, daß die alten Plätze zur Heilung dienende Kräfte ausstrahlen.

Wir können lernen, unsere Sinne dafür zu öffnen. Wir können die »Zentren der Schöpfung und Heilung« mit einem neuen Verständnis betrachten und erleben; sie verbinden uns mit vergessenem, erhabenem Wissen über Kosmos, Erde und Mensch. Darin haben wir unsere Wurzeln, unsere Jahrtausende alte Geschichte – *jeder einzelne von uns*.

Die Erinnerung daran ist das Unbenennbare, das Ehrfurchtauslösende, das uns an einem Kraftort berührt. Als Dank gebührt dem Planeten Erde ein Sinneswandel, unsere Achtung und die Wertschätzung allen Lebens.

Usch Henze

I.

Geschichte

OSNING – Felsenheiligtum der Eiszeit?

> Nirgendwo in der Geschichte finden wir einen Anfang,
> sondern immer eine Folge.
> … Wie können wir aber das Ende verstehen, wenn der
> Anfang ein Geheimnis bleibt?
> *J. J. Bachofen*

Vor etwa 70 Millionen Jahren begann die Gebirgsbildung des Teutoburger Waldes, des nordwestlichsten Ausläufers der deutschen Mittelgebirge zwischen Osnabrück und Paderborn. Dabei richtete sich aus der Sedimentschicht eines Urmeeres, am südöstlichen Grat nahe dem Eggegebirge, eine flach liegende Sandsteinformation zu einem senkrechten Felsmassiv auf. Seitdem steht dieser Gebirgszug aus Osning-Sandstein aufrecht, und er könnte heute noch so ähnlich aussehen wie der auf gleiche Weise entstandene Ayers Rock, der heilige Felsen der Aborigines in Australien, hätte der »Osning« nicht vor etwa 100.000 Jahren, während der vorletzten (Saale-)Eiszeit, am Rande der Vereisungsgrenze gestanden.

Eisriesen, Hunderte von Metern hoch, erhoben sich in nicht mehr als sechs Kilometern Entfernung. Die am Ende der Eiszeit herabstürzenden Schmelzwasser aus den nahegelegenen Gletscherspalten und nachfolgende Erosion sowie die Auswaschung durch das Wasser der Wiembeke, heute nur mehr ein Bachlauf, gestalteten die freistehenden Felsentürme. (Siehe auch Farbtafel 1)

Die Mythologie der EDDA weist auf die »Eisriesen am Rande der Welt« hin, dort kann man sich den Osning in einer trichterförmigen Nische am Rande eines eiszeitlichen Gletschers vorstellen, was seine Bedeutung in eine unvorstellbare Vorzeit versetzte. Dann könnte an den Externsteinen das ewige Nebelreich »Nifelheim« gelegen haben, und die trichterförmige Einbuchtung wäre das in der EDDA beschriebene »Ginungagap«.

Wenn es so gewesen ist, daß der Rand der Vereisung gabelförmig an besagter Einbuchtung verlief, würde ein alter »Hellweg« vom heutigen Paderborn genau entlang dieser Grenze zum Osning geführt haben; ein »heiliger Weg«, der noch Jahrtausende später, lange nachdem sich das Eis zurückgezogen hatte, im Gedächtnis der Menschen verankert war.

Vieles verlor sich im Dämmerlicht der Vergangenheit, in unverstandener Symbolik und Mythologie. Symbolik ist archetypisch, und auch die Mythologie kennt nicht nur eine Wahrheit. Beide bieten nicht eines der »geschlossenen Systeme«, an die sich der heutige Mensch klammern möchte. Symbolik und Mythologie sind offene Systeme, und das zeichnet sie aus, denn im unendlichen Fluß der Schöpfung gibt es keine geschlossenen Systeme; alles ist in Bewegung, in einer größeren Ordnung zusammengehörig und nie vollendet. Mythologie ist nicht hierarchisch, sondern sie ist holistisch, sie kennt keine Spezialisierung für Raum oder Zeit, sie umfaßt Geist, Seelenbewußtsein und Entwicklung; Vergangenheit, Gegenwart und Zukunft verschmelzen ineinander.

***

Führen uns die Legenden der EDDA in die Traumzeit Europas? Weil wir lange aus der Traumzeit herausgefallen sind, kostet es einige Mühe, unsere Wurzeln darin zu erkennen und die Inhalte der Mythologie zu verstehen.

Traumzeit bedeutet die Verflechtung mit der Schöpfung, mit dem Ursprung des sich gestaltenden Bewußtseins. Es ist unmöglich, sie aus der Sicht unserer westlichen Welt in Kategorien von »schwarz« oder »weiß« zu betrachten. Wir müssen die Tatsache würdigen, daß Doppeldeutigkeit im Mittelpunkt sowohl der Mythologie als auch der Traumzeit steht, eher sogar Multidimensionalität. Eine holographische Weltsicht ist von Natur aus mindestens zweideutig, weil sie Entwicklungen und Bestandteile aus mehr als einer Wirklichkeit beinhaltet und verschmelzen läßt und mehr als einen Bezugsrahmen von Raum und Zeit kennt.

Traumzeit – das ist der magische Akt des lebendigen Geistes, das Ungeoffenbarte ins Leben zu rufen, die immerwährende Verschmelzung des planetaren Logos mit einer universellen Ordnung, das »Nichtsein« in das »Sein« zu wandeln. Öde und Leere werden überwunden, und der Natur wird Gestalt verliehen. Traumzeit bedeutet das Ineinanderfließen von Vergangenheit, Gegenwart und Zukunft – vielleicht ist es die ZEIT, die der Geist träumt. Traumzeit – die Zeit der Schöpfergottheiten, die den Weg bereiten, Bewußtsein zur Individualität zu entwickeln.

Jene »Zeit der Anfänge« bezieht sich auf die Erschaffung der Welt, der Götter und der Menschen. WESENHEIT wird erschaffen, um Träger von Bewußtsein zu werden und sich einen Lebensrahmen zu gestalten, in dem sie sich bewegen kann, jedoch verbunden bleibt mit dem erschaffenden Impuls der EINHEIT, und sich als Teil und Ausdruck der Göttlichen Ordnung empfindet. In der unaussprechlichen Erinnerung daran erkennt das Wesen die Sinnhaftigkeit seines Lebens und interagiert mit Allem-Was-Ist.

Der Mensch blieb für lange Zeit mit dieser Erkenntnis verbunden. Fruchtbarkeit bringender Regen, das tröstliche Wunder der aufgehenden Sonne, rätselhafter, unsteter Mond, ein grenzenloser Himmel, der in der Nacht zum allumfassenden Sternenzelt wird, Wechsel der Jahreszeiten und eine ungeheure Vielfalt der Natur bestätigten in ihrer Ordnung die Gegenwart und die Macht der Lebenskraft verleihenden schöpferischen Gottheit.

Rituale und magische Gegenstände, geweihte Steine und heilige Schwerter, ein Zauberring, ein geheiligter Ort, dies waren die verbindenden Elemente zur Anderswelt und zu übergeordneten Kräften, aus denen man schöpfen konnte. Ein heiliger Ort, Pflanzensäfte und Halluzinogene ermöglichten dem an Materie und Körperlichkeit gebundenen Bewußtsein, diesseitige Grenzen zu überschreiten, eine Brücke zu schlagen zu anderen Dimensionen.

Wer will hier nur eine Grenze kennen? In allen Glaubenslehren und Ritualen wird man dabei eine sehr ursprüngliche Konzeption der diesseitigen Welt und einer »Anderswelt«, wie die Kelten sagten, entdecken und der gleichen spirituellen Suche des Menschen nach dem Sinn seines Lebens begegnen.

Rundgang durch das Heiligtum

Von der insgesamt dreizehn Felsen umfassenden Gruppe der Externsteine haben sich im Bewußtsein der Menschen vor allem die fünf mächtigen Felsen eingeprägt, vor denen sich eine weite Lichtung ausdehnt, die den offenen Blick auf die hoch aufragende Gesteinsformation ermöglicht. (Siehe Farbtafel 1, oben)

Nähert man sich den Felsen auf dem Zugangsweg von Süd-Osten (vom großzügig angelegten Parkplatz kommend), grüßt vom höchsten der Felsen ein markant aus dem Stein gehauener Männerkopf, der »Rufer« genannt wird. (Siehe Farbtafel 3)

Vom nächsten Felsenturm droht von hoch oben ein »Wackelstein« herunterzufallen, die Felsenwand wird eingenommen von der Großskulptur des »Hängenden«, einer mysteriösen, gesichtslosen Figur mit gesenktem Kopf und ausgebreiteten Armen.

Der Hängende

Daneben folgt ein Felsen mit abgeflachter Kuppe und einer Aufgangstreppe, die in etwa 40 Metern Höhe über eine kleine Brücke auf den nächsten Felsen zum »Sacellum« führt, einer vorzeitlichen sakralen Höhenkammer. Ausgestattet mit dem berühmten »Sonnenloch«, weist das Sacellum die Externsteine u.a. als astronomische Beobachtungsstätte aus. (Siehe Farbtafel 6 und Farbtafel 7 oben)

Am Fuß des Sacellum-Felsens ragen vor einem abgebrochenen Felsenstumpf die Stufen einer Treppe hervor (Bild S.124), die einst zu einer der bedeutungsvollsten Einrichtungen des alten Heiligtums führten, zu einer heiligen Säule, die »Irminsul« genannt wurde.

Hier werden, wie überall am Osning, massive Zerstörungen sichtbar – vor zweitausend Jahren durch die römische Invasion, hauptsächlich aber im 8. Jahrhundert n. Chr. unter Karl dem Großen –, die von den Einrichtungen des einzigartigen Heiligtums nur dürftige Reste hinterlassen haben.

Getrennt durch einen schmalen Felsspalt, folgt neben dem Sacellum-Felsen der mächtigste Gesteinsblock, der in der Reihenfolge der herkömmlichen Zählung »Felsen 1« genannt wird. In seine mysteriöse, seit Urzeiten frequentierte Kuppelhöhle mit mehreren Kammern führen Fenster und Eingänge.

Dazwischen ist eines der berühmtesten und gleichermaßen umstrittensten Steinreliefs des Mittelalters angebracht, das die Kreuzabnahme Christi darstellt, und das so gar nicht in das altertümliche Ambiente zu passen scheint.

Kreuzabnahmerelief

Der obere Teil des Reliefs hebt sich deutlich ab von einem darunter liegenden Basilisken aus viel älterer Zeit, wie auch das verwitterte Relief einer Figur, die wie ein »Wächter der Schwelle« neben einem der Eingänge zur Felsenkammer steht. Seit christlicher Zeit wird dieser Wächter als Petrusfigur interpretiert, obwohl Habit und Haartracht auf die keltische Vergangenheit hinweisen.

Eine Treppe ermöglicht den Zugang auf die Höhenplattform des Felsen 1, von wo sich ein herrlicher Blick in die weite Umgebung erschließt. Auch hier oben ist eine ehemals vorhandene astronomische Einrichtung wahrscheinlich.

Dort, wo sich heute am Fuße des Felsen 1 ein See ausbreitet (siehe Farbtafel 2), verlief einst der legendäre »Hellweg«, eine uralte Verbindungs-Trasse aus vor-römischer Zeit.

Der See entstand durch das Anstauen der Wiembeke, an seinem Ufer, unterhalb des großen Felsens, befindet sich der sogenannte »Sargstein«, ein ausgehöhlter Felsblock, aus dessen Boden der Umriß eines liegenden menschlichen Körpers herausgemeißelt ist.

Sargstein (siehe auch Farbtafel 7 unten)

Dieser Sargstein ist eine seltene Rarität in Europa, er hatte eine wichtige Funktion bei den Einweihungsritualen. Um den Steinblock führen Treppenstufen, die ins Nichts führen, auch hier ein Hinweis auf einen früher höheren Felsen, dessen einstige Bedeutung heute nicht mehr nachvollzogen werden kann.

Dies sind nur einige der rätselhaften Gestaltungen des alten Naturheiligtums, die in jedem Besucher Verwunderung und Fragen auslösen und in einen erweiterten Bezugsrahmen gestellt werden sollen. Die meist ungeklärten Geheimnisse des alten Felsenheiligtums erschließen sich nur bei genauerer Betrachtung und werden erst in einem größeren Zusammenhang verständlich.

Allein schon die zerklüftete, verwitterte Felsenkette des alten Osning, die sich mitten im Wald, von keiner größeren Entfernung einsehbar, hoch in den Himmel erhebt, ist beeindruckend.

Wie man in allen Ländern der Erde feststellen kann, stellen diese aufgerichteten Felsbildungen – oder andere spektakulär aus der Landschaft ragenden Hügel – eine Besonderheit in der Wahrnehmung des Menschen dar. Hohe Felsen werden üblicherweise als Plätze betrachtet, die dem Himmel nahe sind, und viele dieser Felsformationen dienten seit Urzeiten als Träger göttlicher Kraft; sie wurden zu spirituellen Symbolen für Glaubensgemeinschaften, Völker und Nationen.

Nicht zu unterschätzen ist die Qualität des Gesteins, das die Anziehungskraft bzw. die »Ausstrahlung« eines Felsenheiligtums mitbestimmt. Allein was das betrifft sind die Externsteine etwas Außergewöhnliches. Der Osning-Sandstein besteht zu 95% aus Quarz ($Si0_2$) und ist nahezu reiner Quarzsandstein, was den Felsen eine entsprechend hohe Schwingungskapazität verleiht. Menschen in alter Zeit lebten in einer unberührten Natur und waren weitaus feinfühliger für die Kraft dieser Ausstrahlungen, als wir es heute sind.

Seit wann sich der Mensch der Besonderheit des Osning bewußt war, ist nicht genau bekannt. Bisherige Funde von Steinwerkzeugen lassen auf »menschliche Anwesenheit« zwischen 10.000 - 4.000 v. Chr. schließen. Vielleicht ist das auch nur die »Schallgrenze« unseres Denkens im Hinblick auf eine viel ältere Geschichte der Externsteine.

Die Anfänge kultureller Entwicklungen haben sich in den letzten Jahren aufgrund eindeutiger Forschungsergebnisse immer weiter in die Vergangenheit zurückgeschoben. Dennoch ist diese Schallgrenze in den Köpfen der meisten Menschen geblieben: »... vor etwa 10.000 Jahren hat unser zivilisiertes Leben mit nomadisierenden Stämmen begonnen, bis sie seßhaft wurden und sich zum ›intelligenten‹ Menschen der Neuzeit weiterentwickelt haben«. Diese Vorstellung einer menschlichen Evolution läßt keinen Raum für den Gedanken, daß der in der »Steinzeit« lebende Mensch genau so intelligent bzw. uns überlegen gewesen sein könnte, oder daß es eine Zeit davor gegeben habe.

Immerhin klafft zwischen dem Ende der letzten, kleineren Eiszeit vor etwa 10.000 Jahren und der Wahrnehmung des Osning als Natur-Heiligtum durch Kelten, Germanen, Römer und Christen, eine mehrtausendjährige Lücke, die im »gesicherten Rahmen« der bisherigen wissenschaftlichen Forschungen nicht nachvollzogen werden konnte.

In diesem Zeitraum führte ein lange andauernder Wandel den Menschen heraus aus der Steinzeit, aus einer über Jahrtausende vorherrschenden Gesellschafts- und Kulturform, in der weit über Europas Grenzen hinaus die »Eine Große Göttin« verehrt wurde und das Matriarchat vorherrschte. Die weibliche Schöpfergottheit steht in allen alten Kulturen am »Anfang aller Dinge«, in dieser Ordnung lebte der Mensch weitgehend im Einklang mit dem Planeten Erde.

Zwischen etwa 4.000 und 1.500 v. Chr. existierte nachweislich die Kultur der Megalithiker. Der Gedanke ist gewöhnungsbedürftig, daß die rätselhaften und technisch hochentwickelten Megalithbauwerke während des matriarchalen Zeitalters entstanden sind und daß Frauen ihre Initiatorinnen gewesen sein könnten.

Mit dem Ende des Matriarchates verschwindet auch die Megalithkultur. Und im gleichen Zeitraum, mit dem Übergang von Jungsteinzeit zur Bronzezeit, tauchen in Europa die »Streitaxtleute« auf, die sehr schnell, etwa bis 1.200 v.Chr., die alten Völker überlagert hatten. »Nomen est omen«, aus ihnen gingen die frühen germanischen Stämme hervor, die sich im Laufe von Jahrhunderten mehr und mehr zu einem patriarchalen Volk entwickelten. Unterbrochen und beeinflußt wurde diese Entwicklung nur vom Durchzug der Kelten, die Gebräuche und Lebenshaltung einer vorausgegangenen, höherstehenden Kultur pflegten.

Immer mehr Fakten deuten auf eine intelligente Zivilisation hin, die sich vor Jahrtausenden von Anatolien her über die Mittelmeerländer ausbreitete und sich aufschwang zu einer großen Hochkultur, die wir in der atlantischen Epoche sehen. Atlantis ist nicht allein im Mittelmeer, nicht vor den Azoren oder im Atlantik zu suchen, sondern weltweit.

Abschied von der Großen Göttin

Wie weit läßt sich das Rad der Zeit in die vorzeitliche Geschichte der Externsteine zurückdrehen? Welches Bild haben wir von einer Epoche, die so weit zurückliegt, daß wir kaum noch etwas davon wissen? Die Steinzeit mag im allgemeinen keine Rolle in unserem Leben spielen. Doch sind wir uns gar nicht gewahr, wie viele Errungenschaften der Neuzeit, insbesondere in den Naturwissenschaften, noch lange nicht den Stand der Vorzeit erreicht haben.

Was vor etwa 3.500 Jahren zum Ende dieser Epoche geführt hat, erscheint dann unklar, wenn man im Rückblick nach einem einschneidenden

Ereignis sucht. Denn dies gab es nicht. Vielmehr fand eine sukzessive Veränderung statt, die nicht vorrangig von Naturkatastrophen beeinflußt wurde, sondern von einer gravierenden gleichermaßen geistigen wie gesellschaftlichen Entwicklung der Menschheit im Übergang vom Matriarchat zum Patriarchat.

Auf welche Hinweise können wir uns beziehen, was die Vorzeit betrifft? Sind es nur vage Überlieferungen, die an die Zeit der Großen Göttin und an das Matriarchat erinnern? Nein, unzählige alte Schriften der Antike berichten von der alten Zeit, aber viel mehr noch bestätigt unsere moderne Archäologie, was man im Altertum noch wußte.

Die Zeit der mächtigen Frauenherrschaften nannten die Griechen »Das Silberne Zeitalter«, welches dem »Goldenen Zeitalter« gefolgt war, in dem Mann und Frau gleichgestellt waren. Die Menschen brachten keine Opfer, führten nie Krieg und lernten nie zu jagen und zu töten. Das Gefühl der Seligkeit, das dieses Zeitalter durchzog, wird noch heute dem Glauben an die Große Göttin zugeschrieben, der Mutter-Göttin, die alle ihre Kinder in gleicher Weise liebte. Unter ihrer Herrschaft erblühten die großen Kulturen Sumers, Ägyptens, Kretas und der Kelten. Diese Epoche währte viele Tausend Jahre und endete in geschichtlicher Zeit.

Die Archäologie beweist, daß die vorsintflutlichen Völker fortgeschritten und unkriegerisch waren. Man hat weltweit bis zum Ende des 3. Jahrtausends v. Chr. in keiner der alten Ansiedlungen und Städte Waffen oder irgendwelche Anzeichen für menschliche Gewalttätigkeit gefunden.

Die Muttergöttin erfuhr im Laufe von Jahrhunderten viele Wandlungen, ihre Namen änderten sich je nach Gebiet und Kultur, ihre Aspekte spalteten sich auf in weibliche, dann in männliche Gottheiten, die teilweise vorübergehend noch hermaphroditisch überliefert sind. Etwa ab 2.000 v. Chr. können der Großen Göttin junge männliche Vegetationsgottheiten zugeordnet werden. Ihre ursprünglichsten Attribute wurden gewandelt und übernommen von Göttern; damit einhergehend wurde auch das Matriarchat Schritt für Schritt abgelöst.

Die Große Göttin, die Mutter Erde und die Frau stellten in der Alten Welt eine Symbiose dar. Ihre Verehrung drückte sich bereits in den zahlreichen eiszeitlichen Venusfiguren aus, von denen die »Venus von Willendorf« in Niederösterreich mit 25.000 Jahren nicht einmal die älteste ist.

»Die Frauen waren die Urheberinnen und Bewahrerinnen aller Kultur und die Quelle der ersten Zivilisation. Unter ihrer Ordnung erfreut sich die Erde eines langen Zeitraums friedlichen Fortschrittes, während dem Städte gebaut, Recht und Gerechtigkeit gestiftet werden, das Rad erfunden, das Schiff zum ersten Mal gebaut wird und die Kunst der Keramik, des Webens, des Malens und der Bildhauerei beginnt.

Sowohl im Ackerbau, der von den Frauen erfunden wurde, als auch beim Bau von Mauern, die die Alten mit der matriarchalen Ära identifizierten, erreichten die Frauen eine Vollkommenheit, die spätere Generationen in Erstaunen versetzte. Von den Ufern des Nils bis an die Küsten des Schwarzen Meeres, von Zentralasien bis nach Italien sind Namen und Daten von Frauen verwoben mit der Gründungsgeschichte von Städten, die berühmt wurden...« schrieb J. J. Bachofen vor einhundertsiebzig Jahren in seinem großen Geschichtswerk über die Ursprünge unserer Zivilisation.

Wahrscheinlich ausgelöst von einer vorausgegangenen Sintflut, kündigte sich danach ein dunkles Zeitalter an, mit dem eine patriarchale Revolution einherging. Gesetz und Recht entschwanden, die Große Göttin wurde durch rachsüchtige Götter ersetzt, Besitzrechte wurden wichtiger als Menschenrechte, und die Kulturen begannen ihren Abstieg. Diese Entwicklung ist nachweisbar von Ägypten über Kleinasien, Griechenland bis in den Westen und Norden Europas.

Mit der patriarchalen Revolution ging das Paradies verloren, ein Paradies des Friedens und der Ruhe, bis dahin beherrscht von einer allmächtigen Göttin, die »Schrecken und Dunkel« vertrieb, »der einzigen Herrin aller Dinge, ohne die nichts froh oder lieblich sein kann«.

Die Große Mutter wird usurpiert, die Insignien der Großen Göttin nehmen Götter an sich: die heilige Labrys, die Doppelaxt schwingt Zeus; die »Torques« (Halsschmuck und Gürtel) werden mit List geraubt; die Stier-Hörner setzen sich Könige aufs Haupt; der Goldene Pokal, von dem Herodot noch als der Göttin geweihtem Trinkgefäß berichtet, wird zum heiligen Gral und dient später als Altarkelch der Christen; der »Sonnenwagen der Göttin« wird zum Streitwagen des Krieges. Auch für den Umstand, daß männliche Gottheiten nicht gebären können, findet man eine Lösung: Die Zeus-Tochter Athene wächst aus dem Haupt ihres Vaters, die biblische Eva wird aus Adams Rippe erschaffen.

Doch das bedeutendste aller Symbole der Großen Göttin für das Naturheiligtum Externsteine war die Irminsul; einst Lebens- und Weltenbaum, Träger des Alls und göttliche Kraftquelle, wurde sie im Christentum zur Götzensäule herabgewürdigt, von Glaubenseiferern geschmäht und von Karl dem Großen vollends vernichtet.

Danach erscheint sie ein letztes Mal im Kreuzabnahmerelief der Externsteine (siehe Abbildungen Seite 17 und 105), hier als »gebeugtes« Symbol des alten Glaubens und einer versinkenden Welt, vielleicht als Erinnerung oder Hoffnung für ein späteres Zeitalter.

Doch die Große Göttin kehrt in unserer Zeit zurück, in einem neuen Verständnis für die Erde und für die fragilen Zusammenhänge unserer Mutter Natur. Wird es uns Menschen gelingen, die gebeugte Irminsul wieder aufzurichten?

Die Externsteine auf dem Drachenstrom

Der Drache, der aus dem Baum der Philosophen wächst, ist unser »Mercurius« oder »das Wasser des Lebens«, aus dem Gott alle Dinge erschaffen hat.
Hieronymus Reussner

Die Vereisungsgrenze, an der das Gebiet um die Externsteine lag, ist seit undenklicher Zeit eine für Menschen bedeutsame Linie gewesen. Einige Forscher sind der Meinung, das Germanentum habe darin die »Heilige Midgardschlange« gesehen.

An vielen Orten Europas kann man beobachten, daß sich an den Grenzen der Vereisung in mehr oder weniger großer Tiefe Brüche und ausgedehnte Höhlensysteme befinden. Die extreme winterliche Kälte, unterbrochen von sommerlichen Auftauperioden, wirkt sich sehr stark auf die Boden- und Landschaftsgestaltung aus. Der Perma- oder Dauerfrost kann bis zu 500 Meter in die Tiefe gelangen. Der Vorgang des Gefrierens und Auftauens läßt selbst das härteste Gestein des Erdmantels brüchig werden. Bei geologischen Verwerfungen und Brüchen zeigen die aus der Erdkruste aufschießenden magnetischen Ströme offenbar ein besonderes Verhalten. Unstreitig ist, daß diese Orte über eine ganz außergewöhnliche Energie verfügen. Auffallende Lichterscheinungen und Klänge, die seit Jahrhunderten dort beobachtet werden, mögen unsere Vorstellungskraft übersteigen. Doch die Entladung freier Energie an diesen Brennpunkten ist keineswegs verwunderlich, sondern taucht bei der Entstehung eines starken Kraftfeldes auf.

Man wird an den »Drachenstrom« erinnert, den aus der Überlieferung der Druiden Großbritanniens bekannten Energiefluß, der sich vom äußersten Südwesten Englands unterhalb der Vereisungsgrenze über den europäischen Kontinent nach Osten zieht.

Schlange und Drachen sind die ältesten Symbole für den Strom von Erdenergien. Dieser Energiestrom will geregelt und gezügelt werden, wofür in der christlichen Symbolik der Erzengel Michael zuständig ist. Ihm wurden hohe Felsen- oder Hügelstätten geweiht, an denen die Drachenkraft besonders hervortrat. Die Michaels-Kraft war zu allen Zeiten als machtvolle Energie bekannt, erst in christlicher Zeit wurde der Hl. Michael vom »Drachenlenker« zum »Drachentöter« stilisiert.

Der griechische Hermes mit seinem schlangenumwundenen Stab verkörpert ebenfalls das Prinzip der »Drachenkraft«. Die orphischen Mystiker Griechenlands glaubten, daß die Erschaffung der Welt aus einer sexuellen Vereinigung zwischen der Großen Göttin und der Welt-Schlange *Ophion* resultierte. Die Große Göttin nahm dabei selbst die Gestalt einer Schlange an, um sich mit Ophion zu paaren. Die Göttin legte sodann das Welt-Ei, das unendliche Möglichkeiten barg, an sich aber nichts vermochte, solange es nicht von der Sonne »aufgespalten«, d.h. ausgebrütet wurde. Das »Ausbrüten der Welt« wurde alljährlich beim Frühlingsfest der Sonne – zum Frühlingsäquinoktium – gefeiert. In späteren europäischen Mysterien traten Hühnereier an die Stelle der Schlangen-Eier und wurden zur Ehre der Sonne scharlachrot gefärbt; daraus wurden die Ostereier.

In kaum einem Land wurde die Drachenkraft stärker symbolisiert als in China. Dort kann der Bergkamm der Rücken eines Drachen sein, der starke positive Kräfte aussendet. Orte, an denen diese Energie besonders intensiv ist, gelten als Lager des Drachen, von dem er auffliegt und die Kräfte der Fruchtbarkeit mit sich führt; seine Strömungen wurden von alters her beobachtet und seine Bahn markiert. Ganz ähnlich haben die Druiden den Drachen und das Drachenlager beschrieben.

Man kann auch in Europa feststellen, daß die traditionellen Plätze des Drachen durch Linien mit sorgfältig angeordneten Reihen von Steinen und Erdbauten verbunden sind. Jeder Ort und jede Linie des Drachenstromes hat eine eigene Qualität, die nicht nur mit der Landschaft interagiert, sondern auch mit bestimmten Sternbildern am Firmament. Die Externsteine wurden auf unterschiedlichste Weise mit dem Sternbild Stier in Verbindung gebracht, besser gesagt mit dem Auge des Stieres, dem hell leuchtenden Stern *Aldebaran*.

Der Name Aldebaran leitet sich her vom arabischen *Al Dabaran*, der *Nachfolger*. In diesem geheimnisvollen Wort – »der Nachfolger« – können wir eine fast verwischte Spur erkennen, die uns zu den ältesten Bemühungen führt, die Bewegung des Mondes gegen die Fixsterne als Kalender zu benutzen. Der Anfangspunkt der Zählung war bei den Plejaden, und der nachfolgende Zählpunkt ist der *nachfolgende* Aldebaran. Doch das kann nicht das ganze Geheimnis sein und muß sich nicht unbedingt nur auf die Externsteine beziehen, sondern hat mit Zeitzyklen und dem Einfluß der Himmelskörper auf die Erdströme zu tun.

Zu bestimmten Zeitpunkten im Jahresverlauf wird der Aldebaran in einer besonderen Himmelskonstellation zu einem Fixpunkt für die Externsteine (bzw. umgekehrt) und übt einen entsprechenden Einfluß aus. Dies setzt astronomische Berechnungen und Beobachtungen voraus, die wir unseren Vorfahren durchaus zutrauen dürfen. Ebenso waren im Altertum sowohl Wesen und Qualität der Sterne bekannt als auch die Farbe ihres Lichtes und die Entsprechung ihrer Schwingung mit der eines Ortes. Feinfühlige Menschen haben in diesen Schwingungen Informationen aus dem Kosmos aufgenommen, denn die Wellen des Lichtes sind Informationsträger.

Der Aldebaran wird deshalb »das rote Auge des Stiers« genannt, weil wir ihn als rötlich leuchtenden Stern wahrnehmen. Er erscheint am 21. Juni, zur Sommersonnwende, in der Morgendämmerung, in unserer Zeit kurz vor Sonnenaufgang; erstrahlt die Sonne am Horizont, steht der Aldebaran nicht fern. Vor Jahrtausenden erschienen beide sehr nahe nebeneinander.

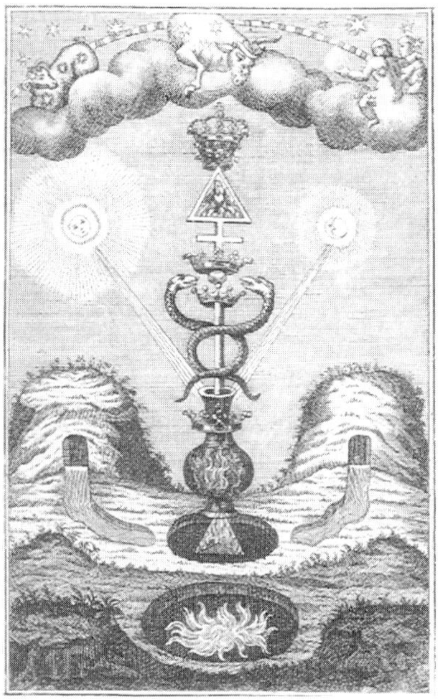

Der Hermetische Triumph
A. T. de Limojon de Saint-Didier, 1689,
deutsche Ausgabe Frankfurt, 1765

Dieser altertümliche Stich aus dem 17. Jahrhundert stellt nicht die Externsteine dar, erschien mir aber so rätselhaft wie interessant und gewährt einen Blick in die Welt der Alchemie, eine der schon in der Vorzeit gepflegten Wissenschaften. Was die Externsteine betrifft, ist es mit Sicherheit in mehrfacher Hinsicht ein lohnendes Studienobjekt, denn es trägt eine Symbolik in sich, die sich auf die vier Elemente bezieht, auf die fließenden Kräfte aus den Felsen, auf Sonne und Mond und auf eine Himmelskonstellation mit dem Sternbild Stier. Darüber hinaus enthält das Bildnis offenbar eine Formel für die Einweihung der Alchimisten.

Drachensymbole, Steintisch und Großskulpturen

An den Externsteinen finden wir mehrere Symbole, die auf den Drachen hinweisen, auch der Name selbst, obwohl er vielfach gedeutet werden kann. Neben den älteren Namen Egge-Stein, weil am Eggegebirge gelegen, oder Eggesternstein, worin »Sternstein« enthalten ist, gibt es die Variante »Ägisterstein«, was so viel heißt wie »Drachenstein«.

Der Drache unter dem Kreuzabnahmerelief

Unmißverständlich erscheint der Drache unter dem Kreuzabnahmerelief am Felsen 1. Dieser Drache kann als ein Symbol für den gesamten Gesteinsrücken des Osning gelten; es ist ein Basilisk, der in nordwestliche Richtung blickt, was so viel bedeutet, daß die Drachenkraft dorthin gelenkt ist.

In dieser Richtung ist der See angelegt, der angeblich einige interessante Merkmale am Fuße des Felsens verbergen soll, was gut vorstellbar ist. Auf der anderen Seite des Stausees führt ein Waldweg zu einem wenige Kilometer entfernten Hügel, dem Bärenstein, der durch markante Steinsetzungen auffällt.

Das vom Basilisken umfangene Menschenpaar stellt die weibliche und männliche Energie dar, das Prinzip von Ying und Yang, das sich hier in der Kraft des Drachen vereinigt. Der Drache bzw. die Schlange galt den Alchemisten, vereinfacht ausgedrückt, als Mercurius, *... mit dem man den »König und die Königin« fruchtbar machen konnte, so daß sie unsäglich viele Kinder zeugten.* Noch im Mittelalter nannte man einen solchen Basilisken den *mächtigen Naturkönig, der die ganze Welt gesunden läßt.*

In der germanischen Mythologie war dieser Drache der Sohn des »Reifriesen« Forniotur; obwohl ihn die Germanen als grauenhaft ansahen, wurde er verehrt. Er war es, der die Asen in einer »göttlichen Halle« bewirtete. In den schlangenförmigen Windungen des Basilisken werden turbulente Kräfte dargestellt, die in der Kuppelhöhle des Felsens wirken; in ihr sah man über alle Zeiten hinweg eine »göttliche Halle«, zu der nur wenige Zutritt hatten.

Diese Darstellung – wahrscheinlich eine von vielen anderen, die am Osning nicht mehr vorhanden sind – war ohne Frage in alter Zeit ein mächtiges Fruchtbarkeitssymbol für Paare, die sich fortpflanzen wollten. Und bevor Unwissende den Betrachtern erzählen konnten, daß es ein vom »Bösen« bedrohtes Menschenpaar ist, wurden hier Fruchtbarkeitsrituale abgehalten. Die Figuren, die der Basilisk umfängt, sind stark verwittert, und dennoch ist, wenn auch schwach, erkennbar, daß die weibliche Figur (links) einen mehrreihigen Halsschmuck trägt. Er versetzt dieses Relief in die keltische oder eine noch frühere Zeit, als es nur Königinnen und Hohepriesterinnen erlaubt war, diesen Schmuck zu Ehren der Großen Göttin zu tragen. Auf dieses Fruchtbarkeitsritual sowie auf den Halsschmuck wird zurückzukommen sein.

Früher stand vor dem Drachenrelief ein dolmenartiger Steintisch aus der Megalithzeit, der ursprünglich die Aufgabe hatte, die Kräfte des Felsens aufzunehmen. Ein Dolmen ist, neben anderen Eigenschaften und vereinfacht ausgedrückt, immer als ein »Energiefänger« zu betrachten, durch den die Kräfte gelenkt und/oder transformiert wurden.

Dieser Steintisch wurde zerstört, und seine Überreste sind heute im wahrsten Sinne des Wortes im Boden »verschüttet«. Er hatte eine Länge von mehr als drei Metern. Auf einer alten Postkarte ist nur noch die Hälfte davon zu sehen; als der linke (dritte) Tragstein entfernt wurde, zerbrach die Deckplatte in zwei Teile.

Der Steintisch vor dem (markierten) Drachenrelief am Felsen 1

Mit der ursprünglichen Größe entsprach er einem megalithischen Dolmen aus der Steinzeit. Er war eines der wenigen, leider heute nicht mehr erhaltenen Merkmale, die auf eine vorgermanische Nutzung der Externsteine hinweisen. Vor seiner endgültigen Beseitigung war an einer herausgeschlagenen Ecke noch ein Trichotom vorhanden.

Das Trichotom weist auf das Keltentum hin. Fügt man in die erste Figur drei weitere Linien ein (rechts), entsteht das »Drachenauge«. Für die

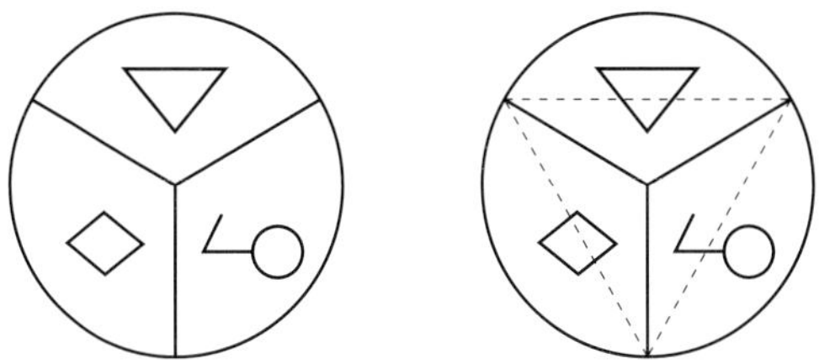

Das Trichotom

Druiden war das Drachenauge eines der mächtigsten Symbole, um den »Erddrachen« anzurufen. Auch die Druiden sahen das gesamte Energiesystem der Erde und die magnetischen Ströme, die durch die Erde liefen, als eine Manifestation der Drachenkraft an.

Der Begriff Trichotomie kommt aus dem Griechischen (spätgriech. trichotomia = Dreiteilung). Die Druiden erkannten aus der Gesetzmäßigkeit des Lebens das *Prinzip der Trinität*, d. h.: *Die aus der Einheit entstehende Zweiheit wird die Dreiheit hervorrufen.* Die ungeoffenbarte göttliche Schöpferkraft überwindet die Einheit des Nichtseins, die nicht zwei Dinge kennt, sondern sich zu Millionen macht, sich zunächst aber in die Dualität teilen muß. So entspricht die Zweiheit am Beginn der Schöpfung der Doppelung einer Kraft in weiblich und männlich, welche die Dreiheit hervorbringt. Der Begriff Trichotomie enthält außerdem »...die Anschauung von der Dreigeteiltheit des Menschen in Leib, Seele und Geist«.

Nirgends sonst paßt das Symbol besser hin als an den Steintisch, weil an dieser bevorzugten Stelle Gericht gehalten wurde, denn Trichotomie bedeutete in der Rechtsprechung der Kelten auch die Einteilung menschlicher Vergehen nach dem Grad ihrer Schwere. Die »Thingstätte« stand im Heiligen Hain, weil Recht und Glaube unzertrennlich miteinander verknüpft waren.

***

Ein weiteres Merkmal für die Drachenkraft ist der »Drachenmann« auf dem Felsen 5, auch »Rufer« genannt. Die Skulptur des Rufers ist vielschichtiger als auf den ersten Blick erkennbar. Bildnisse und Skulpturen hatten nicht nur einen sinnbildlichen Charakter für Menschen ihrer Zeit. Sie sind und waren immer auch eine Hinterlassenschaft für spätere Generationen, um Hinweise zur individuellen Besonderheit eines Platzes oder eines Felsens zu geben. Die Menschen waren äußerst wahrnehmungsfähig für mehrdimensionale Aspekte. Sie kannten nicht nur eine Realität, und insbesondere an Einweihungsstätten wurden mehrere Ebenen des Geistes angesprochen.

Bedenkt man außerdem, daß die Menschen der Vorzeit weite Wege zurücklegten, Wanderer waren, die vielleicht nur einmal im Jahr bei dem alten Osning vorbeikamen, wird man verstehen, welchen Nimbus dieser Ort hatte. Schon bevor diese Stätte ein *fanum*, ein Volksheiligtum wurde, zogen sie dorthin, wo ihren Führerinnen und Führern Kraft und Weisheit verliehen wurde, wo sich ihre Stämme und Clans in ihrem spirituellen Zentrum vereinigen konnten, um dem Göttlichen, der Erde und der Natur zu huldigen. Warum sollte der »heidnisch« genannte Mensch hier nicht die gleiche Beziehung zum Schöpfer gefunden haben wie in einer Kathedrale? Noch dazu draußen in freier Natur, auf einem Stein sitzend oder unmittelbar auf der heiligen Mutter Erde, verbunden mit der Symbolkraft gewaltiger Steinbildnisse, die am Osning so vieles von dem aussagen, was auch in unserer christlichen Symbolik zu finden ist.

Was ist die Aussage des Rufers? Der Mund ist offen, als ob er riefe, deshalb wird die Skulptur Rufer genannt. Er ruft von seinem erhabenen Platz dort oben auf dem höchsten Felsen, als ob er sich für ewig mitteilen wollte. Sein Ruf erschallt in südöstliche Richtung; wäre man vermessen, könnte man behaupten, daß seine »Stimme« bis zu den Pyramiden in Ägypten dringt, denn das ist genau die Richtung, in die er blickt.

Die Kopfbedeckung des Rufers ist eine Drachenfigur mit zwei Körpern, die in zwei Drachenköpfen endet. Sie gleiten vom Hinterkopf über die Mitte des Schädels und laufen nach vorne in verschiedenen Richtungen aus. Die doppelte Drachenfigur auf dem Kopf weist auf die beiden Bereiche des Bewußtseins in der rechten und linken Gehirnhälfte hin, eine teilende und gleichzeitig verbindende Kraft, und sie ist Sinnbild für die Vereinigung des Bewußten und des Unbewußten. Die Kopftrachten, Königstücher und Kronen der ägyptischen Könige waren ebenfalls von einer nach vorne verlaufenden Schlange geschmückt. Das Innere der Krone barg, meist in gaufriertes Leinen eingepreßt, das Geheimnis der zwei Schlangen.

Die Schlange symbolisierte in der Alten Welt auch die geordnete universelle Energie, deren elektromagnetisches Spektrum aus einer zusammenhängenden Palette von Strahlungen besteht, die von Radiowellen bis zu Gammastrahlen reichen. Dieses elektromagnetische Spektrum ist aus sich selbst heraus eine tiefgründige Metapher für die Einheit zwischen der faßbaren und der unsichtbaren Welt.

Die klar hervortretenden Linien des Rufers, falls er schon in grauer Vorzeit geschaffen worden war, könnten darauf hinweisen, daß die Germanen ihn zumindest nachbearbeitet haben, denn er trägt auch die SIG-Rune auf seiner Wange. Vielleicht haben sie ihn auch selbst aus dem Felsen gemeißelt, niemand weiß das.

Die Runenweisheit ging für die Germanen von ihrem allmächtigen und vielschichtigen Gott Odin aus, der als Urquell aller menschlichen Weisheit auch im Besitz der Gesamtheit des Wissens gewesen ist. Den nordischen Skalden war Odin der höchste und älteste der Asen. Er waltete über alle Dinge, und wie mächtig die anderen Götter auch waren, so dienten sie ihm doch alle wie Kinder dem Vater.

Wegen seines vielschichtigen Charakters trägt er unzählige Namen. Als »Ómi« wird er auch »Rufer« genannt. Odin ist Erfinder des Zaubers und der Dichtkunst, er ist der redegewandteste Sprecher und Sänger, seinen Liedern wird umfassende, sogar heilende Wirkung beigemessen. So könnte der Rufer auch einen »Sänger« darstellen. Die vielen Namen Odins geben Kunde von allen göttlichen und menschlichen Eigenschaften. Als Verwandlungskünstler kann er als Adler und Schlange auftreten. Vielleicht finden wir daher über dem Eingang der Felsengrotte eine Adlerfigur. »Ofnir« und »Sváfnir« sind Odins Schlangennamen; er kann auch in der Gestalt eines Wurmes auftreten. Allzu verständlich, daß die Germanen in dieser Kopfplastik des Rufers den All-Göttlichen Odin gesehen und verehrt haben.

***

Darauf, daß die Externsteine schon in der vorkeltischen Zeit eine Bedeutung hatten, weisen einige Groß-Skulpturen hin, wie sie an vielen Orten in Deutschland zu sehen sind, am Osning sind es gleich mehrere. Diese Skulpturen sind umstritten, nicht jeder sieht das gleiche, und manche werden der reinen »Einbildung« zugeschrieben, da ihre Konturen undeutlich und nur unter bestimmten Lichtverhältnissen sichtbar sind. Man kann sie jedoch nicht aus der Diskussion ausschließen, nur weil Unsicherheit über die Art und das Alter ihrer Entstehung vorherrscht oder weil man nicht für möglich hält, daß sie »lange vor unserer Zeit« entstanden sind. (Siehe Farbtafel 3)

Abgesehen von einer tiefgründigen Symbolkraft, die zu allen Zeiten aus einer Affinität des Menschen zu einem bestimmten Ort oder Ereignis resultierte, ist ohnehin nichts daran fragwürdig, ein Kunstwerk oder eine Darstellung im Stein anzubringen – die Welt ist voll davon. Weisen nicht 40.000 Jahre alte Höhlenmalereien darauf hin, daß der Mensch diesem Bedürfnis schon immer nachkam?

Eine der auffallendsten Skulpturen ist »der Hängende«. Wir begegnen dem Hängenden unübersehbar am Felsen 4. Es ist eine gesichtslose Figur mit einer Leberwunde; daher ist es durchaus verständlich, daß sie aus christlicher Sicht den Gekreuzigten darstellt.

Doch die Kreuzigung war schon in der Vorzeit ein Aspekt der Einweihung. Sie galt ursprünglich dem alljährlich am Ende des Jahres der Großen Mutter-Göttin rituell geopferten und für das neue Jahr zu neuem Leben wiedererweckten Sakralkönig.

Dieser Einweihungsaspekt setzte sich fort und nahm in den verschiedenen Kulturen unterschiedliche Formen an. Zu Zeiten gehörte die Kreuzigung in einer Pyramidenkammer auch in Ägypten zum Einweihungsritual. Sie erscheint ebenso in der Edda-Überlieferung von Odins Runenerwerbung, dort heißt es: »Ich weiß, daß ich hing am windigen Baum neun Nächte lang...«.

Der Felsen 4 trägt im oberen Teil einen mystischen Kopf (nach links blickend), den man besonders gut von der Rückseite des Felsens oder beim Aufgang zur Höhenkammer des Felsens 2 ausmachen kann (siehe Farbtafel 3, unten). Auf dem Kopf zeigt sich eine Figur, die man als Eichhörnchen mit erhobenem Schwanz deuten könnte, es ist der (mit Eisenklammern befestigte) Wackelstein.

Darunter sind aus einiger Entfernung deutlich Kopf und langer Hals einer Ziege zu erkennen, im Volksmund wird sie die »Ziege Heidrun« genannt. Die Skulptur wird auch als Hirsch angesehen und mit dem alten keltischen Sonnensymbol in Verbindung gebracht. Viel eher ist es eine »Hindin«, in der germanischen Sage »säugt« sie während der Mysterien den einzuweihenden Siegfried, um »das schlafende Bewußtsein der Jungfrau« zu wecken, d.h. die »Anima« des Mannes.

Ursächlich deutet die Ziege auf den Walpurgisnacht-Aspekt der Liebes- und Todesgöttinnen Freya, Holda, Hel oder Ostara hin, der in der Großen Göttin der Vorzeit verankert ist. Auch die kretische Göttin Rhea und die britische Blodeuwedd standen mit der Ziege in Verbindung. Die Göttin ritt auf einer Ziege, und manchmal wurde sie als geschecktes Wesen dargestellt, um ihre Doppeldeutigkeit als schwarze Erdmutter und leichenblasser Tod – als Holda oder Hel – anzudeuten. Wie Ostara, die sächsische Göttin, nach der Ostern benannt ist, besuchte sie einen Walpurgisnachtsabbat, bei dem ihr eine Ziege geopfert wurde. Der Hase war ihr rituelles Tier, er »legt« noch heute die Ostereier. Die Ziege verhieß Fruchtbarkeit der Rinder – der Hase gute Jagd.

Ziege Heidrun

In der Externsteine-Literatur werden noch viele andere Großskulpturen aufgeführt, die man, je nach Lichtverhältnissen, mehr oder weniger deutlich erkennen kann. Einige davon werden mit mythologischen Gestalten in Verbindung gebracht. Wer sich am Osning Zeit und Muße nimmt, wird an einem hellen Tag im Wechsel des Lichtes unzählige Steinköpfe, Gesichter und Figuren entdecken können. (Siehe Farbtafel 3)

Da wird der lebendige Stein – ob von Menschenhand bearbeitet oder nicht – zum Freund der Phantasie oder zum Tor in eine andere Wirklichkeit. Es ist, als ob die dreidimensionale Welt versinkt und der Mensch eintaucht in das Königreich der Steine, um geöffnete Türen für andere Dimensionen zu finden. Der »lebendige Stein« korrespondiert mit unserem Unterbewußtsein, und dabei gibt es viele Wahrheiten, die nicht für jeden dasselbe sein können. Sich mit dem »Königreich der Steine« anzufreunden, dafür die eigene Wahrnehmung zu öffnen, kann zu einer Seelenreise werden, deren heilende Wirkung wir lange vergessen haben.

Es kann auch eine Schulung sein, für unseren Geist und für unsere bewußte Wahrnehmung. Eine Schulung des mehrdimensionalen Sehens war in alter Zeit ein Training, das zur höchsten Einweihungsstufe führte. Das bildhafte Wahrnehmen der Dualität, indem man die rechte oder die linke Hälfte eines Gegenstandes oder einer Figur trennt und spiegelt und dann zu einem neuen Bild verschmelzen läßt, zeigt den übergeordneten Aspekt dessen, was das Auge normalerweise betrachtet. Die Gehirnhälften werden dabei ausgeglichen, und wir erhalten Zugang zu einer sonst verschlossenen Welt der Geheimnisse des schöpferischen All-Geistes. (Siehe Farbtafeln 4 und 5)

Was sich unserer Wahrnehmung eröffnet, ist das Erhabene, Heilige. Oft tauchen in diesen Spiegelungen Symbole, Gesichter oder Gestalten auf, zu denen das Unterbewußtsein des Menschen einen unaussprechlichen Zugang hat. Es hilft uns, »zu erinnern«, was auf höheren Ebenen des Naturgeistes oder der »Anderswelt« existiert. Jede Blume, jeder Stein, jeder Baum kann auf diese Weise sein wahres Wesen und seine Lebendigkeit ausdrücken.

***

Wo beginnt der Drachenstrom und wie alt ist seine Legende? Nach der Überlieferung der englischen Druiden ist es jenes verlorene, versunkene Land Lyonesse, das die Legenden und neuerdings auch die Archäologen zwischen Land's End und den Scilly-Inseln, an der äußersten westlichen Spitze Südenglands lokalisieren.

Die druidischen Geschichten erzählen von »Caer Idris«, dem versunkenen Reich von Lyonesse, das nur an zwei Nächten des Jahres zugänglich ist: Zur Sommer- und zur Wintersonnenwende, am Vorabend des längsten Tages und der längsten Nacht ist es erreichbar auf dem »Atem des Drachen«. Sie berichteten von dem geheimnisumwitterten Kristall-Palast der »Sidhe«, in dem die in strahlendes Weiß gekleideten Erhabenen wohnen, und von den beiden gewaltigen Steinsäulen, in leuchtendem Gold und Silber von Sonne und Mond gekrönt, die an den Seiten zwei eingemeißelte Schlangen tragen.

Während der Eiszeiten waren enorme Mengen Wasser in den Eisdecken gebunden, wodurch große Landmassen zwischen Großbritannien und dem Kontinent freigelegt waren, auch zwischen Land's End und Lyonesse. Der Meeresspiegel lag damals etwa hundert Meter niedriger. Welche Stätten unterhalb der heute vom Meer überspülten Kanalgegend liegen, weiß niemand.

Was geschah zwischen der Saale-Eiszeit und der Weichsel-Eiszeit (ca. 125.000 - 80.000 v.Chr.) in den wärmeren Zwischenzeiten? Wer könnte behaupten, daß in diesen Perioden südlich der Vereisungsgrenze keine Menschen gelebt haben? Wer war das »Kleine Volk«, von dem die keltischen Sagen berichten, das heute noch in Island existieren soll. Wer waren die mythologischen Zwerge, die kunstfertigen Schmiede der germanischen Legenden oder Tolkien's Elfenkönige und Hobbits?

Unzählige Sagen erzählen die geheimnisvolle Geschichte einer Bevölkerung, die für uns weit in der Vergangenheit gelebt haben muß, die Geschichte vom Alten Volk, vom Volk der Feen, Gnome und Elfen, und daß alle in Eintracht zusammengelebt hätten. »Das kleine Volk«, Zwerge, Erdmännchen, Erdwichtel und Unterirdische werden heute, weil man sie nicht für möglich hält, als eine Gruppe von »Naturwesen« bezeichnet, die in engem Kontakt zur Erde und besonders zu Steinen gesehen werden. Sie gelten aber auch als Urvölker der Erde.

Die Feen kennen wir in erster Linie aus irischen Quellen, sie sind dort Zeuginnen vom »Mondkult des keltischen Weibes«. Aus dem Wunderland der Feen kommen sehr gegenständliche Dinge, Zauberschwerter, Tarnkappen, Zauberringe und dergleichen. Feen wurden als geschickte Geburtshelferinnen und Baumeisterinnen von Felsenschlössern, aber auch von Dolmen und Steinkreisen angesehen. Sie sollen in Felsen und Steinen, vor allem prähistorischen Menhiren und Dolmen, gelebt haben.

Alles nur Märchen aus dunkler Vorzeit? Derzeit beschäftigen sich Anthropologen auf der indonesischen Insel Flores mit kürzlich entdeckten Knochenfunden menschlicher Spezies, von denen man annimmt, daß sie durch Umwelteinflüsse bedingte Lebenseinschränkungen kleinwüchsig geworden sind. Diese Huminiden haben vor 80.000 bis 12.000 Jahren gelebt, Pfeilspitzen und Steinwerkzeuge weisen darauf hin, daß sie gejagt haben. Für die Anthropologie hat damit ein neues Zeitalter begonnen, und man wird in absehbarer Zeit auch bei uns den Legenden des Altertums nachgehen.

Der »Drachenstrom« der Druiden ist älter als das, was unsere heutigen wissenschaftlichen Forschungsbereiche ergründen, er bezeichnete heiliges Land und erstreckte sich, aus dem Atlantik kommend, zwischen dem 50. und 60. Breitengrad, im Osten bis in die entfernten Steppen Eurasiens.

Das »heilige Maß« der Externsteine: »Zehn deutsche Meilen in der Runde«

»Geistige Mitte Europas, ... Sitz erhabener Geister, ...
Inspirationszentrum, von dem einst die größten Impulse
ausgestrahlt wurden... «

Rudolf Steiner über die Externsteine

»Drachenkamm« hieß im Volksmund der langgezogene Rücken des Teutoburger Waldes, und heiliges Land ist er seit jeher gewesen. Darauf weisen nicht nur die Externsteine hin. Dort wie auch in der weiteren Umgebung

findet man steinzeitliche Großgräber und tonnenschwere Findlinge aus der Megalithkultur. Dazwischen, bis hinein in das südliche Eggegebirge, künden Sagen, Märchen und Legenden von alten Zeiten, in denen der Name »Osneggi« für die Gegend gebräuchlich war. Unzählige Besonderheiten, rätselhafte Steinsetzungen, Geschichten von Riesen, die sie errichtet haben sollen, germanische Wallanlagen und Heilige Haine finden sich in der Umgebung der Externsteine.

Als Spaziergänger auf den langen Wanderwegen durch den Teutoburger Wald oder das Eggegebirge wird man kaum annehmen, daß hier und dort auftauchende Steinsetzungen sowie sehr weit entfernte Gegenden – z.B. das »Externtal« bei Porta Westfalica – vor langer Zeit zu einem zusammenhängenden und gut vermessenen Großraum der Externsteine gehörten, in dem der Osning nicht umsonst der glanzvolle, im wahrsten Sinne des Wortes »strahlende« und dennoch geheimnisvolle Mittelpunkt war.

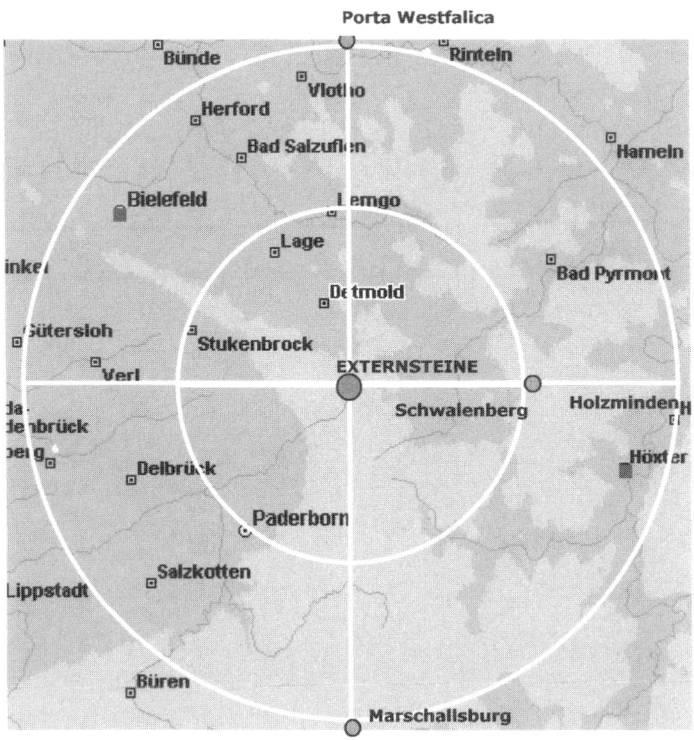

Die großräumige Betrachtung der Externsteine kann zu einem Schlüsselerlebnis werden, wenn man den Aufzeichnungen des römischen Geschichtsschreibers Tacitus nachgeht. Tacitus soll anläßlich der Zerstörung des Tanfana-Heiligtums der Marser, nicht weit vom Osning, durch Germanicus (im Jahr 14 n. Chr.) berichtet haben, die Stätte läge in einem heiligen Gebiet von »zehn Deutschen Meilen in der Runde«. Ob diese Feststellung dem römischen Geschichtsschreiber in den Mund gelegt wurde oder ob sie sich aus seinen Schilderungen von Marschwegen zu den germanischen Heiligtümern ergab, sei dahingestellt. In Tacitus' Schriften habe ich keine Textstelle dieser Aussage finden können, doch ihr Inhalt besteht mit Recht; auch gehen die Angaben der antiken Geschichtsschreiber von »Maß und Zahl« manchmal an uns vorbei, weil die alten Maße heute nicht mehr gebräuchlich und fast vergessen sind.

Das Maß einer Deutschen Meile ist 7,5 km. Damit umfaßte das »heilige Land« ein gewaltiges Gebiet, das den Ausläufer des Teutoburger Waldes bei Bielefeld im Nordwesten einschloß, im Osten an Holzminden grenzte sowie im Norden von der Porta Westfalica bis zum südlichsten Ausläufer des Eggegebirges reichte. Diese Größenordnung erscheint aus heutiger Betrachtung vielleicht unglaubhaft. Dennoch zeigen auch andere in die Jungsteinzeit zurückreichende Großanlagen in Großbritannien, Irland und Frankreich ähnliche Größenordnungen.

Schon die Germanen waren »Nachfolger« an den Externsteinen, und wahrscheinlich konzentrierten sie sich bereits zu Tacitus' Zeit hauptsächlich auf den inneren Bereich. Seine Grenzen lagen bei Lemgo, Schwalenberg, Paderborn und Stukenbrock, was genau »fünf Deutsche Meilen«, also den halben Durchmesser des Gesamtgebietes ausmacht.

Darauf, daß einer der bedeutsamsten Zugänge bei Paderborn lag, weist die von hier über die Orte Marienloh, Lippspringe, Schlangen und Kohlstädt führende »Heilige Straße«, auf der die Germanen bis zum Allerheiligsten am »Osning« schritten.

Schon auf einer Straßenverkehrskarte fallen die ähnlichen Entfernungen im Bereich der Ortschaften von Paderborn bis zu den Externsteinen auf, schaut man genauer hin, stößt man immer wieder auf die »Deutsche Meile« von 7,5 Kilometern. Folgt man den Straßenführungen von Ort zu Ort, wird deutlich, daß die Wegstrecken, würde man sie an eine Luftlinie anlehnen, vom Domplatz in Paderborn zu den Externsteinen 2 x 7,5 km plus einmal die halbe Strecke (3,75 km) ergibt, also 2 $^{1}/_{2}$ Deutsche Meilen.

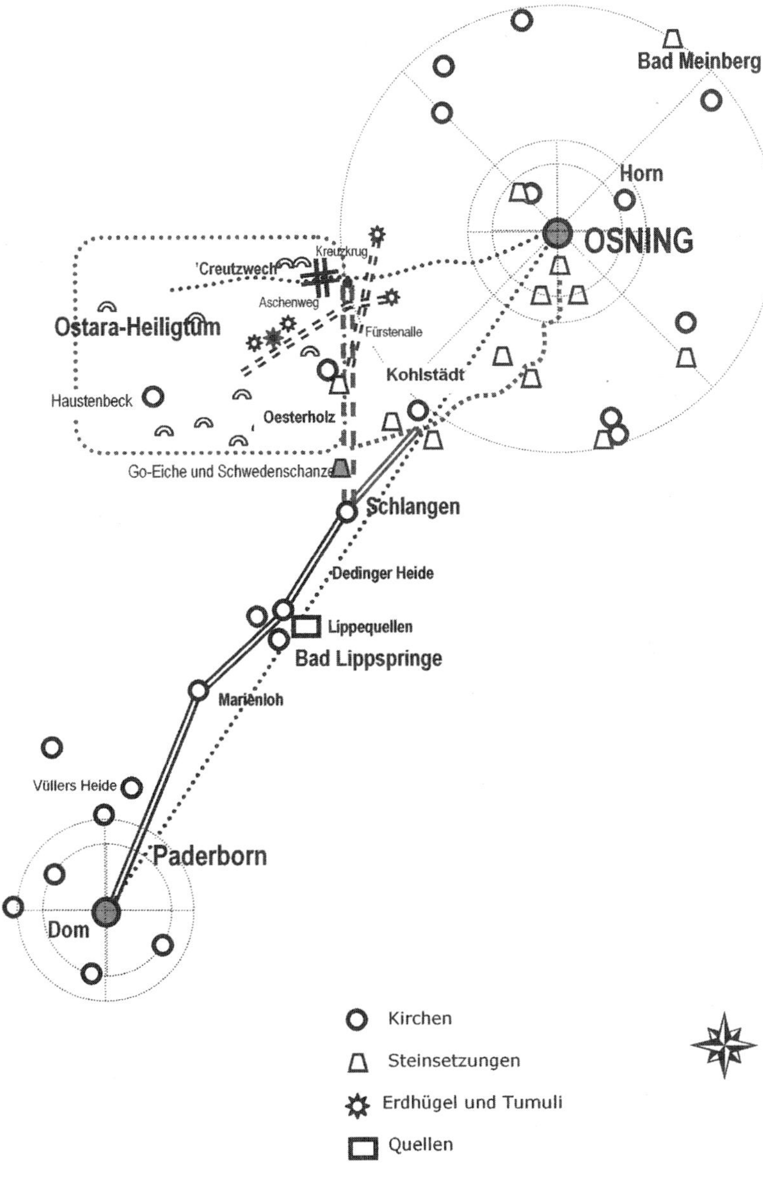

Durch die Umwege über den Ort Marienloh und Schlangen ergibt sich für die »Heilige Straße« wahrscheinlich eine Strecke von genau 3 Deutschen Meilen = 22,5 Kilometer.

Die Länge des Weges von Paderborn nach Marienloh entspricht wiederum der Länge der Fürstenallee, die Entfernung von deren Ende zu den Osningfelsen ist die gleiche. Vom Osning zu den Hügeln des Ostara-Heiligtums in den Lauen ist eine weitere Strecke von einer »Deutschen Meile« erkennbar. Das Ostara-Heiligtum bildet mit dem Osning eine untrennbare Einheit und setzt allein mit seinem Charakter Zeichen für eine große Vergangenheit. Es wurde zu Recht in seiner Bedeutung mit dem größten Heiligtum Schwedens in Uppsala gleichgesetzt. Naheliegend ist auch ein Vergleich mit Newgrange, wenn auch nicht in der gleichen Größenordnung.

In der Grafik sind, neben Straßenführungen, einigen Steinsetzungen sowie auffallenden Hügelgräbern im näheren Gebiet der Externsteine, und genau dort wo heute die Ortskirchen stehen, Markierungen angebracht. Die Skizze ist so genau wie es dieser Maßstab zuläßt, sie genügt aber, um daraus ein einleuchtendes Gesamtbild entstehen zu lassen.

Der Domplatz in Paderborn könnte der Standort einer Irminsul gewesen sein, nicht nur, weil in einem der alten Säulenkapitelle des Doms eine solche auftaucht. Karl der Große ließ dort im Jahre 777 den ersten Dom im Sachsenland erbauen, vielleicht ist damit die Kirche gemeint, die er »an den Externsteinen bei der Irminsul« errichtet haben soll. Unmittelbar daneben entstand seine Kaiserpfalz, bei deren Rekonstruktion man bei Ausgrabungen auf älteres Steinwerk unterhalb der Mauern stieß.

Daß die heiligen Stätten mit Kirchen überbaut wurden, ist kein Geheimnis. Seit dem Jahr 601 befolgte man die offizielle Anordnung des Papstes, den heidnischen Orten ihren »Götzencharakter« zu nehmen und sie in christliche Heiligtümer umzuwandeln. Das war eine praktische Verordnung, denn genügend Steine waren vorhanden, und es dürfte noch genügend Wissende gegeben haben, die die energetischen Kräfte des Standortes kannten. Untersuchungen haben ergeben, daß noch die im späten Mittelalter erbauten Kirchen radiästhetisch ausgerichtet wurden. Letztlich verdanken wir diesem Umstand die Möglichkeit, so manches alte Heiligtum in seiner ursprünglichen flächendeckenden Gesamtkonstruktion zu erkennen.

Externsteine und Irminsul – Kraftanlage der Vorzeit?

Bewegen wir uns weiter auf der Spur größerer Zusammenhänge und ergänzen die vorherige Skizze um einige weitere Orte und Linien, so entsteht ein neues Bild, das Hinweise zu einer großräumig vermessenen Kraftanlage enthält. Wir erkennen ein präzises, feinmaschiges Netz, wobei jede Linie eine der Markierungen berührt. Mit Sicherheit gibt es viele weitere Steinsetzungen, die nicht mehr bekannt sind; was das betrifft, ist diese Grafik ein Fragment bzw. der Versuch einer Rekonstruktion, die sich dazu nur auf ein Teilgebiet bezieht.

Die Grafik ist entstanden durch Unterlegung einer detaillierten Straßenkarte und mit Steinsetzungen aus Wanderkarten ergänzt. Auf keinen Fall will ich mich festlegen auf das genaue Maß der »Deutschen Meile«. Diskussionen über einige Meter mehr oder weniger sind schon deshalb sinnlos, weil wir in einer etwas größeren Anlage von Steinsetzungen, wie z.B. im Leistruper Wald, nicht genau den Zentralpunkt kennen, vieles liegt unter der Erde, manches wurde weggeschafft, manchmal wurden Steine in christlicher Zeit bewußt umgesetzt. Im Hinblick auf eine vorgeschichtliche Betrachtung kommt noch der Umstand dazu, daß vor der Zeitenwende andere astronomische Deklinationen gegolten haben.

Unklar ist auch, ob in alter Zeit die Deutsche Landmeile mit 7,5 Kilometern zugrundegelegt wurde oder die »Geografische Meile« mit 7,42 km – die ich im Hinblick auf eine groß angelegte Vermessungstechnik für wahrscheinlicher halte – und dies kommt als ein weiterer, wenn auch geringer Faktor hinzu. Insgesamt muß man bei dieser Art der Betrachtung »mit Unsicherheiten leben«.

Hervorzuheben ist die Region um Oesterholz, zu dessen Dreihügelheiligtum in den Lauen sich vom Osning eine auffallende Linie von 7,5 km Länge hinzieht, eine weitere halbe Strecke zu einer Kirche in Haustenbeck. Sie führt vom Osning über einen der zwei noch erhaltenen Hügelcairns an der Wegkreuzung über die Fürstenallee und überschneidet möglicherweise den mittleren der drei Ostara-Haupthügel.

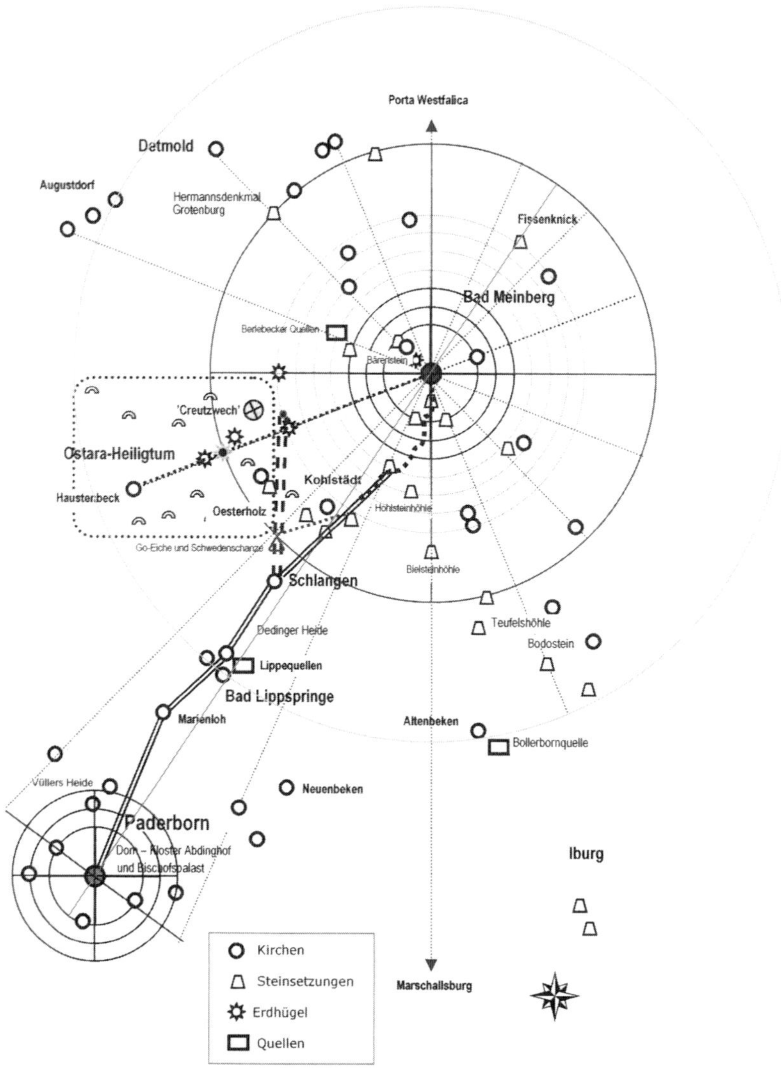

Auffallend ist auch die Übereinstimmung der drei inneren um den Osning über Steinsetzungen gezogenen Kreise, mit denen, die sich aus den Kirchenbauten um den Domplatz in Paderborn ergeben. Die Luftlinie vom Paderborner Dom über den Osning verläuft weiter zu den Steinsetzungen am Fissenknick in der Nähe von Bad Meinberg und entspricht dem nördlichen und südlichen Mondextrem. Die Fissenknicker Mühle liegt am Rande des Leistruper Waldes mit seinen Opfersteinen und Steinsetzungen.

Mittsommer-Sonnenuntergang ist im NW an der Grotenburg, die Linie führt weiter über den bekannten Opferstein bei Leopoldstal zum Mittwinter-Sonnenaufgang. Der Kreuzungspunkt an der Fürstenallee stellt den Mittwinter-Sonnenuntergang im SW dar und führt im NO zu den Steinsetzungen am Steintischberg.

Die durch die Externsteine verlaufende Nord-Süd-Linie stößt im Norden genau auf »Porta Westfalica«, auf dessen Geschichte einige Wallburgen der Germanen hinweisen; diese Gegend war schon unter den Römern heiß umkämpft. Im Süden endet diese Linie an der Marschallsburg im Ausläufer des Eggegebirges. Das ist eine Strecke von ziemlich genau 10 Deutschen Meilen = 75 Kilometern.

Zwei weitere markante Orte liegen in einem fast gleichen Winkel in einer Entfernung von 7,5 km nordwestlich und nordöstlich der Marschallsburg. Nordwestlich ist es der Ort Atteln, der bekannt wurde durch Steinkammergräber aus der Vorzeit, die etwa 3.000 v.Chr. angelegt wurden. Dort reihen sich im Altenautal eine ganze Anzahl von megalithischen, dolmenartigen Steinsetzungen aneinander. Nordöstlich befindet sich die »Karlsschanze«, eine mächtige frühgeschichtliche Wallanlage, oberhalb derer eine Höhle liegt, die im Volksmund »Gertrudshöhle« genannt wird. Keltische Druiden sollen sich dort aufgehalten haben und eine Eremitin namens Gertrud. Einige Historiker nehmen an, daß hier eines der größten Heiligtümer der Sachsen gestanden habe, auch hier wird eine Irminsul vermutet.

Darüber, was eine Irminsul tatsächlich gewesen ist, weiß niemand Genaueres, es wurde keine einzige gefunden. Eine der wenigen Abbildungen ist die gebeugte Irminsul auf dem Kreuzabnahmerelief am Felsen des Osning. Wann dieses Relief geschaffen wurde, ist bis heute umstritten.

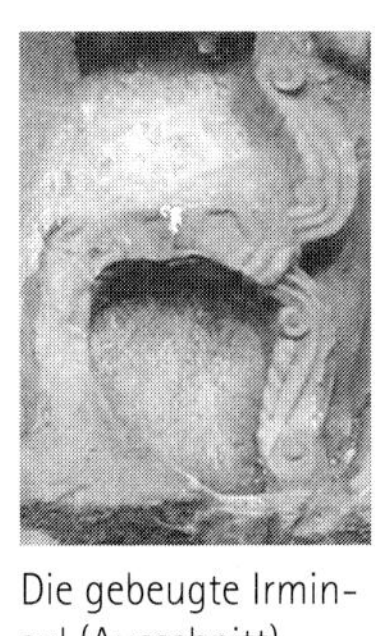
Die gebeugte Irminsul (Ausschnitt)

Wäre es aber tatsächlich Anfang des 9. Jh. entstanden, so könnte durchaus noch eine realistische Erinnerung an die etwa 50 - 60 Jahre vorher den Zerstörungen

Karls des Großen zum Opfer gefallene Irminsul vorhanden gewesen sein. Alle Rekonstruktionsversuche von Irminsulen berücksichtigen die am Stamm hervortretenden, palmettartigen Merkmale sowie die Verzierungen und den einzigartigen Schwung der nach zwei Seiten ausladenden Arme.

Vorstellbar ist, daß sie, aus einer bestimmten Gesteinsart hergestellt, ursprünglich als Instrumentarium zum Auffangen und Ableiten hoher Energiefrequenzen gedient hat, wobei die Palmetten eine technische Funktion hatten und möglicherweise aus einem Edelmetall angefertigt waren. In der Literatur über germanische Zeiten stellt man sich die Irminsul, aufgrund der vermuteten Standlöcher, vielfach aus Holz vor. Das ist für Nachbildungen gut möglich, die Megalithiker aber haben Steine verwendet.

Ich gehe davon aus, daß im größeren Gebiet der Externsteine tatsächlich mehrere Irminsulen oder größere Menhire (Steinsäulen) standen, die, wie die Obelisken der ägyptischen Heiligtümer mit ihren goldgedeckten Spitzen, eine Funktion als Energieträger und -leiter hatten. Darauf, daß es mehrere Standorte für Irminsulen gegeben hat, weisen viele Überlieferungen hin. Die Hauptsäule stand wahrscheinlich vor oder vermutlich auf den Felsen der Externsteine, naheliegend ist, auf dem Felsen 2 über dem Sacellum.

Die Externsteine im Netz europäischer Kraftorte

Um über den Raum der Externsteine hinauszublicken, sollen einige Entfernungen von 100 deutschen Meilen zu anderen berühmten Kraftorten in Europa genannt werden, die in megalithischer Zeit errichtet wurden (jeweils Luftlinie):

Stonehenge	Externsteine	~ 750 km
Stonehenge	Jelling/Jütland	~ 750 km
Stonehenge	Uppsala	~ 1.500 km (x2)
Stonehenge	Chartres	~ 375 km (1/2)
Chartres	Paris	~ 75 km (1/10)

Newgrange in Irland und die den riesigen Steinfeldern um Carnac vorgelagerte Insel Belle Ile liegen 750 ~ km auseinander.

Nimmt man beispielsweise Newgrange als Mittelpunkt eines größeren »Netzwerkes«, so zeigen sich einige der uns bekannten großen und bedeutenden Heiligtümer Nordeuropas in einer erkennbaren Ordnung. Denkbar

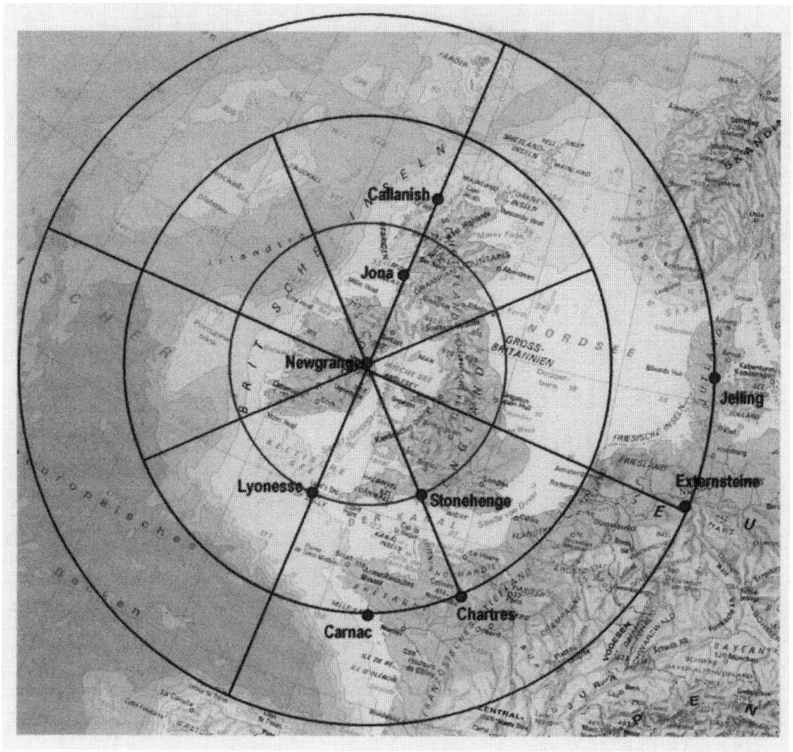

Kraftorte im Nordwesten Europas

ist, daß alle Orte energetisch, wenn nicht sogar kommunikativ, miteinander in Verbindung gestanden haben. In einem ähnlichen Muster könnte man auch Stonehenge als zentralen Ort annehmen oder Chartres; dazu müßte man das globale Konzept und die alten Stätten besser verstehen, denn jede von ihnen ist zu einer anderen Zeit angelegt worden und hat eine andere Bauweise.

Leider wurde in unseren Breiten noch nicht festgestellt, auf welchen Ort im europäischen Norden diese rätselhaften Anlagen eingestellt waren. In Ägypten war es bis zum Ende des Alten Reiches (2.500 v. Chr.) die Stadt »On«, die die Griechen später Heliopolis nannten, auf die alle Pyramiden von Gizeh und Umgebung ausgerichtet waren. Und es ist kein Geheimnis, daß die Priesterschaft von On mit den Druiden in Verbindung stand. Die Stadt On, etwa 3 geografische Meilen von Gizeh entfernt, barg viele Geheimnisse der Alten Welt, aber auch eine Vielzahl von Obelisken; einige davon wurden in die Metropolen mächtiger Staaten gebracht, wie nach Konstantinopel (Istanbul) im einstigen Byzanz, nach Rom auf den Petersplatz, nach Paris und Washington.

Geht man davon aus, daß die vorzeitlichen Wissenschaftler ihren Messungen die geografische Meile von 7,42 km zugrundegelegt haben, so kann man voraussetzen, daß sie den Umfang des Planeten Erde kannten und ihn nach allen Regeln der Kunst vermessen haben, denn eine geografische Meile ist der 15. Teil eines Äquatorialgrades.

Stonehenge und die Externsteine befinden sich auf annähernd dem gleichen Breitengrad.

Stonehenge liegt auf der

Breite 51°10' Nord / Länge 1°50' West,

die Externsteine auf

Breite 51°52' Nord / Länge 8°53' Ost.

Auf dem Breitengrad der Externsteine liegt an der westlichsten Spitze von Südengland Land's End, mit den vorgelagerten Scilly Inseln, dem versunkenen Lyonesse.

Wer noch Lust hat, in eine andere Richtung zu blicken, wird vielleicht nicht mehr verwundert sein, daß etwa 750 km von den Externsteinen entfernt in Polen ein Ort namens Ostróda liegt. Die Landkarte gibt den deutschen Namen mit »Osterode« an, was sich beides sehr nach Ostara anhört. Osterode im Harz wiederum liegt wie Paderborn auf genau 51°43' Nord.

Ostróda in Polen liegt nicht auf dem gleichen Breitengrad wie Osterode im Harz oder wie die Externsteine, dafür aber auf der gleichen Breite – 53°42' N – wie Newgrange in Irland. Und wer noch mehr Lust hat oder diese Angaben überprüfen will, kann einen in jedem Computerprogramm vorhandenen Weltatlas bemühen, bei dem jedoch kleinere Ungenauigkeiten, besonders bei großen Entfernungen, einkalkuliert werden müssen. Dies sollen nur einige Beispiele und Anstöße sein, das »Spiel« ließe sich fortsetzen, wobei andere weniger bekannte Orte einbezogen werden können.

***

Waren diese genialen Baumeister und Landvermesser im Norden Europas die legendären Hyperboreer, die sich als Nachfahren der Zivilisation von Atlantis bezeichneten? Der Nordwesten Europas identifizierte sich seit alter Zeit mit dem sagenhaften Reich im Atlantik, dessen legendärer Ruf nie verstummt ist.

Hyperboreer und Megalithiker

Weit hinter dem Nordwind liegt das Land der Hyperboreer, jenseits des Boreas. Dort, wo sich im »Silbernen Spiralschloß von Caer Arianhod« das Sternbild »Corona Borealis« auf enger Bahn dreht.

Diese Lokalisierung Hyperboreas ist rätselhaft und mindestens zweideutig wie alles, was von den Hyperboreern gesagt wird. Noch heute forschen und sinnen Menschen darüber danach, wer die Hyperboreer gewesen sind und wo Hyperborea anzusiedeln ist. Niemand weiß es mehr genau. Deshalb sollen verschiedene Aspekte aus der Überlieferung eine Vorstellung geben, möglicherweise ein Bild davon erschaffen, was mit dem versunkenen Reich gemeint war, und dazu genügt nicht, es zu lokalisieren.

Hyperboreer (griech.) heißt: »Jenseits des Boreas wohnende«, nach Herodot: »Männer hinter dem Nordwind«. Der Name »Hyperboreer« steht auch für »ein am Rande der Erde lebendes Volk«. Was heißt das? Am Rande der bewohnbaren Erde, kann es nur das Gebiet am Rande der eiszeitlichen Gletscher gewesen sein, die als riesige Polkappe den Lebensraum des Menschen bestimmte. Und hier wehte im kalten Klima bei niedrigen Temperaturen über lange Zeiten der Nordwind, ganz anders als in wärmeren südlichen Gebieten.

Wenn die Hyperboreer auch nicht vor 100.000 Jahren gelebt haben, so könnte man sie zeitlich irgendwann nach der kleineren Eiszeit ansiedeln, deren Grenzen im Bereich der Nord- und Ostsee verliefen. Als die Gletscher sich vor etwa 10.000 Jahren zurückzogen, wurde das Klima im norddeutschen Tiefland freundlicher, vor 7.000 Jahren war es hier vorübergehend wärmer als heute, und der Bewuchs des kahlen Landes konnte sich schnell ausbreiten.

Wann auch immer sie gelebt haben mögen, das Land der Hyperboreer ging in die Geschichte ein als Ort des Friedens, des Lichtes und der Seligkeit. Die Hyperboreer scheinen den Nachklang des wahren »Goldenen Zeitalters« Europas zu repräsentieren. Das Goldene Zeitalter wurde von dem Griechen Hesiod beschrieben,

»... als die Zeit des Paradieses auf Erden, als es keine Götter oder Könige gab, und als die Menschen ohne Arbeit lebten, nie alt wurden, viel lachten, und ihnen der Tod nicht schrecklicher war als der Schlaf. Das war die Zeit der großen verlorenen Kultur, die in der Erinnerung des Menschen nur ein idealisierter, ferner und unwiederbringlicher Traum war, des Menschen erstes, schönes, sorgloses Entzücken, als die Unsterblichen in männlicher und weiblicher Menschengestalt über diese Erde schritten.«

Einige der vor Jahrtausenden von den Hyperboreern errichteten steinzeitlichen Stätten in Westeuropa wurden okkupiert von einwandernden Eroberern. Und einige der Eroberer kann man vielleicht in Verbindung bringen mit nachfolgenden »Goldenen Zeitaltern«, doch viele brachten Verderben. Hyperborea war zum heiß umkämpften Gebiet geworden; das kann man in doppeltem Sinne verstehen, geistig und weltlich. Die Eroberer beanspruchten noch lange den Namen für sich und gingen in die Geschichte ebenfalls als Hyperboreer ein. Allein der Name ist bis heute geheimnisumwittert, getragen von Ehrfurcht und Sehnsucht, gleichermaßen verbunden mit Schöpfungsmythos, Magie, Größe und Weisheit.

Überliefert sind nur wenige Namen von unvergeßlichen Persönlichkeiten, die man Hyperboreer oder ihre Nachfahren nannte. Ich möchte sie als »Eingeweihte« aus der Mythologie heraustreten lassen, einige lebten noch in historischen Zeiträumen.

Diodor von Sizilien zitiert den Historiker Hekataios (6. Jh. v. Chr.), der die Hyperboreer und den hyperboreeischen »Abaris« erwähnt: »Die Hyperboreer sprechen einen eigenartigen Dialekt und pflegen bemerkenswerte Verbindungen zu den Griechen, wobei sie ihre Freundschaft aus alter Zeit herleiten. Es wird berichtet, daß Abaris von den Hyperboreern nach Griechenland kam.« In dem Bericht findet sich auch, daß Abaris, der Hyperboreer, den Griechen »Pythagoras« in der Philosophie unterwies, der also demnach seine »Hohe Weisheit« nicht nur von den Ägyptern hatte.

Genannt werden will auch »Bladud«, der »pythagoreische Geisterbeschwörer«, der als früher Luftschiffer bekannt war und als der Neunte König von Britannien. Ihm wurde die Einrichtung der heißen Quellen von Bath in England zugeschrieben, die berühmt sind für ihre Heilkraft.

Die Griechen verehrten »Empedokles« – Arzt, Architekt, Physiker, Philosoph, Gelehrter und legendärer Naturwissenschaftler – als einzigartig unter den Philosophen. Dem in die Mythologie verbannten »Daedalos« kamen die größten Ehren als unvergleichlichem Baumeister zu, fast göttlicher Ruhm, weil er den Palast des Königs von Minos mit dem Labyrinth erbaut haben soll. In der Legende muß er vor dem minoischen König fliehen und fliegt mit seinem Sohn Ikarus über das Meer davon. Ikarus überlebt den Flug nicht, aber Daedalos erreicht unbeschadet die Insel Sizilien und erbaut dort für den König Kaikalos das unglaublichste Schloß aller Zeiten. In der Mythologie heißt es, daß es eine »Burg aus Kristall« war, »die in der Sonne golden strahlend leuchtete« und sich auf einer weißen Klippe am Meer erhob, mit großen breiten Terrassen, auf denen ein künstlicher See angelegt worden war.

Welchen Wahrheitsgehalt die Mythologie hat, wird der sehen, der den Ort besucht, an dem das Schloß einst gestanden hat. Erakleia Minoa an der Südküste Siziliens in der Nähe der Stadt Sciacca liegt in der Tat auf einem weißen Felsen über der Meeresküste. Von weither sieht man das Plateau und seine gigantischen Terrassen, die keinen Zweifel lassen, daß sie angelegt wurden. Betritt man den Hügel, breitet sich das Meer in türkisblauer Farbe aus, und der Rundblick in allen Himmelsrichtungen wird von nichts gestört, ein wahrhaft königlicher Ort. Sieht man sich in der gleißenden Sonne um, wird man irritiert von funkelnden, glitzernden Steinen. Seit einigen Jahren werden dort Grabungen durchgeführt, bei denen Mauern aus Kristallgestein zum Vorschein kommen, so als ob Abertausende kleiner und größerer Kristalle zusammengepreßt wären.

Nicht zu vergessen ist der große »Merlyn«, den man den letzten der Erz-Druiden nannte; und auch nicht Merowech, der der mythische Vorfahre der Sugambrer war, deren Einzugsgebiet am Osning lag.

Man kann auch von »Skythianos« sprechen, den Rudolf Steiner als den größten aller Lehrer und Eingeweihten an den Externsteinen bezeichnete:

»Es hatten sich große Weistümer mitgebracht Menschen, die aus der alten Atlantis herübergezogen sind nach Europa und weiter. In der alten Atlantis waren die meisten Menschen hellseherisch. Diese Weisheit und Hellsichtigkeit konnte sich nicht mehr fortentwickeln und zog sich zurück zu einzelnen Persönlichkeiten des Westens und wurde gehütet und geleitet von einem Wesen, das in tiefer Verborgenheit lebte … bewahrend dasjenige, was aus der alten Atlantis herübergebracht werden konnte für spätere Zeiten. Diesen hohen Eingeweihten, diesen Bewahrer der uralten Weisheit, die tief hineinging sogar in all dasjenige, was die Geheimnisse des physischen Leibes sind, kann man Skythianos nennen, wie es im frühen Mittelalter üblich war, und es blickt derjenige, der das europäische Mysterienwesen kennt, zu einem der höchsten Eingeweihten der Erde hinauf, wenn der Name Skythianos genannt wird.«

***

Der Mythologie über Hyperborea würde wahrscheinlich überhaupt niemand Glauben schenken, hätten sie nicht Zeugnis von ihrer unglaublichen Kultur abgelegt in einer hochintelligenten Hinterlassenschaft, die unübersehbar und unumgänglich darauf wartet, entdeckt und verstanden zu werden, nicht nur im Westen Europas. Es könnte eine Kultur gewesen sein, deren Erbe die Megalithiker fortgeführt haben und aus der das große ursprüngliche Druidentum hervorging.

Ihre Spuren ziehen sich auf den Breitengraden des Drachenstroms hin bis nach Eranwezh in die Region von Minusa und Khakassia am Fluss Yenisey in Sibirien. Dort werden seit einigen Jahren monolithische Denkmäler ausgegraben. Das Gebiet ist übersät von Megalithen und Steinkreisen, nicht anders als die in Irland, England, Schottland, Norwegen und Schweden.

Die Eurasische Steppe, vom Herzen Rußlands bis in die Mandschurei, ist ein unermeßlich großes Gebiet, von dem gesagt wird, daß dort von frühen indoeuropäischen Völkern vor Jahrtausenden eine naturverbundene Hochkultur geschaffen wurde.

»Ihre Mystik war geboren auf den langen Wanderungen durch die endlosen Steppen. Ihr Geist war entwickelt durch uneingeschränkte Kontemplation. Ihre Symbole waren ein Wagen, ein Pferd und ein Tumulus

(Erdhügel). Sie waren die Magier von Uygursk und die Kabbalisten von Hazar, das Volk des offenen Horizontes.«

Auch sie beriefen sich auf die Hyperboreer als ihre Vorfahren. Sie lebten in uneingeschränkter Freiheit in einer unabhängigen kulturellen Einheit, mit der Idee von »Göttlicher Kraft«, die ihre heroische Welt geschaffen hatte und immerwährend durchdrang.

Das Gebiet der Großen Steppe nordöstlich und südwestlich des Flusses Yenisey ist heute bewohnt von den Erewenken, einem Volk von Jägern und Rentierhirten. Es umfaßt das Altaigebirge und zieht sich hin bis zum Baikalsee, dem Heiligen See der Steppenvölker. Es ist die klassische Heimat der Schamanen. Einige glauben, daß der Begriff Schamanismus strikt nur auf die Religionen Sibiriens angewendet werden kann; sie teilen miteinander die Vorstellung eines Kosmos, dessen Schichten durch einen Berg, einen hohen Felsen, einen Baum oder eine Stütze miteinander verbunden sind. Darin spiegelt sich das Motiv der Externsteine und der Heiligen Irminsul. Sie hüten ihre geheimnisvollen Steinsetzungen heute mit größter Vorsicht. Der Altai ist, nach der gründlichen Ausrottung durch die Sowjets, noch heute für die wenigen überlebenden Schamanen der Nabel ihrer Welt, dessen Nabelschnur zum umfassenden, universellen Göttlichen führt. Aber die Götter wohnen in den Steinen und Bäumen ihrer heiligen Stätten.

Dem Religionsforscher Eliade zufolge »... ist in der elementarsten Hierophanie *alles gesagt*: Die Manifestation des Heiligen in einem ›Stein‹ oder einem ›Baum‹ ist nicht weniger geheimnisvoll und würdig als die Manifestation des Heiligen in einem ›Gott‹. Der Prozeß der Heiligung der Wirklichkeit ist derselbe, nur die Form, welche der Prozeß der Heiligung im religiösen Bewußtsein des Menschen annimmt, ist verschieden.«

Weisheit der Druiden

Vor diesem Hintergrund kann man sich das ältere Druidentum und die Welt der Megalithiker vorstellen, die Europa mit einem ganzen Netz bemerkenswerter Stätten überzogen haben. Und vor diesem Hintergrund wird man die für übertrieben gehaltenen Schilderungen über die Druiden ein wenig mehr begreifen.

Die ersten christlichen Heiligen, die bereits im 5. Jahrhundert begannen, den europäischen Kontinent zu missionieren, stammten aus dem Erz-Druidentum irischer und schottischer Tradition. Die Druiden hatten eine Naturreligion, begrüßten aber das christliche Gebot der bedingungslosen, allumfassenden Liebe. Auf das Kommen eines neuen Heilbringers in unsere Welt, im Keltentum traditionell der »Sohn des Lichtes«, hatten sie bereits lange vor der Geburt Christi an einem der spektakulärsten Orte der Alten Welt hingewiesen.

Dort waren Baumeister aus der Steinzeit am Werk gewesen. Unter den vielen Plätzen und Steinwerken – so erzählt es die Legende – befand sich einer, der so heilig war, daß ein ganzes Volk damit betraut wurde, ihn zu hüten. Man nannte die Männer *Carnuten* (Hüter der Steine). Diese heiligste Stätte der Carnuten hieß *Carnut-Is*, das heutige Chartres. Später errichteten gallische und britische Priester in Chartres eine Druidenakademie, die in ganz Europa bekannt war und noch im römischen Reich als eine der *berühmtesten Schulen der Welt* hervorgehoben wurde. Nicht zuletzt Julius Cäsar widmete dieser Berühmtheit Staunen und Anerkennung.

Die Legende überliefert, daß die Druiden aus dem Holz eines Birnbaumes das Bildnis einer Frau mit Kind schnitzten, nicht anders als die Isis mit dem Horus-Sohn, nicht anders als die christliche Madonna mit dem Jesuskind auf den Knien. Sie stellten die Statue in Carnut-Is neben den Brunnen im Kraftzentrum eines Dolmens, der noch heute unter der Kathedrale von Chartres vorhanden sein soll. Sie nannten sie *Virgini pariturae*, »die Jungfrau, die gebären wird«.

Als die ersten Christen nach Chartres kamen und die Figur der Jungfrau sahen, die in der Zwischenzeit nachgedunkelt und in eine Grotte verlegt worden war, verehrten sie diese als »Schwarze Madonna«. Die Kirche, die man an diesem Ort errichtete, war dieser, »Unserer Lieben Frau«, *Notre Dame*, geweiht. Der danebenliegende Brunnen hatte den Namen »Brunnen der Starken«, was sich auf die geistige, vielleicht auch körperliche Stärke der Carnuten aber auch auf das Wasser beziehen kann, denn er wurde als heilende Quelle genutzt.

Auch die Insel Iona (eine der Schottland westlich vorgelagerten Inseln) ist lange vor dem Christentum eine Hochburg und eines der heiligsten Zentren der Druiden gewesen, besser gesagt der Erz-Druiden, der größten, berühmtesten und außergewöhnlichsten Lehrer, unter deren Autorität – wie es überliefert ist – die Elemente und die Könige der Elementarreiche standen, d.h., sie beherrschten die Naturwissenschaften. Es waren die großen Magier, die unter Magie die Kunst und Wissenschaft verstanden, den inneren und äußeren Zustand nach Wunsch zu verändern. Die Druiden haben behauptet, daß in Iona die »Smaragdene Tafel« in einem Schrein aufbewahrt ist, die ihnen von vorausgegangenen bedeutenden Kulturen zur Aufbewahrung übergeben wurde.

Auch in römischen Aufzeichnungen erscheinen die keltischen Druiden als Bindeglied zu einer viel älteren Zivilisation, deren Erbe sie gewissermaßen antraten. Julius Cäsar bezeichnete das Druidentum seiner Zeit bereits als dekadent, aber der Ruf ihrer Vorgänger ging ihnen noch lange nach. Es wurde gesagt, sie hätten die Fähigkeit gehabt, zu fliegen, Tote zum Leben zu erwecken, das Wetter zu lenken, in einem Zustand der Unsichtbarkeit zu reisen und die Schranke der Zeit zu überwinden. Römische Beobachter schrieben:

»Die Druiden sind die weise und allerhöchste Macht im Lande der Kelten. Die Priester beziehen ihre gesamte Autorität aus übernatürlicher Billigung.« – »Zu den fortgeschritteneren Dogmen gehört, daß sich die Druiden zur Unsterblichkeit der Seele bekennen und daß es ein Weiterleben in anderen Regionen gibt.« – »Sie waren scharfsinnig im Wissen um die Sterne und deren Berechnung, und sie verwendeten Fernrohre, um die Magie des Mondes herabzubringen, indem sie sein Licht heller machten.« – »Sie erörterten mit ihrer Jugend viele Dinge über die Gestirne und ihre Bewegungen, über das Ausmaß des Universums und unserer Erde, über die Kräfte und die erhabene Größe der unsterblichen Götter und gaben ihr Wissen an die Jungen weiter.« – »In früheren Zeiten konnten die Druiden eingreifen und streitende Heere vom Kampf abhalten. So fügte sich selbst bei den wildesten Barbaren deren Zorn der Weisheit.«

Die Druiden waren bis in das frühe Christentum in ganz Europa und in den Ländern des Orients wegen ihrer hervorragenden Schulen, Bibliotheken und Kollegien berühmt. Diese wurden als die bestmöglichen angesehen, und ihre Zahl soll seinerzeit in die Hunderte gegangen sein. Nur die vielversprechendsten Jugendlichen aus den oberen Gesellschaftsschichten und dem Adel wurden dafür ausgewählt. Die Ausbildungsmethode war einzigartig, eine ungewöhnliche Verbindung aus Naturphilosophie und Religion.

Den ersten keltisch-christlichen Missionaren, die das Christentum verbreiteten, ging es um den Glauben und nicht um die Kirche in Rom, die, in ihren Anfängen befindlich, noch wenig Konfliktstoff für den Übergang zum neuen Glauben bot. Erst mit den Dogmen der ersten Konzile schwand die Toleranz; nachdem die irischen Fürsten ihr Privileg verloren hatten, Bischöfe nach eigenem Gutdünken einzusetzen, wurden auf allen heiligen Bergen die Äxte geschwungen. Als der Hl. Columcille in Irland seine Kirche im nord-irischen Derry (gälisches Wort für Eichenhain) erbaute, war er

»... so abgeneigt, heilige Bäume zu fällen, daß er sein Oratorium nach Norden statt nach Osten ausrichtete – nach Norden, nach Caer Arianrhod. Und als er nach Schottland kam, erklärte er, ... daß er zwar Tod und Hölle fürchte, daß aber eine Axt im Hain von Derry ihm noch mehr Angst mache.«

Die anfänglich schwache römische Kirche hatte sich des alten Glaubens zu erwehren und verbot den Klöstern »vagabundierende Nonnen und Mönche« aufzunehmen, um der Druiden und Druidinnen in Mönchskutte Herr zu werden, die jedoch keineswegs bereit waren, sich unter das Joch der frühen apostolischen Kirche zu begeben. Eher war das Gegenteil der Fall.

Zu keiner Zeit war das Druidentum eine rein männliche Gesellschaft, wie es die Überlieferung erscheinen lassen mag. Wir wissen heute, daß es in den keltisch-christlich orientierten Klöstern keine Geschlechtertrennung gab und Mönche wie Nonnen die Autorität der Äbtissin als »Mutter« gleichsetzten mit der »Sacerdos Mater«, der Hohepriesterin.

Priesterinnen und legendäre Frauengestalten – wie »Die Weiße Frau vom See« oder die »Mutter von Avalon« – lebten weiter in den Sagen, als Entsprechung der männlichen Bruderschaft. Diese großen Frauen hatten nachweislich bis zum 11. Jahrhundert in Irland und Schottland eine besondere Zuständigkeit für die Erziehung herausragender Persönlichkeiten sowie für die Wahl der Hochkönige.

Bis in das 7. und 8. Jahrhundert n.Chr. hatten die Priesterinnen aus dem geheimnisvollen Bärinnenklan der Merowinger – der ein vorkeltisches Wissen pflegte, welches weit zurückreicht in das matriarchale Zeitalter –

sich über den Westen Europas ausgebreitet. Ihre heiligen Orte waren hauptsächlich verborgene Kraftorte und Grotten-Heiligtümer aus der Vorzeit, die mit den ersten christlichen Klöstern überbaut wurden. Die Feiern der Priesterinnen waren nach druidischer Tradition eng an den Jahreszeiten ausgerichtet. Ihre Ideale waren: Güte, Integrität, Frömmigkeit, Gerechtigkeit, Wahrheitsliebe, Erbarmen und Nächstenliebe, vor allem aber Freude an geistiger Betätigung und Forschung.

Sie alle waren berühmt für ihre Hellsichtigkeit und präkognitiven Fähigkeiten. Sie pflegten Meditation, Musik, Kunst und Poesie, vor allem aber Wissenschaft, und sie beherrschten die druidische Geheimlehre. Dieser Geist blieb vorherrschend und wurde später verbunden mit den streng bewahrten reinen christlichen Werten der Nächstenliebe. Aus diesen Orden gingen große Frauen und Heilige der europäisch-christlichen Geschichte hervor, wie die Heilige Elisabeth, die Heilige Odilie und Hildegard von Bingen. Sie waren die Beraterinnen deutscher Kaiser und Könige.

Das Hoch- oder Erz-Druidentum war Mittler zwischen den Welten und Bindeglied zwischen den Zeiten, Begleiter der Übergänge von historischen Epochen, jeweils an der Schwelle einer alten und einer neuen Zeit. Doch sie hatten nie ihre Tradition und ihre Wurzeln vergessen. Im Norden Europas bezeichneten sie sich als letzte Nachkommen der Hyperboreer.

Kelten und Germanen am Osning

> Wohnstatt der Götter ist der lichte Himmel, Wohnstatt
> auf Erden auf hohen Felsen gedacht, in den Himmel
> ragen sie, weite Überschau gewährend. Göttersitz
> »ragna sjot« im Götterheim »Asgard«, »hodd goda«
> Bezirk der Götter im heiligen Land, »heilakt land«.
>
> *Nordische Dichtung.*

Kelten und Germanen waren am Osning die letzten Zeugen einer versinkenden Welt. Ließe man die Mythologie außer acht, gibt es für diese Völker keine wirkliche Geschichtsschreibung. Unsere Kenntnis beruht hauptsächlich auf den Aufzeichnungen der Römer, die seinerzeit den Norden Europas eroberten. Dazu ergeben sich aus römischen Quellen eine Reihe von Verwechslungen und Zeitüberlappungen, die aus den Schilderungen des Gallischen Krieges der Römer in Frankreich, aus einem zwar ähnlichen aber mit dem Germanentum nicht ganz gleichzusetzenden keltischen Kulturraum stammen, auch wenn gemeinsame Wurzeln vorhanden sind.

Der griechische Geograph Strabon hielt sich von 25 - 21 v. Chr. in Germanien auf und schrieb in seiner »Geographica«:

»Die Germanen unterscheiden sich nur wenig von den Kelten, höchstens durch etwas wildere Sitten, größeren Körperbau und helleren Haarwuchs. Sonst sind sie sich ähnlich in gleichen Bräuchen und Lebensweisen. Die Kelten sehen in ihnen Brüder und nennen sie ›Germani‹, was so viel heißt wie Brüder des gleichen Vaters und der gleichen Mutter.«

Welchen Raum nehmen die Kelten an den Externsteinen ein? An den Felsen erinnert wenig an sie. Das Keltentum scheint in dieser Gegend auf sehr geheimgehaltene Weise in das frühe Germanentum übergegangen zu sein, was zeitlich nicht genau einzuordnen ist. Historiker meinen, daß das späte Germanentum die keltischen Spuren getilgt hat, um sich selbst in ein besseres Licht zu setzen.

Man begegnet den Kelten in den Aufzeichnungen des römischen Geschichtsschreibers Tacitus als den »blauäugigen Riesen«, die von den Griechen um 900 v.Chr. »Keltoi« genannt wurden. Schon die klassischen Schriftsteller Griechenlands wunderten sich ausnahmslos über die »andersartigen Lebensgewohnheiten« der verschiedenen keltischen Stämme. Sie hatten Sitten und Gebräuche eines offenbar uralten Erbes bewahrt. Sie hielten keine Sklaven, sie kannten keine Todesstrafe und führten keine Kriege, bei ihnen bestand vollkommene Gleichheit der Geschlechter mit einem leichten Übergewicht auf der weiblichen Seite. Die Suche nach ihren Ursprüngen füllen Bände, sie sind aber nicht wirklich faßbar. Man ist heute geneigt, sie als Produkt eines jahrhundertelangen Werdeganges, vielleicht von mehrfachen Wanderungen von Ost nach West, zu betrachten, in dem sich ihre Stämme mit anderen Volksgruppen assimilierten, die sie ihrerseits mit ihrer Ideologie, mit ihrem Wissen und mit ihren Glaubensvorstellungen beeinflußten. In Gallien und Britannien fanden sie im Geist des Druidentums ihre letzte Heimat.

Elisabeth Gould Davies schreibt über die Kelten: »So bemerkenswert ihre Kunst, ihre Beredsamkeit und ihre Schönheitsliebe und ihre Weltanschauung sind, das hervorragende Wesensmerkmal der Kelten war doch ihre Freiheitsliebe. Sie waren im späten Altertum in ihren Vorstellungen von Gerechtigkeit, geschlechtlicher und gesellschaftlicher Gleichberechtigung, Demokratie und Menschenfreundlichkeit mit niemandem zu vergleichen.«

Spätestens am Ende der römischen Epoche jedenfalls verschwinden die Kelten aus den von den Römern »Germanien« genannten Landesteilen.

Die Germanen erwähnt Tacitus als eigenständigen Stamm (Historien IV, 64), dem sich offenbar mehrere Verbände anschlossen. Um 1.000 v. Chr. siedelten sie als »Ostgermanen« hauptsächlich im Ostseegebiet östlich der Oder und verschmolzen später mit den Istwaeonen, Ingwaeonen und Erminonen.

Nach Robert Graves meint Tacitus, dort wo er von »Germanen« spricht, hauptsächlich das keltische Volk, »... da das Germanien seiner Tage das keltische war, das von den patriarchalen Quadratschädeln, die wir heute Germanen nennen, noch nicht überflutet war.« Den drastischen Worten des herausragenden Kulturhistorikers Robert Graves fügt Terence Powell hinzu: »Die von Tacitus benutzte Bezeichnung ›Germani‹ war ein alter keltischer Stammesname (...). Die teutonischen Menschen, die wir heute als Deutsche bezeichnen, traten ins volle Licht der Geschichte erst im 5. Jahrhundert. Damals traten sie als Vandalen und Goten hervor.«

Helmut Berndt bezeichnet diese Ära in seiner Abhandlung über die Nibelungen – die zur gleichen Zeit in die Geschichte eintreten – als erschreckend und abgründig:

»Zwar melden die Zeiten vorher und nachher auch viele Grausamkeiten, im 5. und 6. Jahrhundert hat jedoch ganz besonders die Niedertracht geherrscht. Mit dem Umbruch der Zeiten und dem sich langsam ankündigenden Neubeginn schien alles erlaubt und jede Norm in Frage gestellt. Leidenschaften wurden zu Exzessen, der Machtwille überschlug sich, Bruderkrieg und Verwandtenmord mit Dolch, Gift oder Folterung waren nichts Ungewöhnliches.«

Im »vollen Licht der Geschichte« verbreitete sich auch der Irrglaube des Dritten Reiches, daß kriegerisches, völkisches Gedankengut etwas zu tun habe mit dem wahren Kelten- und Germanentum der alten Zeit. Bis heute schwelt dieser Irrtum in vielen Köpfen, die den Schein erwecken, an großartige und gerechte Werte anzuknüpfen, die aber ohne jede Einsicht diese Werte mit Füßen treten. »Sie wissen nicht, was sie tun.« Wären sie gebildet oder hätten sie auch nur eine Ahnung von der Vergangenheit, würden sie sich kleinlaut zurückziehen. Kaum einer dieser selbsternannten »Führer« wäre geeignet, einer Einweihung an den Externsteinen standzuhalten, die früher für jeden Stammesführer und seine Anhänger obligatorisch gewesen ist. Das gilt für den hinter uns liegenden geistlosen und menschenverachtenden Nazismus mit einem nicht zu überbietenden Machtmißbrauch wie für jene, die sich heute als ihre Nachfolger ansehen und mit Hakenkreuzen zur Sommersonnwende an den Externsteinen erscheinen.

***

Das frühe Germanentum ist ebenso geprägt vom Keltentum wie vom skandinavischen Erbe, das wir in der EDDA finden. Die alten Völker überlieferten ihre Sagas und Heldenlieder mündlich, sie gaben darin den Kulturschatz ihrer Geschichte, ihre religiösen Auffassungen und die Lebensweisheit ihrer eigenen Vergangenheit weiter. Die EDDA können wir für die nordischen Völker als das ansehen, was für Indien die Veden, für Mexiko das Popol Vuh, für die Griechen Ilias und Odyssee waren und für die Hebräer die Bibel: eine Zusammenfassung ihres Weltbildes, ihres Glaubens und der Jahrhunderte alten Erfahrungen ihrer Stämme im eigenen Kulturraum. Aus ihnen allen geht eine Schöpfungslehre und die ewig gültige universelle göttliche Ordnung hervor, weshalb sie als Lehrbücher großer Weisheit dienten.

Die erste Aufzeichnung der Edda, der Prosa-Edda, erfolgte erst im 13. Jh. n. Chr. in Island. Eine weitere, die Lieder-Edda, enthält Götter- und Heldenlieder und eine Sammlung alter Spruchweisheiten. Schon zur Zeit ihrer Niederschrift wurden die Inhalte kaum noch verstanden; mit dem sich ausbreitenden Christentum waren sie nicht vereinbar und wurden daher als heidnisch abgelehnt.

Den Namen EDDA kann man vom Wortstamm her mit »Großmutter« übersetzen. Darin liegt der Hinweis auf das Alter der Erzählungen, es reicht Jahrtausende zurück in eine Zeit, als die eine Große Göttin als »Große Mutter« verehrt wurde, aus der für die Germanen die Göttinnen Nerthus oder Ostara, später Freya oder Frigga, hervorgingen. Ihr Gatte war Wodan-Odin als oberster Gott, ihr gemeinsamer Sohn war Balder, der Lichte und Kühne, er war die reinste Gestalt des Götterhimmels. Der Himmel als männliche, zeugende Gottheit, die Erde als chthonische Göttin, empfangend und gebärend, sind das älteste Götterpaar der Welt. Mit dem Sohn stellen sie die in allen Religionen überlieferte Trinität dar, die im keltischen, im germanischen und überhaupt im nordischen Sprachraum, genauso wie in allen anderen Kulturen, zu unzähligen Erweiterungen göttlicher Schöpfungsaspekte und Namensgebungen führte, die in ihren Wortstämmen auf die Verflechtung der verschiedenen Volksgruppen hinweisen.

Der Beschützer und Segenspender der Germanen war Donar-Thor. Der Name Donar z. B. läßt sich zurückführen auf den Eichengott, ihm war die Eiche geheiligt. Viele Elemente der vorausgegangenen keltischen Kultur, auch in der Verehrung der Großen Göttin oder der Mutter Erde, blieben ein sehr wichtiger Teil im germanischen Götter- und Geister-Pantheon. Einen tieferen Einblick gewähren die Edda-Dichtungen als kostbares Gedankengut und Quelle altgermanischer Mythologie.

Dieser vielfältige Götterglaube beruhte auf einer ursprünglichen Weltschöpfungslehre, die der anderer Völker nicht nachsteht: Die eine universelle göttliche Urkraft erschafft die Welten. Das Leben wird danach von den Großen Göttern gestaltet. Nach Tacitus betrachteten sich die Germanen als Abkömmlinge des erdgebundenen Twisto, des zugleich männlichen wie weiblichen Menschenwesens, dessen Sohn Mannus dann der Vater mehrerer Kultverbände wurde. Mannus hatte drei Söhne mit Namen Ingwaz, Istwaz und Erminaz. Sie waren die Stammväter und Götter dreier Kultverbände, der bereits erwähnten Ingwaeonen, Istwaeonen und Erminonen. Aus ihnen waren die während der Zeitenwende um das Gebiet der Externsteine ansässigen Stämme hervorgegangen, die in freien, selbstbestimmten Verbänden in verschiedenen Gebieten weitgehend in Frieden lebten.

Sie bildeten eine annähernd nationale Einheit, bei der jeder Stamm einen führenden Repräsentanten erwählte, dem manchmal kultische Verehrung entgegengebracht wurde. Nur im Kriegsfalle wurde einem Führer für alle Volksgruppen der Oberbefehl erteilt. Das einigende Band waren die gemeinsame Sprache und eine auf die Natur und ihre Gottheiten bezogene Religion, aus der sich ihre Werte und ihre stammesrechtliche Ordnung ergaben.

Bataver, Tubanter, Chatten, Angrivarier, Chauken, Marser, Brukterer, Sugambrer und Cherusker nannten sich die Stämme im Gebiet der Externsteine; ihre Einheit fanden sie bei den jährlichen Versammlungen und bei den zahlreichen Festen in ihren Heiligtümern, von denen für ihr Gebiet das bedeutendste der Osning gewesen ist.

Die Cherusker siedelten in der Nähe des Teutoburger Waldes und ostwärts beiderseits der Weser, die Marser südlich, die Sugambrer südwestlich und die Brukterer westlich der Externsteine. Diese Verbände hatten eine Sonderstellung unter den Stämmen, und man kann annehmen, daß aus ihrer Gemeinschaft vorwiegend geistige Führer und Eingeweihte hervorgingen.

Die Marser waren ein kleinerer Stamm mit einem Tanfana-Heiligtum in der Gegend zwischen Ruhr und Lippe. Aus den Reihen der Brukterer kamen, soweit es überliefert ist, einige große Seherinnen der Externsteine; die »Brukterische Jungfrau« war die mächtige Veleda, deren Rang einer Hohepriesterin mit politischem Amt gleichkam. Aus dem Stamm der Sugambrer ging das spätere Königsgeschlecht der Merowinger hervor, das auf den legendären Begründer Merowech zurückzuführen ist.

Die Cherusker wurden auch die »Hirschleute« genannt, was auf das alte Sonnensymbol der Kelten hinweist. Sie wurden in der Überlieferung als »Hüter der Steine« bezeichnet. Dies könnte sowohl für ihre besondere Zuständigkeit und Aufgabe am Osning sprechen als auch ihren Ursprung zeitlich sehr weit zurücksetzen in den vor-keltischen Raum, als es Orte und Steine gab wie in Carnut-Is, dem heutigen Chartres in Frankreich, die so heilig waren, daß ein ganzer Stamm sie bewachte. Mit »bewachen« ist hier jedoch etwas anderes gemeint; man müßte eher sagen, daß ein ganzer Stamm die Anlage eines Kraftortes und die Steine »bediente«.

Hier zeigt sich eine deutliche Schnittstelle zu einer vor-germanischen, größeren Vergangenheit der Externsteine, die in die Megalithzeit zurückreicht, von der die Cherusker noch Kenntnis hatten, denn zu dieser Zeit noch wurde am Osning die »Große Einweihung« vollzogen, an der Druiden als Lehrer beteiligt waren.

Wenn diese Druiden, wie Rudolf Steiner hervorhob, auch nur noch Lehrer »dritten Grades« waren und das Wissen aus alter Überlieferung nach Jahrhunderten auch nur noch fragmentarisch vorhanden war, so waren die heiligen Stätten in ihrem Stammesgebiet Zeugen dieser Vergangenheit. Konnten sie auch nicht mehr wie früher »bedient« werden, so waren ihre Artefakte geblieben; man kannte die Kräfte am Osning, die alten Wege und besonderen Stätten.

Das Heiligtum in germanischer Zeit

Die Germanen haben versucht, ihre heiligsten Orte und Gebräuche geheimzuhalten. Insofern ist jeder Rückblick ein Wagnis, eher der Versuch einer Rekonstruktion, denn die Grundlage ihrer Lebenshaltung und spirituellen Welt kennen wir nur aus der Sicht einer anderen Epoche. Anhand der wenigen, mehr falsch als richtig überlieferten Bräuche der Germanen läßt sich erahnen, was dieser Ort für sie gewesen sein mag. Einzig der Osning selbst sowie das ihn umgebende Gebiet geben uns einige örtliche Fakten, an denen wir uns orientieren können.

Von einem bedeutenden Heiligtum an den Quellen der Pader, heute Paderborn, bewegte sich auf einer »Heiligen Straße« der Frühlingsumzug mit der Bitte um Fruchtbarkeit, der Herbstumzug zum Dank für die Ernte sowie andere feierliche Umzüge zur Ehrung der Götter und Göttinnen im Heiligen Hain am Osning. Entlang der Straße befanden sich weitere Heiligtümer. (Siehe Plan Seite 42)

Der Ortsname »Marienloh« weist auf ein altes Heiligtum der Göttin Freya hin, die Silbe »loh« auf »Lohe«, einen wichtigen Versammlungsplatz. Dort kam das Volk zu Beratungen zusammen, oder um an den zu Ehren der Göttin abgehaltenen Wettkämpfen teilzunehmen. In der Nähe von Lippspringe war an den Lippequellen ein Quellenheiligtum. Dort vollzogen die Pilger das reinigende Bad, bevor sie sich auf der Heiligen Straße weiterbewegten.

Auf dem Wege nach Schlangen liegt die »Dedinger Heide«, ein Ringwall aus germanischer Zeit. Vielleicht war es ein Ort der vorbereitenden Sammlung, möglicherweise auch der Versammlung der zum Heiligtum schreitenden Volksmenge. In Schlangen gabelt sich die Straße.

Nach Norden verläuft die 35 m breite, schnurgerade »Fürstenallee« über die »Schwedenschanze« und vorbei an der alten »Go-Eiche«, nach Oesterholz und zum »Creutzwech«, einer rätselhaften Ortsmarkierung an zwei sich kreuzenden Wegen, der seit der Vorzeit größte Bedeutung zukam. Die Fürstenallee endet am Kreuzkrug, von wo sich ein alter Weg zu den Externsteinen hinzieht. Der von der Fürstenallee abzweigende »Aschenweg« in Richtung Oesterholz führt zu einem der archaischsten Plätze in der Nähe der Externsteine. Für die Germanen war es die Nekropole, an denen sie ihre Ahnen verehrten. Vorherrschend war die Feuerbestattung, die sich in mehreren Varianten von Grabformen gliedern läßt.

Im Bereich von Oesterholz befanden sich besonders zahlreiche Hügelgräber, Steinsetzungen, darüber hinaus auch »Alignements«, die Sonnen- und Mondorientierungen aufwiesen. Drei größere Erdhügel – »Fürstengräber« werden sie genannt – stammen mindestens von 2.000 v. Chr., wahrscheinlich sind sie viel älter. Aufgrund ihrer Größe und Lage könnten sie auf die megalithische Zeit zurückgehen. In den von germanischen Wällen eingegrenzten »Lauen«, Eckelau, Lindelau, Langelau, Königslau, und den dazwischenliegenden Hügeln liegt das legendäre Heiligtum der *Göttin Ostara*.

Der nordöstliche Weg über Kohlstädt führte entlang von Steinsetzungen zum abgegrenzten Bereich des Heiligen Hains am Osning. Die ältesten Überlieferungen heben den Waldkultus der germanischen Völker hervor, der Wald war die Behausung der Götter. Bei keinem Heiligtum fehlte der Wald, er war erfüllt vom Atem der Götter, der die Seele des Menschen durchdrang. Nach Tacitus waren »... die Götter im Wald und auf der Felsenhöhe gegenwärtig, sie bedurften keiner gebauten Wohnung, keines sie darstellenden Bildes. Nur Bäume hegten den Gott, und über den Bäumen stand der Himmel offen«.

Der Baum wurde zur Weltensäule der Germanen, zur Irminsul, die im *fanum,* dem heiligsten Bezirk, des Götterhaines stand. »Fanum« heißt Frieden; Tanfana ist ein alter Name für die Mutter Erde.

Die Irminsul

Der Frieden im Heiligen Hain war »Gottesfrieden«, er war geschriebenes Gesetz der Germanen. Wer ihn brach, verfiel dem Zorne der Götter. Das nordische Recht erblickte darin unsühnbaren Frevel, der mit dem Tode bestraft wurde. Es war nicht erlaubt, mit Waffen in der Hand das Heiligtum zu betreten. Wer den Gottesfrieden durch Gewalttat verletzte, ward geächtet; nicht einmal *Schuldbeladenen* wurde der Eintritt gewährt.

Die Hauptfestlichkeiten der Germanen fanden zur Sommer- und Wintersonnenwende im Heiligtum statt. Im Licht der Sonne sahen sie die Kräfte des immer wiederkehrenden Lebens. Auch das »neue Licht« des kommenden Frühlings wurde mit irdischen Feuern begrüßt, und der Segen und Fruchtbarkeit bringende Wagen der Göttin Ostara wurde zur Osterzeit in Bewegung gesetzt. Zu Ehren der Göttin fanden sportliche Kampfspiele statt. Der Tag, an dem Tag und Nacht den Tageshimmel zu gleichen Teilen beherrschen und das Licht diesen Kampf schließlich gewinnt, war besonders heilig, es war die Zeit der Wiederauferstehung des Sonnenhelden. Aus den Quellen des Heiligtums wurde das heilige Osterwasser verteilt.

In der Nacht vom 30. April auf den 1. Mai wurde das traditionelle Beltane-Fest gefeiert, dessen Ursprung auf die Vermählung der Großen Göttin mit dem Sonnenheros zurückgeht. Im Herbst beging man das Erntedankfest, um dem Geist des Kornes und dem Geist aller Früchte zu huldigen. Die gemeinsame Arbeit des Jahres wurde gefeiert, den Gottheiten und der Erde gedankt. Die Feste wurden mit Freude, mit Musik und Tanz in größtem Überschwang gefeiert, gemeinsame Festmähler durften nicht fehlen.

Doch zur Sommersonnwende fand am Osning noch ein anderes Schauspiel statt. Man beobachtete genau den göttlichen Sonnenfunken, der mit dem Aufgang der Sonne auf die Sakralkammer auf dem Felsen 2 fiel. In gespannter Stille erwartete man diesen heiligen Moment, um danach in Jubel auszubrechen. Das Licht als lebenserhaltender, göttlicher Ausdruck, die Sonne als Lichtbringer wurde gefeiert. Um so mehr ein wahrhaft erhebender Moment, wenn an diesen Tagen der Himmel klar und nicht von Wolken verhangen war, in der Frühdämmerung, im Übergang zum erwachenden Tag, unter dem nachtblauen Himmel.

***

Zum Heiligtum der Externsteine gehörten Schätze aus Silber und Gold. In der germanischen Geschichte ist von vielen, oft sehr geheimnisvollen »Goldhorten« die Rede gewesen, die von den »Schmieden der Unterwelt« angefertigt wurden und einen unschätzbaren Wert hatten. Die Mythologie erzählt von goldenen Ringen, von heiligen Äxten, Zauberschwertern und -bechern, von heiligen Steinen und Kristallen, von goldenen Sicheln und Halsbändern u. v. m. Vieles davon erinnert an die Insignien der Großen Göttin aus uralten Zeiten, Gegenstände, die in den Wissenschaften der Megalithiker und der keltischen Druiden eine wichtige technische Funktion hatten. Niemand weiß, wie lange die Germanen noch ihre Geheimnisse kannten, bevor sie mystifiziert und zur Legende wurden und nur noch als Schmuck oder Statussymbol dienten.

Von dem Fositeheiligtum auf Helgoland ist bekannt, daß alles, Äcker, Wälder, Quellen, weidende Tiere und alle anderen Schätze, dem Gotte gehörten und unantastbar waren. Nach Tacitus hütete man in den Heiligen Hainen der Germanen auch die »werkheiligen weißen Rosse«, aus deren Wiehern die Zukunft vorausgesagt werden konnte.

An besonderen Orten im Umkreis des Heiligtums standen uralte Bäume, die mit an Haselstangen geknüpften heiligen Schnüren abgegrenzt waren, welche die Thingstätte beschrieben, an der die Rechtsprechung erfolgte.

Rechtsprechung in einem Thinggericht unmittelbar am Osning, im heiligsten inneren Bezirk, erfolgte nur bei schwersten Staatsverbrechen oder bei Delikten, die sich in Verantwortungslosigkeit gegen die Volksgemeinschaft richteten. Allein diese Vergehen waren Anlaß, vor dem Staatsthing verhandelt zu werden, je nach Art des Vergehens wurden sie durch Erstickung oder Erhängen geahndet. Die Strafe wurde sofort vollstreckt, der Missetäter in einem zum Heiligtum gehörenden Hain den Göttern überlassen.

Diese Maßnahmen der Rechtsprechung führten zu manchen Verwirrungen. Schon die Römer dachten dabei an kultische Menschenopfer, weil man die Hängenden in der Nähe des Heiligtums fand. Die Germanen aber glaubten, daß man den »Verfehlten«, über die irdische Gerichtsbarkeit hinaus, am besten am heiligen Ort einer größeren Ordnung übergibt. Daß Menschen den Göttern geopfert wurden, weil diese durch das Abweichen von den Gesetzen beleidigt worden waren, mag einer Auffassung in späteren Jahrhunderten entsprechen. Auch germanische Stämme waren teilweise grausam und nicht frei von Machtmißbrauch, dessen Folge, je mehr die keltischen Wurzeln in Vergessenheit gerieten, zu Menschenopfern geführt haben mochten.

Bei Tacitus lesen wir, wann Thingversammlungen stattfanden: »Sie versammelten sich an bestimmten Tagen, wenn der Mond zunimmt oder sich füllt. Das halten sie für den günstigsten Anfang ihrer Unternehmungen.« Am Staatsthing wurde über Krieg und Frieden entschieden, Staatsverträge abgeschlossen und die Wahl der Gaufürsten durchgeführt, hier wurde im Kriegsfalle auch der Oberbefehlshaber beim Schwerttanz »auf die gekreuzten Schwerter gehoben«; das alles nicht ohne Gottesdienst und von Priestern oder Priesterinnen geleiteten Zeremonien.

Obwohl die Germanen als kriegstüchtig gelten, waren sie kein kriegerisches Volk, dem es um Macht oder Landnahme ging. Sie kannten nicht einmal eine Wortbildung für Krieg. Zu kriegerischen Auseinandersetzungen kam es nur, wenn durch Streit, Hader und Fehde (althochdeutsch »wig«) Sippen oder Stämme bedroht waren. Die Ursachen menschlicher Verfehlungen standen in Verbindung mit einer sehr ursprünglichen religiösen Anschauung, weshalb Krieg eine ganz andere Bedeutung hatte. Kriegshandlungen bezogen sich auf den Bruch des Rechtes, bei diesem war alles erlaubt, gegen den oder die Rechtsbrecher kam Krieg als »orlog« einem Gottesgericht gleich.

Im Großraum der Externsteine hat es mehrere Thingstätten gegeben, an denen kleinere Delikte verhandelt wurden, bekannt dafür ist z.B. die alte Go-Eiche in der Nähe von Oesterholz. Wer sich der Gerichtsverhandlung entzog, wurde als »Schuldbeladener« ausgestoßen und geächtet.

Die Gesetze waren außerordentlich streng, da die Germanen nichts so hoch achteten wie ihre Tugenden von Ehre, Redlichkeit und Treue. In der Ehre des einzelnen lag die Ehre der ganzen Sippe, der Begriff Treue wurde gleichgesetzt mit einem Vertrag. Wenn auch ethische Heldenlieder und Sagas die notwendigen Verhaltensweisen vorgaben, so waren auch dies Menschen mit Stärken und Schwächen.

Deshalb war es die höchste Aufgabe der Sippe, in ihrem kleineren Verband den Frieden zu sichern. Sippe heißt in der Grundbedeutung »Blutsverwandtschaft und Friede«. Blut war heilig, es entsprang der Lebenskraft der Götter, nur wenn Blut als Lebenskraft vergossen wurde, mußte Rache vollzogen werden, meistens jedoch wurde beim Thing ein Bußgeld ausgehandelt. Dieses »Wergeld« und seine Verteilung an die Sippe und an die betroffene Gemeinde war durch Rechtssatzungen geregelt, die Jahrhunderte später noch in das Königsrecht einflossen.

Im Heiligtum wurden auch die Mannbarkeitsriten der Germanen vollzogen und die Jungen in die »Wehrhaftigkeit« eingeführt. »Einführung in die Wehrhaftigkeit« bedeutete, eine entsprechende Schulung und Vorbereitung sowie eine geistige und körperliche »Einweihung« erhalten zu haben. Dafür standen Priester, Gelehrte und im Kampf ausgebildete Lehrer zur Verfügung, die kein Pardon kannten. In diese Schulungsbereiche fiel auch in vielen Fällen die Rehabilitation der »Schuldbeladenen«. Man vollzog, nachdem das Wergeld bezahlt war, mit ihnen eine Einweihung der besonderen Art, um sie zurückzuführen in die Gemeinschaft, denn es gab keine Gefängnisse.

Die Staats-Thingstätte an den Externsteinen kann nur auf dem Vorplatz zum Felsen 1 gewesen sein, denn dort stand der auch »wigbed« genannte Altar, besser gesagt der Steintisch, der für eine Thingstätte bei den Germanen typisch ist. In jedem Falle hielt man Gericht an einer Stätte, die den Geist der Rechtsprechenden erhöht, um in Gemeinschaft mit den Göttern in Weisheit Gerechtigkeit zu üben und wichtige Entscheidungen zu treffen.

***

Wie jedes große Heiligtum, waren die Externsteine auch eine Stätte der Heilung. Unter Heilung verstand man reine Naturmedizin und geistiges Heilen, vor allem aber eine Präventivmedizin für Körper und Seele. Die geistigen Ansätze zur Heilung entsprachen einem ganzheitlichen Konzept aus keltischer Zeit. Viele dieser Komponenten sind uns – häufig in unverständlicher Form – aus der alten Volksmedizin noch geläufig.

In die Vielfalt der Heilungsmethoden wurden bestimmte Rituale einbezogen, die im weitesten Sinne als »Schritte der Einweihung« zu sehen sind. Die »Medizin« der alten Völker war in erster Linie auf das Bemühen ausgerichtet, einen Ausgleich der in der Dualität gelebten geistigen und materiellen Komponenten herzustellen. Die Druiden haben in der Dualität nicht als »gut« oder »böse« bewertet, sondern die Gegensätze als gleichwertige Kräfte der Schöpfung geachtet, in deren Spannungsfeld der irdische Mensch seine Erfahrungen sammelt. Das bedeutete, in der Vielfalt des Lebens zunächst ein Wissen um die gegensätzliche Natur der Dinge zu erwerben.

Daher waren Einweihungen (im Sinne von Belehrung und Schulung) von elementarer Bedeutung, denn im Zuge dessen, was man unter Einweihung verstand, wurde ein geistiges Grundwissen in verschiedenen Stufen vermittelt – je nach Personen, Gruppen oder dem Grad des Einzuweihenden.

Die alten Völker hatten Achtung vor dem Prozeß des Lebens und wußten, daß jedes körperliche Symptom ein Ausdruck der Seele ist. Sie haben aus ihren Beobachtungen der Natur und des sie umgebenden Kosmos vielfache Möglichkeiten der Heilung erforscht, wobei die unterschiedlichen energetischen Kräfte am Osning eine wesentliche Rolle spielten. Die Priester/innen kannten die Wirksamkeit differenzierter Strahlungsfelder und setzten sie gekonnt für körperliche und seelische »Behandlungen« ein, die durch Anwendung des Wassers heilender Quellen ergänzt wurden und für die Begriffe des modernen Menschen an »Wunder« grenzen.

Aufgrund außersinnlicher Wahrnehmungsfähigkeit haben die Heiler hervorragende Diagnosen erstellt. Astrologie und andere »magische Praktiken«, z.B. das Lesen der Runen, ließen Einblick nehmen in den »Weg der Seele«. Aus dem Glauben an die Wiedergeburt hatte die psychologische Aufarbeitung karmischer Aspekte ihren Platz, darüber hinaus stand eine ganze Palette schamanischer Kenntnisse zur Verfügung. Das »Besprechen von Geistwesen« war daher kein Akt des Aberglaubens, sondern entsprang dem Wissen um die Verflechtung geistiger und irdischer Ebenen. Neben der Verwendung von Kräutersubstanzen für innere Medizin und Wundheilung, kannten sie chirurgische Maßnahmen bis hin zur Schädeltrepanation.

Die Alten verstanden Heilung in einem wahrhaft umfassenden Sinne. So war auch im fälschlicherweise als heidnisch verurteilten Ahnenkult ein über Tod und Leben hinausführender Aspekt enthalten, den wir in der »modernen Psychologie« wieder aufgegriffen haben; den Ahnen begegnet man heute in »Familienaufstellungen«, und auch ein humaner und angemessener Umgang mit unseren Toten ist wieder gefragt. Heilung hat unter diesem Gesichtspunkt in jedem Falle etwas zu tun mit Klärung und Erkenntnis, mit dem »Sich-Trennen« von negativen Erlebnissen, die sich zwangsläufig auf den verschiedenen Ereignisebenen des irdischen Lebens manifestiert haben.

Nicht zu unterschätzen sind die Inhalte der aus späterer Sicht als »heidnische Festumzüge« angesehenen Volksversammlungen, die, leider durch Überlieferungen aus römischen oder christlichen Quellen entstellt, nur an orgiastische Freuden oder Trunkenheit denken lassen. Im Verständnis von Heilung hatten sie in der alten Welt einen unerhört wertvollen Charakter für ein ganzes Volk. Auch die von mehreren Stämmen gemeinsam zu Ehren der Götter durchgeführten Spiele waren eine Art besonderer Begegnung, wie man von anderen Naturvölkern weiß. Hier konnte man im sportlichen Kampf die eine oder andere Unstimmigkeit bereinigen. Diese Spiele dienten vor allem der Jugend, die ihre Kräfte messen will.

Eine große Gemeinschaft verschiedener Stämme pilgerte nicht allein zum Osning, um die Götter zu verehren, sondern die Menschen zogen mit der ganzen Sippe zum heiligen Ort, um sich dort im allerheiligsten »fanum«, d. h. im Frieden, zu begegnen. Hier fand sich die Gemeinschaft als Einheit in ihrem Volkscharakter, wobei nicht große Reden geschwungen wurden, sondern dort geschah etwas, um Frieden zu schließen. An der ehrwürdigen Thingstätte bereinigte man die allzu menschlichen Zwiste und ging den Weg der Vergebung, die eines der größten heilenden Elemente darstellt. Das geschah unter Einbeziehung der Öffentlichkeit, die sich am heiligen Ort versammelt hatte.

Von den Griechen weiß man, daß es im Jahresverlauf eigens festliche »Umzüge der Vergebung« gab, das dürfte bei den Germanen kaum anders gewesen sein, da die alten Völker sich ihres größeren »Volksgeistes« als Kollektiv bewußt waren. Darin lag ein Verantwortungsbewußtsein für die Gemeinschaft sowie für jeden einzelnen Menschen.

Die Römer und der Kampf um die Externsteine

Die Sonne wird schwarz, es sinkt die Erde ins Meer,
vom Himmel fallen die hellen Sterne;
es sprüht der Dampf und der Spender des Lebens,
den Himmel beleckt die heiße Lohe.
Edda, Völuspa

Der Eroberungskrieg der Römer sollte sich über Jahrhunderte hinziehen, mit dem einen politischen Ziel, die Macht Roms bis an die äußersten Grenzen Germaniens und Britanniens auszudehnen. Nachdem Cäsar ganz Gallien und die Druidenkaste unterworfen hatte und die keltischen Heiligtümer im Westen zerstört waren, richtete sich die römische Heerführung auf die Ausdehnung des Reiches im Norden Europas mit dem Ziel, die germanischen Stämme südlich der Elbe zu unterwerfen.

In allen zu erobernden Gebieten konzentrierten sich die römischen Heerführer auf die Heiligtümer und sakralen Stätten, um sie mit ihren Tempeln zu überbauen und ihren eigenen Göttern zu weihen. Damit nahmen sie den unterjochten Völkern ihre geistige Mitte, ihre spirituelle Kraft im Volksglauben, der ihr Gemeinschaftsbewußtsein trug. Unabhängig davon, in welchem geistigen Rahmen sich ein Klan oder eine Volks-Gemeinschaft zusammengehörig fühlte, sind diese Heiligtümer die Grundlage für das Verständnis vom Leben, ein gemeinsamer Ursprung, der Halt bietet und aus dem sich Stammesmerkmale herausbilden können.

zurückschlagen, so hartnäckig, daß diese nach schweren Verlusten die Fortsetzung des Kampfes aufgaben. Die Zahlen der verlorenen Legionen wurden in den Heereslisten der Römer getilgt und Germanicus zum Trost im Jahre 17 ein glänzender Triumphzug in Rom bereitet. In diesem wurde die Gattin des Arminius mitgeführt, die durch Verrat ihres Vaters Segestes, einem Gegner Arminius, in die Hände des Feindes gefallen war. An der Hand führte sie ihren im Exil geborenen Sohn Thumelicus.

Auf dem Gipfel seiner Macht hatte sich Arminius mit Unruhen in seinen eigenen Reihen und mit Unfrieden in seiner Familie auseinanderzusetzen. Auch ihm gelang es nicht, den Frieden in seiner Sippe zu erhalten. Mit 37 Jahren starb er im Jahre 19 durch den Dolch seiner eigenen Verwandten, die ihm seine Überlegenheit neideten.

Alte Traditionen unter römischer Herrschaft

Irmin- und Siegfried-Einweihung
In der wechselvollen Geschichte der Kriegsführung zwischen Germanen und Römern ist die Schlacht im Teutoburger Wald (im Jahre 9 n. Chr.) unter Arminius in bleibender Erinnerung geblieben. Die herausragende Stellung des Arminius, dessen Name auf die Sprachwurzel *Irmin*, was so viel heißt wie der »Eingeweihte«, zurückführt, war sich der Verantwortung um den Osning sehr bewußt und verteidigte das Heiligtum mit Erfolg.

Arminius wurde im Jahr 17 v. Chr. geboren und entstammte einer alten cheruskischen Familie von Gaufürsten, die sich der Wotans-Sippe zugehörig fühlten. Ihr Stammbaum ließ sich aus römischen Schriftquellen entnehmen. Sie alle waren Eingeweihte an den Externsteinen. Auch Arminius erfuhr diese Einweihung nach keltisch-germanischer Tradition beginnend mit seinem 7. bis ins 14. Lebensjahr, indem er die Sonnenmysterien kennenlernte und die Jul-Initiation erfuhr. Seine Lehrer waren sein Oheim Inguiomer, Bruder seiner Mutter, sowie ein keltischer Druide. In weiteren sieben Jahren erfuhr er die Einweihung in die Hermetik und in die

»Gedächtniskräfte des Mimir«, der höchsten Weisheit. Das okkulte Wissen des Mimir verlieh ihm die »Tarnkappe«, die Undurchschaubarkeit für seinen weltlichen Weg, aber auch die innere Stärke für seine Berufung.

Danach hatte er die Reife für weitere Einweihungsschritte in die Wotansmysterien. Der Initiant mußte die Kräfte des Bewußten und Unbewußten kennenlernen, das heilige »Schwert der Erkenntnis aus dem Wotansbaume« ziehen, um in Verbindung zu treten mit seinem Höheren Bewußtsein. Und er mußte lernen, das heilige Roß zu reiten, mit dem er die Aura seines Volkes »durchreitet«, um die Mentalität seines Volkes zu verstehen. Er wurde unterrichtet, die Kraft des »wahren Wortes« zu gewinnen, um andere mit Autorität zu überzeugen sowie den inneren Drachenkampf zu vollziehen, d.h. die eigenen negativen Kräfte zu überwinden.

Als Sieg-Fried, erringt er den Sieg über sich selbst, indem er wie Wotan »neun Tage am windigen Baum« hängt, um in »Gottesnähe«, allein auf sich gestellt, seinen Ursprung zu erfahren. Als Drachentöter steigt er hinab in die Unterwelt, in sein inneres Seelenwesen, um dort seinen Begierden und den Ängsten vor dem Tod zu begegnen; er verbrennt sie in der »ehrlichen Tiefe« und in der Erkenntnis, daß die Seele unsterblich ist.

Nun kann er beim »Durchreiten der Waberlohe« die Walküre erringen, sie reicht ihm den Wahltrunk, er kann zwischen jugendlichem, heldenhaften Tod und einem friedlichen Leben bis zum Alter wählen. Die Walküre lehrt ihn auch die Weisheit der Runen. Aber noch ist die Einweihung nicht beendet, er muß die »Jungfrau erobern«, die »Vereinigung mit der Wotanstochter« erreichen, das sind die weiblichen Anteile seiner Seele.

Den Sieg verspricht am Osning der Rufer auf dem Felsen und die Binderune in der Einweihungskammer im Felsen 1.

Diese Rune steht für das Gebet zum Göttlichen um Schutz und Weisheit. Sie ist die »Regenbogenbrücke« zwischen Himmel und Erde und läßt uns an der Wahrheit des Höheren Bewußtseins teilhaben.

Binderune

Zu diesen letzten Schritten der Einweihung führt ihn eine »hochstehende Frau«, die Priesterin der Mysterienstätte. Die germanischen Weisen werden sich im klaren darüber gewesen sein, wie sie am Ende des Matriarchates mit den männlichen, patriarchalen Kräften umzugehen hatten.

Im Hinblick auf die Bedeutung der Großen Einweihung an den Externsteinen, keltisch »die Hohe Queste«, ist das Königtum des Altertums zu erwähnen, das in Europa schon zur Zeit der römischen Besatzung zu Fall gebracht werden sollte. Das in späteren historischen Epochen so sehr umstrittene »gottgegebene Königtum« oder »Gottesgnadentum« hatte in der Vorzeit seine Berechtigung darin, daß der König oder der Führer eines Stammes ein spirituell Eingeweihter war. Er sollte bereit und fähig sein, ein Volk in Weisheit und Frieden zu führen. In dieser Voraussetzung liegt der Unterschied zwischen den Priesterkönigen oder Stammesältesten der Alten Welt und den nachfolgenden politischen Machtpotentaten des Mittelalters.

Während der früheren Epoche galt noch weitgehend das Mutterrecht. Das Königtum wurde in der Erbfolge nur aus der mütterlichen Linie weitergeführt. An der Erziehung und auf dem Wege zur Einweihung waren die großen weisen Frauen, Priesterinnen, Druidinnen und Königinnen beteiligt, von Ägypten über Griechenland bis in alle Teile Europas.

Das erinnert an die irische Königin Medb als Manifestation der Weiblichkeit und angesehen als Hohepriesterin der ursprünglichen Fruchtbarkeitsgöttin. Medb regierte vorübergehend eigenständig, zumindest immer dann, wenn ein neuer König heranwuchs oder ausgewählt werden mußte. Sie legitimierte den irischen König und reichte ihm einen »verzauberten Trank«, um sich in einer einzigen Nacht mit ihm zu vereinigen. Als Symbol für die Erhaltung der Fruchtbarkeit und die Verbindung zwischen Göttlichkeit und dem königlichen Rang des souveränen Herrschers wurde dieses Ritual über Jahrhunderte bis in die keltisch-christliche Tradition lebendig erhalten.

Die Veleda

> Die Frauen sind für jeden Mann die heiligsten Zeuginnen seiner Tapferkeit. Die Überlieferung erzählt, daß wankende Heere von Frauen wieder gesammelt wurden. Sie glauben, daß ihr Geschlecht ein bestimmtes Vorwissen habe.
>
> *Tacitus*

Für rund 50 Jahre nach Arminius beschränkten sich die Übergriffe der Römer auf eher unbedeutende Kämpfe, bis der Aufstand der Bataver (69/70 n.Chr.) für die Römer zu einem gefährlichen Unternehmen wurde. Die Führung der Aufständischen übernahm Julius Civilis, der, wie einst Arminius, seine militärische Ausbildung bei den Römern erhalten hatte. Die militärische Lage wurde für die Römer um so bedrohlicher, als sich mehrere Germanenstämme mit benachbarten Galliern zusammengeschlossen hatten.

Die römischen Legionen wurden zurückgedrängt und die mächtige Rheinflotte der Römer fiel den Batavern zu. Arminius war noch in lebendiger Erinnerung, Mut und Hoffnung lebten auf und noch einmal das große Ideal von Freiheit und Unabhängigkeit. Dieser Sieg war für die Germanen mehr als ein militärischer Erfolg, er glich einem Gottesurteil, um so mehr, als die große »Seherin der Externsteine« den Sieg vorausgesagt hatte.

Der Aufstand der Bataver rückte diese bemerkenswerte Frau, die *Veleda* genannt wurde, in den Blickpunkt des Geschehens und der Geschichte. Der Name *Veleda* war kein Eigenname, er bezog sich auf die ortsansässige Seherin. Sie wohnte an den Lippequellen in einem nach ihr benannten Turm bei dem kleinen Ort Kohlstädt. Dieser Turm wurde zu allen Zeiten von einer »Veleda« bewohnt.

Ein anderer der Veleda gewidmeter »Turm« ist der Felsen 2 an den Externsteinen. Dieser Felsen wurde noch auf einem im Jahr 1749 angefertigten Kupferstich als *»Velleda turros«* (Veleda-Turm) bezeichnet.

Dort oben befindet sich die *Sacellum* genannte Sakralkammer. Das Sacellum war nicht nur ein Sakralraum, sondern es barg auch eine

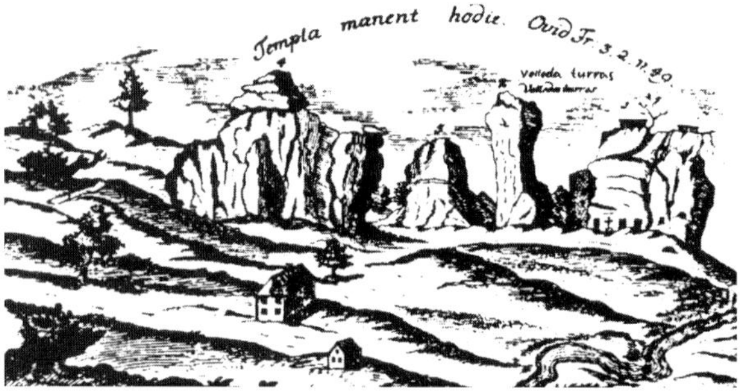

Veleda Turros – Stich von Ovid von Frisch, 1749

astronomische Einrichtung. In alter Zeit – während des Matriarchates und später – war das Sacellum ausschließlich Frauen vorbehalten gewesen, die einer Priesterkaste angehörten, die neben ihrem politischen Amt als Führerinnen und neben spirituellen Aufgaben eindeutig wissenschaftlich orientiert waren.

Man kann an die sagenhaften Priesterinnen denken, an die Prophetinnen der alten Zeit, die die Zukunft voraussagten und Stürme besänftigten, an die großen Königinnen, denen große Weisheit und übernatürliche Fähigkeiten zugesprochen wurden. Sie haben bis in den keltischen Kulturraum eine bedeutende Rolle gespielt.

Über die Veleda schreibt Tacitus in den Historien, daß sie als Schiedsrichterin in politischen Rechtsregelungen zwischen Römern, Galliern und germanischen Stämmen anerkannt war, er nennt sie sogar eine Königin. Man erlaubte den mit Geschenken zu Verhandlungen an die Veleda herantretenden Parteien nicht, ...»vor Veleda persönlich zu erscheinen und sie anzusprechen, es war ihnen verwehrt, ihr Antlitz zu schauen; das war ein Mittel, um ihre Verehrung zu steigern. Sie selbst lebte auf einem hohen Turm; sie hatte einen ihrer Verwandten ausgewählt, der Anfragen und Antworten wie ein Bote des göttlichen Waltens überbrachte.«

Und weiter: »Diese, eine Jungfrau aus dem Stamm der Brukterer, hatte einen weitreichenden Machteinfluß, entsprechend einer alten Sitte der Germanen, sehr vielen Frauen eine prophetische Gabe zuzuschreiben und sie sogar, wie der Aberglaube sich steigert, für Göttinnen zu halten. Und von da an wurde das Ansehen der Veleda immer größer, denn sie hatte den

Germanen ihren glücklichen Erfolg und die Vernichtung der Legionen vorausgesagt.«

Die Veleda wird in der Geschichte oft nur als Seherin dargestellt, weil sie den Sieg im Bataver-Aufstand vorausgesagt hatte. Immerhin brachten ihr germanische Truppen zum Dank ein bei Köln erbeutetes römisches Admiralsschiff an die Externsteine. Das Ereignis muß die Römer so tief beeindruckt haben, daß sie die Szene auf einer Marmortafel in Rom abbildeten.

Die Veleda stand in der Tradition der großen keltischen Königinnen, die sich zum Kampf gegen die römische Besatzungsmacht gezwungen sahen und großen Einfluß auf die Kriegsführung nahmen. Da war die Königin Cartismandua, eine wahre Heldin ihres Volkes. »Eine Geißel für ihre Feinde und eine der hervorragendsten Herrscherinnen der keltischen Vorzeit« wird sie genannt, vergleichbar mit Boadicea und der heldenhaften Königin Maedb von Connacht. »Königin Cartismandua herrschte auf Grund ihrer erlauchten Geburt über die Briganten...«, schreibt Tacitus in den Annalen, »...sie war also durch die Erbfolge Königin geworden und, wie Boadicea, eine Frau königlicher Herkunft, denn sie (die Kelten) machen bei der Thronfolge keinen Unterschied zwischen den Geschlechtern.«

Wir erinnern uns an Boadicea (auch als Boudicca bekannt), die 60 n.Chr. ihr Land gegen die Römer verteidigte und von Cassius Dio als eindrucksvolle Herrscherin beschrieben wurde: »Sie war groß gewachsen und besaß ein anmutiges Gesicht; bekleidet war sie mit einem losen Gewand wechselnder Farben, und die Locken ihres blonden Haares hingen bis zum Saum ihres Kleides. Um ihren Hals trug sie ein goldenes Halsband...«

In einer Zeit ärgster Bedrängnis wurde auch sie zu einer Kriegerkönigin, die an ihr Volk die Worte richtete: »Nicht als Königin adeliger Vorfahren, sondern als eine aus dem Volk räche ich unsere verlorene Freiheit. Die römische Zügellosigkeit geht bereits so weit, daß nicht einmal unsere Körper unbeschmutzt bleiben.« Sie vernichtete ein Heer von 70.000 Römern, was in den römischen Annalen mit großer Scham und Trauer vermerkt wurde.

Julius Cäsar berichtet von der Stellung »des keltischen Weibes«, die unantastbar war, und daß der vereinigte Generalstab des keltischen Volkes aus Frauen bestand. »Die Matronen entschieden«, schreibt er in seinem

Gallischen Krieg im Jahre 58 v. Chr., »wann die Truppen angreifen und wann sie sich zurückziehen sollten«.

Die Frau war nicht nur Ziel der Verehrung für die Römer, sie war auch gefürchtet. Noch im 4. Jh. schrieb der römische Historiker Marcellinus von den keltischen Frauen des heidnischen Gallien: »Eine ganze Schar von Fremden wäre nicht in der Lage, einem einzigen Gallier zu widerstehen, wenn er seine Frau zu Hilfe ruft, die gewöhnlich sehr stark und blauäugig ist.«

Die Veleda an den Externsteinen hatte eine wichtige politische Machtposition und war nicht nur eine Seherin, der ihr Volk abergläubisch zugetan war. Leider ist sie die einzige Frau, von der aus der germanischen Zeit der Externsteine berichtet wurde; sie war nicht totzuschweigen, weil die Römer sie in ihre Annalen aufgenommen hatten. Auch sie ging einem unglücklichen Schicksal entgegen; römische Soldaten nahmen sie gefangen und verschleppten sie nach Italien, ihr Turm in Kohlstädt wurde niedergerissen. Welche Zerstörungen die Römer am Osning und an den Heiligtümern der Umgebung noch vornahmen, verbleibt im Dunkel der Geschichte.

Der geheimnisvolle Sitz der Veleda

Außer dem Sacellum auf dem »Veleda-Turros«, wurde mit der legendären Veleda am Heiligtum ein weiterer Ort in Verbindung gebracht; nach alter Überlieferung soll es einen unbekannten, geheimnisvollen »Sitz der Veleda« gegeben haben. Meine Suche nach dem Sitz der Seherin war nicht beim ersten Mal erfolgreich. Daß dieser jedoch nicht, worauf häufig in der Literatur hingewiesen wird, die Stufe am Fuß des Felsens 3 sein kann, wird jedem einleuchten, der sich dort hinbegibt. Welche Bedeutung diese breite Stufe hatte, ist nicht nachzuvollziehen, offenbar gehörte sie zu einer Einrichtung, die zerstört wurde.

Erst als ich im Knickenhagen den »Felsen der Großen Mutter« entdeckte und auf dem Rückweg dem Verlauf des oberhalb der Felsengruppe entlangführenden Waldpfades folgte, konnte ich diesen geheimnisvollen Platz finden. Geht man vom Vorplatz der Steine vorbei an Felsen 3 und 4, führt von dort an der Weggabelung ein kleiner Weg halbrechts an der

Felsenkuppe (Felsen 5, 6 und 7) entlang in den Wald. Dort hat man nach einigen Schritten das Gefühl, in einen mystischen Märchenwald einzutreten. Die weiterführende Felsenreihe verbirgt sich hinter Bäumen; nach etwa zweihundert Metern öffnet sich rechts eine atemberaubende Lichtung, die gekrönt wird von einem großen Felsen, der von vielen Besuchern übersehen wird. (Siehe Farbtafel 8 oben)

Die Lichtung erscheint voller Leben, und wer mit Naturgeistern auf du und du steht, wird viele Freunde finden. Meist ist die Fläche bewachsen mit Farnen, ein Zeichen dafür, daß aus tieferen Erdschichten Edelgase hervortreten.

Ein sehr schmaler Pfad führt hinauf zum Felsenheiligtum, und auch dort erkennt man an den Felsfragmenten umfangreiche Zerstörungen. Mit ihnen ist eines der hervorragendsten und ältesten Grottenheiligtümer untergegangen. Es ist einer der berührendsten und geheimnisvollsten Plätze an den Externsteinen; zu alten Kultzeiten wurde hier die Große Göttin verehrt. Die schmale Plattform ist wie vom überhängenden Felsen bedacht, hier umfängt den Menschen noch heute die Geborgenheit und der Frieden der Großen Mutter. Man möchte die Augen schließen und sich die heiligen Riten der Priesterinnen vorstellen, vielleicht eine so großartige weise Frau wie die Veleda, die hier einst für die Einzuweihenden den weiblichen Aspekt der menschlichen Natur öffnete.

Manchmal fließt durch einen Felsspalt ein Rinnsal von Regenwasser, vielleicht war es eine sprudelnde Quelle. Dieses Wasser war in seiner reinen Natur mehr als kostbar, es war aufgeladen von der Kraft des Felsens und diente als Heilwasser wie für Reinigungszeremonien der Priester/innen. An einer solchen Stätte wurde in Schalen und Becken das Wasser aufgefangen und dem Sternen-, Sonnen- und Mondlicht ausgesetzt.

Rechts am Felsen führt ein steiler Pfad auf die Anhöhe zum oberen Rundweg der Externsteine. Hält man sich rechts und geht auf der Kuppe der von Erdreich bedeckten Felsen zurück zu den Felsentürmen, begeht man den einst heiligsten aller Haine; wo auch anders soll er gelegen haben als auf der höchsten Kuppe der Steine. Die archaische Kraft dieses Platzes ist leicht zu spüren.

Auf dem Weg gibt es vieles zu entdecken. An einer der Steinkuppen sind Runen angebracht. Wie alt sie sind, ist mir nicht bekannt. Auf einigen der Felsen wachsen Bäume aus dem Stein; und von hier oben erschließt sich ein traumhafter Blick in die weite Landschaft.

Noch einige Hundert Meter weiter öffnet sich ein freier, abschüssiger Platz, ein wenig unterhalb sieht man rechts einen umgestürzten Baum, hinter dem ein kleiner, abgerundeter Felsen aufragt. Kommt man näher, erkennt man, daß er geformt ist wie ein großer sesselartiger Sitzplatz. Auf Anhieb erkennt man, daß er einer mächtigen, großgewachsenen Frau angemessen ist: Es ist der Sitz der Veleda im Heiligen Hain. (Siehe Farbtafel 8 unten)

Viele Informationen über den alten Osning und seine Geschichte hat mir dieser Platz geschenkt, eigene Erkenntnisse haben sich hier erweitert und Gestalt angenommen. Und oft habe ich mich in großer Dankbarkeit vor diesem heiligen Stein verneigt, der so vieles über die Vergangenheit erzählen kann.

Cherusker, Sugambrer und Merowinger

Mitis depone colla, Sicambrer,
adora quod incendisti, incendi quod adorasti.
Taufspruch für Chlodewig I.: *Beuge demütig dein Haupt, Sugambrer,*
bete an, was du verbrannt hast, und verbrenne, was du angebetet hast.

Nach dem Tode des großen Cheruskerfürsten Arminius waren die germanischen Stämme zerrüttet. *Italicus*, wahrscheinlich ein Verwandter des Arminius, wird 49 n.Chr. als »der letzte König der Cherusker« erwähnt, und Tacitus nennt sie danach ein »heruntergekommenes Volk«. Vielleicht liegt in diesem Ausdruck seine Enttäuschung, daß sie es auf lange Sicht nicht fertiggebracht hatten, ihr Heiligtum zu bewahren, von dem er ganz offenbar fasziniert und beeindruckt war und mit großer Wahrscheinlichkeit mehr niedergeschrieben hatte, als aus den wenigen, von ihm bekannten Schriften hervorgeht. Schriftexperten schätzen, daß mehr als die Hälfte verloren oder verborgen sind.

Die Cherusker werden in der Geschichte nur noch einmal im 4. Jh. erwähnt, als Unterlegene im Kampf gegen Konstantin den Großen. Auch wenn sich ein ganzer Volksstamm wie die Cherusker auflöste oder mit anderen Stämmen assimilierte, gab es in ihren Reihen kluge, intelligente, wissenschaftlich interessierte und spirituelle Menschen, die danach trachteten, das Brauchtum und das Wissen um die heiligen Stätten zu erhalten oder weiterzuführen. Cherusker und Sugambrer müssen ein sehr altes, kostbares und geheimes Wissen um den Osning gehabt haben. Was ist daraus geworden?

Auch bei den Römern gab es eine geistige Elite, die über politische Verhältnisse hinausdenken konnte. In römischen Reihen existierte, seit Beginn des Christentums in Rom, mindestens ein »Hermetischer Orden«, der in geheimen Ordenskreisen der ersten Jahrhunderte als »Milicia Christi« bekannt war. Unter dem gleichen Ordensnamen sollten sich die im 14. Jahrhundert aus Frankreich nach Portugal geflüchteten Templer wieder neu formieren.

Die Beziehungen zwischen Germanen und Römern waren nicht nur kriegerisch, in vielerlei Hinsicht haben die Germanen von Römern gelernt, Kriegführung, Hausbau und andere Techniken; große Teile Germaniens waren römische Provinzen geworden, in denen die germanischen Stämme aufgingen. Auch im Glauben vereinigten sie sich, wie im Mithraskult, der über ganz Europa verbreitet war; und in der Verehrung der »Drei Matronen«, was die gallo-romanischen Tempel weit über das Rheingebiet hinaus deutlich machen; an den Heiligtümern knieten sie gemeinsam nieder und beteten.

Die Sugambrer pflegten enge Beziehungen mit den Römern, einige von ihnen bekleideten höchste Ämter in der römischen Verwaltung und im Heer. Wie viele andere hatte Merowech I., ein sugambrischer Stammesfürst um 417, unter den Römern seine militärische Ausbildung erhalten und in ihren Truppen gekämpft. Sein Fürstengeschlecht geht mit großer Wahrscheinlichkeit zurück auf Merowech den Hyperboreer, dessen sagenhafte Spur sich im Dunkel der Geschichte verliert.

Ein heruntergekommenes Volk waren die alten germanischen Stämme nicht, sie konnten unter den Römern Brauchtum und Teile ihres

Stammeswesens aufrechterhalten; Tacitus (um 60 - 115 n.Chr.) wäre in Erstaunen geraten, wenn er geahnt hätte, daß sie über weitere fünf Jahrhunderte ihre Traditionen auf geheimnisvolle Weise fortsetzten. Mit dem schrittweisen Rückzug der Römer aus dem Norden Europas und Galliens konnten sie ein großfränkisches Reich errichten, das sich weit in den Westen und bis in den Süden Frankreichs hinzog. Der Sohn Merowechs I., Merowech der Jüngere, wurde im Jahre 448 in Tournai zum König der Franken ausgerufen und gründete die Dynastie der Merowinger-Könige.

Der Einfall der Hunnen hatte Anfang des 5. Jahrhunderts die Völkerwanderung aus dem Osten in Bewegung gesetzt. Im 6. Jahrhundert bildeten sich daraus die dreizehn Stämme der späten Germanen, Chauken, Suiones, Heruler, Haruden, Eudusier, Angeln, Gauden, Chaidinen, Kimbern, Teutonen, Wandalen, Rugier und Narhavalesen.

Auch in ihnen gingen einige der alt-germanischen Stämme auf, andere wurden verdrängt. Die Sugambrer waren vermutlich schon früher nach Westen über den Rhein gezogen, wo sie sich in den Niederlanden, hauptsächlich aber in den Ardennen im heutigen Belgien und in Lothringen niederließen. Die Nachkommen Merowechs schufen ein blühendes Königreich, dessen kulturelle Leistungen außergewöhnlich waren und das in allem der Tradition des alten keltischen Königtums folgte.

Merowechs Enkel, Chlodewig I. (481 - 511) vertrieb die letzten römischen Statthalter und bekehrte sich zum Christentum. Mit ihm sollte das ganze weströmische Reich zum neuen Glauben übertreten, wie es Konstantin der Große im Ostreich herbeigeführt hatte.

Das Schisma (die Spaltung) zwischen der keltisch-christlichen Tradition, die ausschließlich auf die ursprüngliche christliche Lehre ausgerichtet war und sich im Gegensatz zu den Machtansprüchen des römisch-fränkischen Adels sowie der Kirche in Rom befand, die einen starken König zur Durchsetzung ihrer Interessen und als Schutzmacht brauchte, sollte zu einer historischen Entwicklung führen, die das Alte Europa für immer veränderte.

Aus einer florierenden Landwirtschaft, weitreichenden Handelsbeziehungen in Europa und aus dem Seehandel im Mittelmeer hatten die Merowinger einen ungeheuren Reichtum angehäuft, der dem Auge der römischen

Kirche ebenso wenig entging wie ihr keltisches Königtum. Bildung und Kultur waren weit verbreitet, gepflegt wurden Kunst und Wissenschaft. Bis in das 7. Jahrhundert herrschten die Merowinger über ein beachtliches Reich.

Ihre Nachfolger teilten ein durch mehr oder weniger kriegerische Landnahme erworbenes Gebiet unter sich auf, das von den Pyrenäen bis weit über den Rhein hinausreichte. Ihr Einfluß verlor sich in folgenden Generationen in Familienfehden und in Erbstreitigkeiten; sie wurden zu Schattenkönigen, die der Macht Roms und ihrer eigenen Verwaltungsbeamten, den Hausmeiern, am Ende unterlagen.

Einer ihrer letzten großen Könige, Dagobert II., wurde von einem Hausmeier entführt, dem es gelang, seinen eigenen Sohn auf den Thron zu erheben. Dagobert kam in die Obhut eines Klosters, in dem er verschwinden oder getötet werden sollte. Der Bischof ließ ihn nicht töten, sondern schickte ihn in die »Verbannung« nach Irland, die aber nicht zu einer Verbannung wurde, sondern die dem Prinzen in Slane bei Dublin zu einer ausgezeichneten Ausbildung verhalf. Auf dem »Hill of Slane«, nicht weit entfernt von einem der ältesten Heiligtümer Irlands, Newgrange, lag einst eine weithin berühmte Lehrstätte der Druiden, die zu einer hervorragenden Klosterschule nach irisch-keltischer Tradition geworden war.

Dagobert II. hielt sich in jungen Jahren zunächst in England auf und ließ schon dort keinen Zweifel, daß er sich dem Machtanspruch der römischen Kirche nicht unterwerfen würde. Wahrhaft schicksalhafte Umstände hatten ihn in Irland zur alten keltischen Königs-Tradition zurückgeführt, die im Verlauf der vergangenen 150 Jahre innerhalb seiner eigenen Familie verwässert worden war. Er kehrte um 670 zurück ins Frankenland und forderte sein Reich, erfüllte aber nicht die Erwartungen der Kirche. Er machte vielmehr Anstalten, deren Machtbefugnisse einzuschränken. Dadurch schuf er sich eine Menge Feinde, sowohl unter dem katholischen Adel als auch unter dem Klerus.

Sein größter Gegner war sein Hausmeier Pippin II., der vor nichts zurückschreckte. Der Zweck heiligte die Mittel. Er ließ den König ermorden, wahrscheinlich sogar die ganze Königsfamilie. Die Hauptlinie der sugambrischen Merowinger war ausgelöscht, in den folgenden 75 Jahren, bis zur

Absetzung des einer Nebenlinie entstammenden Childerichs III., konnten nur die viel zu jungen »Kinderkönige« auf den Thron der Merowinger erhoben werden.

Um so mehr festigte sich die Macht des Hausmeiers Karl Martell, der sich als »Verteidiger des Glaubens« hervorgetan hatte. Nach seinem Tode griff sein Sohn Pippin III. nach der Königskrone. Er wurde vom Papst als Herrscher bestätigt und entmachtete 751 Childerich III., der in ein Kloster verbannt wurde, wo er kurze Zeit später verstarb.

Im Jahre 752 wurde Pippin als König Pippin I. zum König gesalbt und begründete die Dynastie der Karolinger, deren berühmtester Herrscher, Karl der Große, im Jahre 768 zum König über das Frankenland erhoben wurde.

Merowech und das alte Königtum der Sugambrer – die heilige Hochzeit – Drachenblut

Es besteht kein Zweifel daran, daß die Sugambrer an den Externsteinen gelebt haben, auch nicht, daß aus diesem Stamm die Merowinger hervorgingen.

Die Merowingerkönige waren, wen verwundert es, mit esoterischen Lehren vertraut; sie beherrschten die Heilkunst und magische Fähigkeiten, und Wundertätigkeit wurde ihnen nachgesagt. Ihr Emblem war das der Biene, das schon im Alten Reich der Ägypter 2.500 Jahre vor unserer Zeitrechnung nur in den Kartuschen der Sakralkönige erlaubt war.

Die Biene ist das älteste Symbol für umfassendes Wissen und übergeordnete Weisheit. Sie erscheint erstmals im Alten Reich Ägyptens und wurde in späteren Jahrhunderten übernommen von europäischen Königen und von zahlreichen Geheimgesellschaften der Alten Welt. Auch der Name der alt-persischen Sarmān-Gesellschaft geht darauf zurück (sarmān = Biene) und bedeutet »jene, die erleuchtet wurden«; wörtlich: »jene, deren Köpfe gereinigt sind«. Sie war ein Symbol für *die Meister, die den wertvollen »Honig« überlieferter Weisheit sammeln* und ihn für künftige Generationen aufbewahren, für die immerwährende Hermetische Philosophie, die von Generation zu Generation durch »Eingeweihte« weitergereicht wurde.

Der Urahn und Namensgeber des Geschlechtes war Merowech, eher eine Sagengestalt übermenschlicher Natur, von der die Legende berichtet, daß er von zwei Vätern gezeugt wurde, von seinem Vater Chlodio und einem Seeungeheuer, welches als »Quinotaurus« überliefert ist. Taurus deutet auf den Stier hin, das ursprünglichste Symbol der Großen Göttin. Aus der Vorsilbe »Mer« leitete sich wahrscheinlich die Deutung als ein Meerungeheuer ab, sie weist tatsächlich eher auf das französische Wort »mère« hin und stellt die Bedeutung der Mutter in den Vordergrund, die, angeblich bereits schwanger, in einem See oder im Meer gebadet habe und ein zweites Mal von dem Quinotaurus befruchtet wurde.

Es konnte nie genau herausgefunden werden, in welcher Zeit dieser Merowech gelebt hatte, und ich will seine Herkunft nicht zwingend an die Externsteine verlegen. Zumindest wurden seine Herkunft und die Umstände seiner Geburt mythologisiert, vergessen oder verschwiegen. Da aber die Sugambrer zu den ältesten Kultverbänden an den Externsteinen zählten, ist es nicht weit hergeholt, daß Merowech dort einer der vorzeitlichen Eingeweihten gewesen sein kann.

Löst man die Allegorie um das »Seeungeheuer« auf, liegt der Gedanke nicht fern, daß es ein Schlangenungeheuer war (gleich dem Basilisken am Felsen 1 der Externsteine), das in späteren Jahrhunderten zu einer »Bestie Neptuns« stilisiert wurde. Vielleicht war die Mutter Merowechs eine Prinzessin, die noch in der Zeit des vorherrschenden Matriarchates als Priesterin von hohem Rang die Ehre hatte, einen königlichen Nachkommen zur Welt zu bringen, und wenn man sie durchaus mit dem Meer in Verbindung bringen wollte, könnte sie eine Priesterin im großen Tanfana-Heiligtum auf Helgoland gewesen sein. Sie unterwarf sich – vor oder nach der Zeugung durch den König – einem Fruchtbarkeitsritual in einem Heiligtum, möglicherweise am Osning, der, wie wir noch sehen werden, alle notwendigen Voraussetzungen zur Vorbereitung einer so hohen Geburt erfüllt hätte.

Nicht nur im alten Ägypten, sondern bis zu Artus Zeiten in Europa wurde die Nachfolge eines königlichen Geschlechts von Eingeweihten begleitet, die unter astronomischen Gesichtspunkten und der Auswahl der Blutlinien auf die Genealogie der königlichen Geschlechter Einfluß nahmen und, aus der Zeit des Mutterrechtes, verpflichtet waren, auf die weibliche Linie der Erbfolge zu achten. Der Zeugungsakt fand »am geheimen Ort« in einem Heiligtum statt. Darauf weist der Drache am Felsen des Osning hin, der mit seiner Kraft das Königspaar umfängt.

Den Merowingern sagte man nach, aus einer besonderen Blutlinie zu stammen, ihr Blut soll »Drachenblut« gewesen sein, und ein besonderes Merkmal habe auf ihre Abstammung hingewiesen, nämlich ein auffallendes Muttermal zwischen den Schultern. Erinnern wir uns an die Große Einweihung, in der der Einzuweihende mit dem inneren Drachen ringt. Mit dem Drachen kämpfte auch der Siegfried der nordischen Sage. Danach besaß er übermenschliche Kräfte und war, bis auf einen kleinen »Fleck« zwischen den Schultern, unverwundbar. Doch dieser Siegfried entstammte keiner Sage, sondern in historischer Zeit einer uralten Königssippe, deren Nachkommen alle Siegfried, Siegbert, Sigurd genannt wurden.

Es war die Ahnenfolge von Arminius dem Cherusker, der wie alle Vorfahren seine Einweihung an den Externsteinen erfuhr. Auch einige der Merowinger-Könige trugen diese alten Namen. Und dem Siegfried der Nibelungensage fiel »beim Bad im Drachenblut« ein Blatt zwischen die Schultern, die einzige Stelle, an der er verletzbar war. Siegfried kam aus Xanten, das im Stammesgebiet der Sugambrer lag. Wenn man mit Allegorien fortfahren will, war es auch in seinem Falle das königliche Blut und seine Überlegenheit, das den Neid anderer hervorrief, die ihm an der Stelle des königlichen Muttermales den Todesstoß gaben.

Möglicherweise ist die ganze Nibelungengeschichte eine Verbrämung oder eine Neuauflage der Geschehnisse um Merowinger und Karolinger, obwohl sie sich an ganz anderen Orten zuträgt. Die derzeitige Fassung des Niebelungenliedes entstand erst im 13. Jahrhundert, doch die Forscher sind sich einig, daß ihre Wurzeln ins 8. Jahrhundert zurückreichen.

Um die übernatürlichen Fähigkeiten der Merowinger-Könige bildeten sich unglaubliche Legenden, wie viel davon wahr oder in einem »anderen Licht« dargestellt wurde, läßt sich erahnen. Unglaublich erschienen sie deshalb, weil man vergessen hatte, daß im Alten Europa nur König werden konnte, der ein Eingeweihter war. Das »Vergessen« wurde befördert, indem man die früher »geheiligte« und für selbstverständlich gehaltene Tradition dem Okkulten und »Unheimlichen« zuwies, sie abwertete oder der Lächerlichkeit preisgab.

Es hieß, die Könige hätten hellseherische Fähigkeiten gehabt, das Wetter beeinflußt, mit Tieren und Naturgeistern gesprochen. Ihre gefundenen Schädel wiesen einen rituellen Einschnitt auf, insbesondere ihrer langen Haartracht schrieb man etwas Magisches zu. Die lange Haartracht mag auf alt-germanischen Brauch zurückgehen, die keltischen und germanischen Fürsten trugen das lange, rot gefärbte Haar in einem seitlichen Knoten, was aus vielen Darstellungen zu ersehen ist.

Die Merowinger jedenfalls trugen ihre Haare offen. Ob sie blond oder rot waren, läßt sich auf den Münzen, die sie mit ihrer Haarpracht darstellen, nicht erkennen. Daher aber rührte der Name »die Könige mit den langen Haaren«, und da sie sich weigerten, ihre Haare schneiden zu lassen, glaubte man, dies hätte ihnen besondere Macht verliehen. Childerich III., dem letzten der Merowinger, nahm man diese Würde. Im Gefängnis schnitt man ihm die Haare ab, einige Tage später verstarb er. Ob auch er umgebracht wurde, ist nicht bekannt, aber sein plötzlicher Tod gab der Legende um die mystische Haartracht entsprechenden Auftrieb.

Einerseits war die Haartracht eine Demonstration ihrer – inzwischen unerwünschten – Herkunft; andererseits kann es auf die Heiligkeit des Kopfes und einen uralten Schädelkult hinweisen, der mit Trepanation der Schädeldecke einherging, die im Herkunftsland der Cherusker und Sugambrer auffallend häufig in Erscheinung trat. Der Schädel Dagoberts II. scheint ein okkultes Objekt dieses Schädelkultes zu sein, er wird bis heute in Frankreich aufbewahrt als seltenes Reliquiar, das in Silber gefaßt einem Kelch oder einem Gralsgefäß gleichkommt.

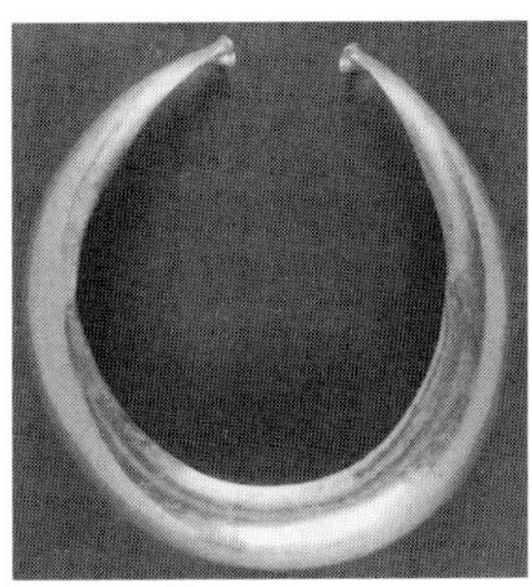
Torques

Die Merowinger trugen das magische Halsband, den »Torques«, und kostbarste Gewandfibeln wie die Wikingerkönige bis ins späte 11. Jahrhundert. Wie diese fielen sie auf durch ihre lange Haartracht, man sagte ihnen nach, sie pflegten »Umgang mit alten Symbolen und Gegenständen der Zauberei«. Wie wenig die Kirche und die Pippinen an die Insignien des rechtmäßigen Königtums erinnert werden wollten, deuten die Worte im Taufspruch Chlodewigs an: »... verbrenne, was du angebetet hast«.

Gewandfibeln

Ihre Gräber enthielten kunstvolle Schätze und Insignien, wie die aus edelsten Steinen und Gold gestaltete Bienen, den Kopf eines Stieres aus Gold oder geheimnisvolle Gegenstände aus Kristall sowie eigenartige, kunstvoll gearbeitete Broschen sowie aus reinem Gold hergestellte Arm- und Halsbänder. All das bezeugt das Alter ihrer Jahrtausende alten Tradition, die tatsächlich in die Vorzeit fällt, als die Große Göttin verehrt wurde.

Vielleicht handelte es sich dabei um Schätze, welche die sugambrischen Fürsten vom alten Osning-Heiligtum vor dem Einfall der Vandalen und Goten retten konnten; auch wenn sie nachgebildet worden wären, ändert es nichts an dem, wovon sie Zeugnis ablegen.

Karl der Große vernichtet das Heiligtum

Wir erkennen in den ursprünglichen Bräuchen die Überreste einer alten und reinen, von weisen Lehrern übernommenen Ordnung, die von abergläubischen und herabgesunkenen Völkern verfälscht worden ist.

Sylvain Bailly

Den Völkern innerhalb der Grenzen des vor-karolingischen Herrschaftsgebietes, etwa bis zum Rhein, war das Christentum schon nahegebracht worden. Die im norddeutschen Raum ansässigen Sachsen beugten sich weder der neuen Religion noch der Unterwerfung durch die Karolinger. Die Sachsen waren ein Mischvolk aus den wenigen im Norden verbliebenen germanischen und neu zugewanderten Stämmen, was nicht nur friedlich vonstatten gegangen war. Sie waren furchtlose, kampferprobte Recken. Sie bildeten bereits eine Gesellschaft mit Standesunterschieden, hielten aber weitgehend an alten stammesrechtlichen Gebräuchen fest. Trotz vieler Veränderungen waren sie ihrem Glauben treu geblieben, in dem noch viele keltische und germanische Wurzeln lebendig erhalten wurden.

Die Integration der Sachsen war langfristig die Voraussetzung für das fränkische Großreich, das bis an die Grenzen von Nord- und Ostsee ausgedehnt werden sollte, wenn nicht auf die jenseits dieser Grenzen liegenden Nordländer, was sich bereits unter der Regentschaft Karls des Großen durch erste gezielte Maßnahmen erkennen ließ.

Das Frankenreich erstreckte sich im Jahre 768 über ganz Frankreich bis weit über östliche Gebiete des Rheins und bezog im äußersten Nordwesten Friesland mit ein. Danebenliegend, wie in einer Nische, lag Westfalen mit dem Gebiet um die Externsteine.

Nur vier Jahre nach seiner Amtseinsetzung begab sich Karl in die alte Heimat der Sugambrer. Wollte er die letzten Spuren der Merowinger und ihre Anrechte aus der Erinnerung löschen? Denn nirgendwo waren ihre Wurzeln so tief verankert wie an den Externsteinen. Oder glaubte er, wie lange vor ihm die Römer, nur durch einen Angriff auf ihre Kultstätten könne man die Sachsen gefügig machen?

Im Jahre 772 besetzte Karl die heiligen Stätten in Paderborn und ließ alle Einrichtungen an den Felsen der Externsteine sprengen.

Gewalt und Gründlichkeit und die darauf folgende Verherrlichung seines Angriffes »durch Reich und Kirche« lassen darauf schließen, welches Gewicht die Zerstörung des alten Heiligtums hatte. Über Jahrhunderte wurden Künstler beauftragt, die Großtat auf wandfüllende Gemälde zu bannen, wo aber genau die Zerstörung der Irminsul stattfand und was am Osning tatsächlich geschah, ist weder den realitätsfernen Gemälden noch den verbliebenen Annalen zu entnehmen. Über den Ort wurde das große Schweigen ausgebreitet, was zu jahrelangem Rätselraten führte, wo denn die Irminsul gestanden habe. Zeitgenössische Berichte fielen wahrscheinlich der großen Bücherverbrennung nach Karls Tod zum Opfer.

Die Sachsen waren nicht das »tumbe«, heidnische Volk, das isoliert in dunklen Wäldern lebte, wie sie fälschlicherweise dargestellt wurden. Sie hatten intelligente Führer, die genau wußten, was um sie vorging, und sie waren nicht die einzigen im Norden, die sich zu Recht gefährdet fühlten. Unter der Bedrohung der Franken und des herannahenden Christentums vereinigten sich die Sachsen, um sich auf Kampf und Widerstand vorzubereiten, vor allem berieten sie, wie sie ihre Kultstätten schützen könnten.

Um sinnloses Blutvergießen zu vermeiden, waren einige der Sachsenführer so weit gegangen, dem Frankenkönig die heiligen Orte preiszugeben, mit der Bitte, diese zu schonen, jedoch nicht ohne den Hinweis, »... daß der allwaltende Gott der Sachsen noch immer ›Irmingot‹ heiße und jede Irminsul das Symbol der großen Weltesche, den Lebensbaum, darstelle: das Herz der Dinge, Hort des Lebens, Ort und Symbol der Reinheit göttlichen Wirkens.« Irminsul hieß nicht nur Säule oder Baum, die Irminsul trug das All, sie galt als Brücke zur Ewigkeit und zur Erhabenheit der Natur.

Als Karl mit seinen Truppen zum »Herzen des Sachsenlandes« vordrang, fand er sie, die »Irminsul an den Quellen«, sowie Gold und Silber. »Fanum et locum eorum famosum Irminsul ... rivi ac fontes« und »aurum et argentum, quod ibi repperit, abstulit...«, so steht es in den Reichsannalen.

Das Heiligtum wurde seiner Schätze beraubt und die Einrichtungen innerhalb von drei Tagen vernichtet. Der Legende nach soll es an den Felsen viele Bilddarstellungen aus alter Zeit gegeben haben. Die an allen Seiten der Hauptfelsen übriggebliebenen Fragmente großflächiger Absprengungen und die ins Leere führenden Treppenstufen weisen darauf hin, daß ganze Arbeit geleistet wurde.

Das tatsächliche Ausmaß kann heute kaum nachvollzogen werden, da es kein Bild und keine Überlieferung davon gibt. Nur bei näherer Betrachtung und akribischer Suche, beim Herstellen einer Reihe von Zusammenhängen, kann erahnt werden, wie das einzigartige Felsenheiligtum einst ausgesehen haben mag.

Wenn man die Spuren erkennt, wird bewußt, daß hier eines der bedeutendsten, schönsten und wertvollsten Kulturdenkmäler Europas unwiederbringlich verlorenging. Was die Felsen betrifft, kann mit anderen vorzeitlichen Heiligtümern kein Vergleich hergestellt werden, da der Osning einzigartig war.

Die Felsen 1 und 3 sind ihrer Aufbauten vollständig beraubt, am Felsen 2, der heute noch die Sacellum-Kammer trägt, mußten die Sprengungen wahrscheinlich deshalb eingestellt werden, weil weitere Maßnahmen auf dem schmalen Felsen zu gefährlich wurden. Diesem Umstand verdanken wir die dort verbliebenen Artefakte.

Von der Höhenkammer auf dem Felsen 2 wurde ein ganzer Teil weggesprengt, die verbliebenen Mauern sind ein Torso. Von der Gestaltung des Innenraumes blieb nichts übrig, außer der Wand mit dem Sonnenloch,

Heutiger Zustand der Höhenkammer

unter dem eine steinerne Säule steht, links davon, an der Seitenwand befindet sich ein Männerkopf, der jedoch erst im 17. Jh. angebracht wurde.

Eine ganze Seitenwand und die Decke fiel den Sprengungen zum Opfer. An der (nicht zugänglichen) Außenmauer, oberhalb des Sonnenloches, sind weitere Treppenstufen vorhanden. Sie lassen darauf schließen, daß es hier eine Plattform gab oder die Treppen auf die ursprünglich vorhandene Dachvorrichtung führten.

Am Fuße dieses Felsenturmes vor dem aufragenden Felsenstumpf befinden sich noch ein paar Treppenstufen, die nichts mehr über ihre frühere Funktion und außerordentliche Bedeutung aussagen. Dort soll Arminius der Cherusker gestanden und vor der Schlacht gegen die Römer zu seinem Volk gesprochen haben. Es war die »Säule der Hierophanten«, auf der, so kann vermutet werden, eine Irminsul stand. Wie in einem der folgenden Kapitel dargestellt wird, haben in späteren Jahrhunderten andere die Geheimnisse dieses Felsens wieder aufgegriffen.

»Fanum et locum eorum famosum Irminsul ... rivi ac fontes«, heißt es in den Reichsannalen. Aus dieser Anmerkung geht nicht genau hervor, ob von einer oder mehreren Quellen bei der Irminsul die Rede ist, was die Frage aufwirft, in welchem Umkreis die Zerstörungen vorgenommen wurden bzw. welcher Raum als dem Heiligtum zugehörig galt und welche Quellen gemeint sind. Heute ist unmittelbar an den Felsen keine einzige Quelle zu finden. Berücksichtigt man die einstige Quelle am »Felsen der Großen Mutter« im Knickenhagen, vielleicht die Quelle am Bärenstein, weitere Quellen im Ostara-Heiligtum oder gar das Quellenheiligtum bei Kohlstädt an der Lippe, so würde sich das Gebiet der Zerstörungen um einiges erweitern.

Es ist verständlich, daß die Externsteine nach der Zeit Karls des Großen in der mittelalterlichen Literatur kaum noch erwähnt, geschweige denn eine vor-germanische oder merowingische Geschichte in Betracht gezogen wurde. Vielmehr wurde der Osning zum »verschwiegenen Heiligtum«.

Capitularien – Sachsentaufe – »Creutzwech« und Todesstrafe

Karl ging es gewiß nicht in erster Linie um den Glauben, vielmehr spielten die beschriebenen politischen Hintergründe eine wesentlichere Rolle, und er brauchte erneut ein erfolgreiches kriegerisches Unternehmen, um gegenüber dem Adel seine Machtposition als König der Franken zu untermauern, denn seine Vorfahren – die Pippinen – waren nicht königlichen Geblütes.

Er ließ die bei den Externsteinen gesammelten – als unermeßlich bezeichneten – Schätze in sein Frankenreich verbringen und vergrößerte seinen Königsschatz als wichtiges Herrschaftsinstrument. Da die Quellen diese Bereicherung als beachtlich hervorheben, kann es sich nicht nur um ein paar »Götzensymbole« und alt-germanische Standarten gehandelt haben.

774 hatte Karl das Langobardenreich erobert, die Familie seines Bruders Karlmann, der Miterbe des Reiches war, verschwand aus der Geschichte und Karl war »gratia Dei rex Francorum et Langobardum«. Unmittelbar danach marschierte Karl 775 vom Niederrhein aus erneut an die Weser. Vieles spricht dafür, daß er damals die Gegend vom Rhein entlang der Lippe bis hin zur Eresburg annektierte. Damit hatten die Franken die Kontrolle über den Hellweg gewonnen. Dieser Feldzug war ein weiterer Erfolg, doch wurde er mit solcher Grausamkeit geführt, daß es in England hieß, er habe mit Feuer und Schwert derart gewütet, daß man an seinem Geisteszustand zweifeln könne. Dagegen ist in keiner der alten Quellen von Missionierung die Rede.

776 erhoben sich die Stämme und suchten die von Karl eroberten Gebiete im südlichen Sachsen zurückzugewinnen. Die Franken schlugen sofort und in gewohnter Manier zurück. Bei den Lippequellen in Lippspringe wurden die niedergeschlagenen Sachsen zusammengetrieben und legten einen erzwungenen Eid darauf ab, sowohl Christen zu werden als auch die Herrschaft Karls anzuerkennen. Die Reichsannalen berichten, daß sie zur Unterwerfung freiwillig ihr »patria«, ihr Vaterland, zum Pfand gaben.

Als Standort zur Sachsenmission hatte Karl Paderborn ausgewählt, und gewiß nicht nur, weil sich dort Straßen aus allen Himmelsrichtungen kreuzten. In Paderborn berief er im folgenden Jahr eine große Reichsversammlung ein, was gänzlich ungewöhnlich war, da Reichsversammlungen üblicherweise nicht auf sächsischem Boden stattfanden. Die Quellen berichten, daß Karl die Errichtung einer Karlsburg bei Paderborn vorgesehen hatte, für die getauften Sachsen sollte eine klösterliche Einrichtung mit einer Erlöserkirche in unmittelbarer Nähe der Externsteine geweiht werden.

Im Jahre 785, dreizehn Jahre nach dem ersten großen Vernichtungswerk an den Externsteinen, wurden über das Sachsenland die »Paderborner Capitularien« verhängt, die der Umerziehung der Heiden und der gewaltsamen Christianisierung dienten. Erst jetzt, nach dem ersten vernichtenden Feldzug (im Jahre 772), kam es zu einer Auseinandersetzung, bei der es um den Glauben ging.

Abertausende von Menschen wurden vertrieben, deportiert und als Sklaven verkauft. Wer seinen alten Glauben nicht aufgab, wurde der Häresie beschuldigt und umgebracht. Karl der »Große« ließ alle männlichen Sachsen töten, »die größer waren als sein Schwert«. Wer sich der Umerziehung entzog, war des Todes. Das alte Grottenheiligtum an den Lippequellen wurde in Jordansquelle umbenannt; dort fanden in großem Stile die verordneten Zwangsbekehrungen statt, die als »Sachsentaufe« in die Geschichte eingingen.

Wahrscheinlich war es dieses Massaker, das den tapferen Anführer Widukind im gleichen Jahr bewog, ein »Vorbild« zu sein und sich taufen zu lassen, um dem ein Ende zu machen. Aus einer alten Prophezeiung auf Kaiser Karl bezogen geht hervor, daß die Weisen der unterworfenen Völker längst um die Bedrohung ihrer Welt und vom Untergang wußten: »Denn Karl, Kaiser und König der Franken und Defensor römischer Päpste, wird es sein, der unsere alte Welt zerstört. Doch irgendwann einmal, wenn sein Gott, sein Rom und seine Päpste in ihrem Glanz und Schrecken verblassen, werden die Menschen sich wieder an das erinnern, was er uns genommen hat.«

Daß die Verordnungen und Verbote der Capitularien mit ihrem Verzeichnis heidnischen Brauchtums, im Laufe der Geschichte zu einer der wichtigsten Quelle für die altsächsische Geschichte und religiöse Gebräuche wurden, sollte nicht darüber hinwegtäuschen, was sie für die wenigen Überlebenden in ihrer alten Heimat bedeutet haben. Es war ein verbranntes, vom Krieg zerstörtes Land, in dem die Menschen entwürdigt, gepeinigt und getötet worden waren.

Tausende der heiligen Stätten in ganz Norddeutschland, nicht nur die Externsteine, waren beraubt und zerstört. Auf die alten Heiligtümer wurden christliche Kirchen gesetzt, für deren Errichtung den Sachsen »der Zehnte« abverlangt wurde. Die Feiertage der alten Religion wurden zu christlichen gemacht; die »Gläubigen« mußten offen die Verehrung der Heiligen zelebrieren; in der verordneten Beichte zwang man sie, zu schwören, daß sie nicht mehr am alten Glauben hängen. Bußbücher wurden eingeführt, Handbücher, die katholische Priester für ihre Tätigkeit als Beichtväter benutzten. Die alten Bestattungsbräuche, wozu die Einäscherung der Toten gehörte, standen unter Todesstrafe.

Am »Creutzwech« im Ostara-Heiligtum durften sie nicht mehr sein. Dort versammelten sich im November, in der Nacht zum »Wotans-Thing«, die Seelen der Toten, und die Menschen hielten Zwiesprache mit den Ahnen und legten mit dem Wunsch für eine glückliche Wiedergeburt einen Kranz auf die Grabstelle. In diesem Glauben sahen sie den Kreislauf des Lebens, den Tod als Gegenstück zum Tiefschlaf, um in der Wiedergeburt in ein neues Dasein einzutreten, in der Gewißheit, daß in diesem Kreislauf das Dasein der Seele göttlich ist und seinen Sinn erreicht.

Von dem was ein »Creutzwech« einst gewesen ist, gibt diese Aufnahme der sogenannten »Ringburg« von Trelleborg eine Vorstellung, die in die Zeit von 980 n.Chr. datiert wird. Die Errichtung dieser Anlagen geht auf mehrere Jahrtausende zurück.

Der Ort war den Germanen heilig, weil sie am Creutzwech in den Nächten der alten Festtage den Seelen ihrer Verstorbenen begegnen konnten. Besonders im Herbst und Winter, bei wallendem Nebel, »öffnete sich dort die Anderswelt«, was nichts mit Aberglauben oder Magie zu tun hat, sondern mit einem Platz, der im »Kreuz der Jahreszeiten« den Menschen in eine jeweils andere Schwingung versetzte, um andere geistige Räume zu betreten. Viele dieser alten Gebräuche sind mit schamanischen Praktiken zu vergleichen.

Den klerikalen Erforschern der mittelalterlichen Kultur ist es bis heute nicht gelungen, eine Unterscheidung zwischen »heidnischen, abergläubischen« Vorstellungen und einer ursprünglichen Schicht des Volksbewußtseins zu treffen, nämlich jener besonderen Form des menschlichen Verhaltens, die aus der unmittelbaren Verflechtung des Menschen mit der Natur fließt.

Magie heißt nichts anderes als »Umgang mit göttlicher Lebenskraft«, mit Kräften des Geistes und der Natur, es ist die älteste Wissenschaft der Welt. Die einfacheren, naturwissenschaftlich ungebildeten christlichen Priester wußten nichts von Magie und auch nichts von Schamanismus. Sie sahen in den Gebräuchen der Sachsen archaische, primitive Vorstellungen und magische Fähigkeiten, die vererbt sein sollten und besonders den Frauen zugeschrieben wurden. Die Bußbücher verdammten sie als Zauberinnen, besonders wenn sie sich bei Nacht am Creutzwech auf einer Ochsenhaut niederließen und magische Sprüche aufsagten. Das »Sitzen auf der Ochsenhaut« entstammte einer uralten Überlieferung aus der Zeit der Großen Mutter, in welcher der Stier als heiliges Symbol der Göttin verehrt wurde. In manchen Bußbüchern wird ein Ritual beschrieben, bei dem Beschwörungen über einen Knoten gesprochen wurden, den man auf den Creutzwech warf, um die Viehherden von einer Plage zu bewahren oder zu befreien.

Männer in schwarzen Kutten gingen umher und bespitzelten die ihnen Anvertrauten, die Seele eines ganzen Volkes war der Verdammnis preisgegeben. Was immer zur Vielfalt des Lebens beitrug, auf der Erde oder im Himmel, in der Natur oder im Herzen, in Gedanken oder Gefühlen, das Intimste im Inneren des Menschen, lag nun in der Hand eines Priesters und seiner allmächtigen Kirche und in der Hand eines Königs, der Kaiser werden sollte.

Die »Missionierung der Sachsen« erfolgte mit dem Segen der Päpste. Papst Leo III. reiste 799 eigens zu diesen umwälzenden Maßnahmen nach Paderborn, um der Sache Nachdruck zu verleihen. In Wahrheit hatte man in Rom ein Attentat auf den Papst verübt, die Langobarden hatten ihn wegen Korruption und Meineids angeklagt und eingekerkert. Seine Befreiung stellte die Kirche als ein »Wunder« aus göttlicher Hand dar. Er floh nach Paderborn unter die Fittiche König Karls. Ob bei diesem »Gipfeltreffen« um die Kaiserkrönung verhandelt wurde, die im Jahre 800 erfolgte, ist ungewiß.

Glaubensterror und Versklavung

Gott, du sätest in unsere Herzen
den Samen der Freiheit.
Verdi, Don Carlos

Die Welt der Germanen und Sachsen war nicht barbarisch, grau und düster, wie sie oft beschrieben wurde, auch nicht ihre Umzüge zu den Heiligtümern, die begleitet wurden von Andacht, aber auch von Heiterkeit, von Gesang und Musik. Sie hatten Harfen und Blasinstrumente, ihre Gesänge gingen zurück auf die Lieder der keltischen Barden, Lieder der Weisheit und tiefen Gläubigkeit, die alleine schon zur Veränderung des Bewußtseins beitrugen. Sie färbten und webten ihre Kleidung und trugen herrlichen Schmuck. Ihre geistige Welt war verankert in der blühenden Fülle der Natur; in den Sternen, in den Wäldern, in jedem Baum und Grashalm erkannten sie Gott.

Erst in der Zeit der Christianisierung gerieten die Sachsen in eine Dunkelheit, in der ihre geistige Freiheit versank. Ihnen wurde ein Gottessohn vermittelt, der im Tod geheiligt wurde, nicht im Leben. Und der allmächtige Vater dieses Gekreuzigten sollte ein noch fernerer Gott aus dem Lande der Hebräer sein. Wie die Iren riefen sie voller Stolz die alte Überlieferung aus:

»Ist das vernünftig? Der Papst, der uns zwar erlaubt, Jesus als Fisch zu versinnbildlichen, als Sonne, als Brot, als Weinstock, als Lamm, als Hirte, als Fels, als siegreichen Helden, sogar als geflügelte Schlange, droht uns dennoch mit dem Feuer der Hölle, falls wir es jemals wagen sollten, ihn in Gestalt der ehrwürdigen Götter zu feiern, deren Platz er eingenommen hat und aus deren Ritus jedes einzelne dieser Symbole abgeleitet worden ist. Oder wenn wir gegen einen einfachen Artikel jenes ungemein schwierigen Athanasianischen Glaubensbekenntnisses verstoßen.

Wir brauchen uns nicht von Rom ermahnen zu lassen, daß Jesus der größte aller Sakralkönige war, die zum Wohle ihres Volkes an einem Baum den Tod erlitten, die durch die Hölle gegangen und von den Toten auferstanden sind, und daß in ihm alle Verheißungen erfüllt sind.

Wer behauptet, daß er der erste sei, den die Heiligen und Dichter dafür preisen, daß er diese wunderbaren Taten vollbrachte, der erweist sich,

St. Paulus zum Trotz, entweder als Heuchler oder als des Lesens unkundig.«

Doch es ging nicht nur um den Glauben. Karl der Große führte nun auch in Sachsen die Grundherrschaft als Wirtschaftsform ein; alles Land, Äcker, Weideflächen für das Vieh und Waldflächen, dörfliche Ansiedlungen und Höfe, wurden zum »Reichsgut«, das aufgeteilt wurde unter Kaiser, König, Kirche und Adel. Der sächsische Adel beschleunigte seinen Übertritt zum christlichen Glauben, um nicht aller Rechte beraubt zu werden, was in manchen Fällen zu Jahrhunderte langen Streitigkeiten und weitverbreiteter Zwietracht führte, von denen, wie noch zu sehen sein wird, auch das Gebiet um die Externsteine nicht ausgenommen war. Ein großes »Schachern« um klerikale Ämter und um neu zu ordnende Besitzrechte größten Ausmaßes führte zu blutigen Fehden.

Die »Grundherrschaft« bedeutete die Enteignung der bis dahin weitgehend freien Sachsen. Ab jetzt wurde das Volk zu Unfreien, Abhängigen und Hörigen, die in Fronhöfen eingegliedert, überwacht und zu Zins und Abgabe gezwungen wurden. Dafür richtete man Hebestellen ein; die »grundherrliche Gerichtsbarkeit« lag bei »iudices« genannten Personen; die Unfreien besaßen keinerlei Eigentum und konnten von ihrem Herrn nach Belieben verkauft oder getauscht werden, sie waren uneingeschränkt dienstpflichtig, ihr Status war identisch mit dem Status der Sklaven in der Antike.

Die Leibeigenschaft wurde im christlichen Kirchenrecht als eine Folge der Erbsünde niedergelegt; Gott habe die einen als Knechte, die anderen als Herren eingesetzt, damit die Möglichkeit des Frevels von seiten der Knechte durch die Macht der Herren eingeschränkt werde. Damit wurde die Unfreiheit heilsgeschichtlich legitimiert.

Die meisten Grundherrschaften wurden zunächst an Bistümer und Klöster vergeben, die mit dem erstarkenden Adel gemeinsame Sache machten. Zu den Tugenden, die den Adel charakterisierten – dazu gehörten auch die Bischöfe –, zählte nicht nur die Zugehörigkeit zur Kirche, sondern als besonderes Vorrecht ein verschwenderisches Verhalten. Wenn alles vergeudet war, wurden von den Unfreien noch mehr Abgaben erpreßt.

Im 9. Jahrhundert galten für den Klerus noch nicht die strengen Regeln des Zölibats, und die Ehe war auch in Adelskreisen nicht allgemein verbreitet. Es war weder notwendig noch wünschenswert, daß jeder heiratete. Vielmehr war es ein Leichtes, sich ein kurzes Abenteuer zu verschaffen, beispielsweise durch Entführung der Tochter eines Vasallen oder durch Vergewaltigung einer Leibeigenen, für die es als erlaubte Beute keine Rechte gab.

Auf die grausame Erniedrigung der Frauen des Mittelalters will ich nicht im einzelnen eingehen. Es mag genügen, daß alttestamentarische und paulinische Vorstellungen von einer Eva abgeleitet wurden, die Adam den »Apfel der Verführung« reichte, womit die Frau als »das Böse« schlechthin angesehen wurde. Den Frauen wurde eine unbestimmte, rätselhafte Macht über den Mann zugeschrieben, die nur vom Teufel kommen konnte. Frauen gingen in das »Besitzrecht« ihres Herrn über, egal ob Adeliger, Priester oder Ehemann, und zur »Vereinfachung der zwischenmenschlichen Beziehungen« wurde das Gewaltrecht eingeführt. Von der Kanzel aus wurden die Männer aufgefordert, ihre Frauen zu schlagen, und diese ermahnte man, die Rute zu küssen, die sie schlug. Der Mann sollte die Frau züchtigen und sie zu ihrer Besserung schlagen.

Elizabeth Gould Davis erinnerte an

»... die stolzen keltischen und germanischen Frauen des Altertums, diese herrlichen Geschöpfe, schlank und edel in der Haltung, mit leuchtenden blauen Augen. So haben wir sie gesehen, wie sie Truppen im Kampfe führten, Stammesversammlungen leiteten, tapfer an der Seite ihres Gatten kämpften und mit Güte und Weisheit ihre Kinder erzogen. Wir sehen sie einige Jahrhunderte später, im dunklen Zeitalter des christlichen Europa, an ihrer Hüttentüre geduckt, als eine wimmernde Sklavin, von der Kirche als Geschöpf des Teufels gebrandmarkt, ohne Seele, ohne Rechte, ohne menschliche Natur.«

Der Akt des Gebärens wurde zur »Befleckung«, von der sich Frauen aus christlicher Sicht nur befreien konnten, wenn sie nach Beendigung des Wochenbettes mit einer brennenden Kerze in der Hand auf den Knien um den Altar der Kirche herumrutschten. Und es ist kein Geheimnis, daß im Mittelalter, in einem durch Krieg und Zerstörung gebrandmarkten, dünn besiedelten Raum, mehr als acht Millionen Frauen als Hexen umgebracht wurden.

Am Ende des späten Mittelalters, als Frauen in manchen Gesellschaftsschichten langsam wieder einen anderen Status erhielten, machten sich katholische Priester Gedanken darüber, »...welchen Einfluß das im Christenthume veredelte Weib ausübe?«

Das Christentum als Botschaft des Lichtes, des Heilandes, war herabgesunken auf dunkle, machtbesessene Ideologien, die sich in Dogmatismus und Grausamkeit niederschlugen und in eine Verfälschung dessen, was Christus an Weisheit und Liebe hinterlassen hatte. Er hatte seine Apostel auf den Weg geschickt mit den Worten: »Gehet hin und lehret alle Völker«, aber nicht, »tötet oder vergewaltigt sie«.

Ein kaum vorstellbares Spektakel breitete sich in Europa aus, es zog sich über Jahrhunderte hin und führte zur Inquisition. Man ließ alle als Ketzer verbrennen, die den von Rom bestimmten »Gesetzen des Himmels« trotzten, das nannte man »Häresie«. Kaiser und Könige senkten ihre gekrönten Häupter und beugten den Rücken im Königsmantel. Es wurde zum Schicksal Europas, den Stolz der Könige vor dem Hochmut und der Macht der Priester vergehen zu sehen.

Die Aufdeckung dieser schicksalhaften Entwicklung zieht sich seit zwei Jahrhunderten durch eine »Berichterstattung«, die nichts verheimlicht. Im Unterschied dazu weist die »offizielle Geschichtsschreibung« vehemente Lücken auf, die das Gesamtbild der Ereignisse noch immer verfälscht, insbesondere, was die Darstellung der nordischen Völker als wilde, primitive, heidnische Barbaren betrifft.

Die Wikinger rächen die Schändungen

An die Grenzen des Sachsenlandes im Norden stießen die Völker Dänemarks, Norwegens und Schwedens, besser gesagt, das legendäre Reich der Wikinger. Der Wikingerkönig Göttrik von Dänemark versetzte mit der Verbreitung der Nachrichten über die Vernichtung der Sachsen und mit seiner Drohung des offenen Widerstandes die fränkischen Geschichtsschreiber in größtes Unbehagen.

Die Angriffe der Wikinger auf das Frankenreich wurden selten in einen Zusammenhang mit den Sachsenkriegen gebracht, schon gar nicht mit der Vernichtung der Externsteine. Es ist kaum bekannt, daß dies der Anlaß zum »Hundertjährigen Krieg« der Wikinger gegen die Franken, bis zum Ende der karolingischen Dynastie, gewesen ist.

Die Wikinger waren bis dahin ein völlig friedliches Volk, das sich als hervorragende Seefahrer auf den Handel mit weit entfernten Ländern beschränkte. Wenn auch sie ein »barbarisches Volk« gewesen wären, primitive Heiden, die nichts anderes konnten, als seetüchtige Schiffe zu bauen und raubend durch Europa zu ziehen, wären sie nicht eine der größten und reichsten Handelsmächte geworden, deren Kontakte sich von der kanadischen Ostküste bis zum vorderen Orient, vom Nordkap bis nach Nordafrika erstreckte.

Sie errichteten damit das erste weltweite Handelsimperium Europas und bewegten sich als gewandte und gebildete Kaufleute an Königshöfen im gesamten Byzantinischen Reich, waren Kenner von Kunst und Kultur und brachten Bildung sowie den ganzen Luxus des Orients mit nach Hause. Sie handelten mit kostbaren Fellen und Bernstein, waren Meister der Webkunst und der künstlerischen Metallverarbeitung.

Ihre Handelsstützpunkte zogen sich entlang der Ostseeküste bis ins Baltikum, einer der wichtigsten war Haitabu nahe dem heutigen Schleswig, damals dänisches Hoheitsgebiet und keine 300 Kilometer von den Externsteinen entfernt, sozusagen an der fließenden Grenze zum Land der Sachsen, mit denen sie Handel trieben und schon aus alter kultureller Tradition eine enge Bindung hatten. Die Sachsen mögen in ihrer wirtschaftlichen Entwicklung nicht gleichzusetzen sein mit den Wikingern, aber ihr Einfluß wird sichtbar in archäologischen Funden, die ein ganz anderes Bild als das der Geschichtsschreibung ergeben. Vor allem aber verband sie ein spirituelles Erbe, das seinen Ausdruck in Heiligtümern und religiösen Bräuchen fand, die sich sehr ähnlich waren.

Karl der Große hatte in den ersten Jahrzehnten seiner Regierung wenig Anlaß gehabt, sich mit den heidnischen Dänen zu beschäftigen, doch was die Franken als Einverständnis ansahen, war trügerisch. Dänische Gesandtschaften nahmen an den Reichstagen in Paderborn teil, auch am Reichstag von Lippspringe im Jahr 782.

Nur zehn Jahre nach seiner »Schändung«, wie es die Dänen nannten, wird den Gesandten das Schicksal des Osning nicht entgangen sein; und spätestens bei einer Besichtigung des in der gesamten nordischen Welt bekannten Heiligtums, muß ihnen bewußt geworden sein, mit wem sie es zu tun hatten. Einige der Dänen gingen auch am Hofe Karls in Aachen ein und aus; im Rückblick erscheint es so, daß sie Kundschafter waren und ihren Wikingerkönigen im Norden über die Vorgänge im Sachsenland berichteten, auch, welch langen Arm der fränkische König und die Kirche weiter nach Norden auszustrecken gewillt waren.

Sie beobachteten die in ihrem Gebiet um sich greifenden missionarischen Tätigkeiten der Christen und erließen strenge Gesetze, welche die Zwangsmissionierung oder das Handanlegen an ihre heiligen Stätten unter Todesstrafe stellten. Diesen Maßnahmen verdanken wir die bis heute erhaltenen und noch immer verehrten alten Heiligtümer in Jelling auf Jütland, in Trelleborg auf Seeland, Uppsala in Schweden und an vielen anderen Orten Skandinaviens.

Die Wikinger, alt-germanische Bruderstämme, setzten sich in Bewegung, um mit gleicher Münze heimzuzahlen. Die erste Antwort der Wikinger auf den Krieg in Sachsen erfolgte im Juni des Jahres 793 gegen das Kloster auf der Hebrideninsel Lindisfarne. Die Angriffe und Raubzüge der Wikinger richteten sich zunächst ausschließlich auf Klöster und Kirchen, die auf den alten heiligen Stätten in Großbritannien erbaut waren, denn auch dort versiegte das keltisch-christliche Kirchenrecht, das fundamentalistischen Strömungen aus Rom weichen mußte. Dramatisch verschlechterten sich die Beziehungen zwischen dem Frankenreich und Dänemark, als Kaiser Karl 804 die noch nördlich der Elbe lebenden Sachsen zwangsevakuierte und das Land einem verbündeten Slawenstamm überließ.

Damit entfiel der »Pufferstaat« zwischen Franken und Dänemark, und nachdem Karl im Jahre 810 auf dem Esesfeld bei Itzehoe den ersten fränkischen Stützpunkt jenseits der Elbe angelegt hatte, der noch im gleichen Jahr als offensiver Brückenkopf für einen Feldzug gegen die Dänen dienen sollte, zeigten die Wikinger Entschlossenheit und errichteten Schutzwälle. Der Dänenkönig Göttrik ließ Karl im gleichen Jahr die Warnung überbringen, er werde mit seinen Mannen nach Aachen marschieren und die Kaiserpfalz niederbrennen.

Von dieser Zeit an nahmen die Christen in ihr Gebet einen weiteren Satz auf: »… und bewahre uns, Herr, vor der Wut der Wikinger«. Jahr für Jahr zogen sie die Atlantikküste entlang und drangen mit ihren wendigen Schiffen in jede Flußmündung ein, am Schiffsbug den Drachen, und mit den Stierhörnern der Großen Göttin auf den Häuptern ihrer Anführer, boten sie in ihrer Schnelligkeit keinem Gegner eine Chance zum Angriff. Sie brandschatzten Klöster und Kirchen und raubten alles, was man den »heidnischen Stätten« genommen hatte. Die Einäscherung der Kirchen und Klöster wurde als »nordischer Brauch« gebrandmarkt, es war jedoch vielmehr eine Freilegung der alten Heiligtümer.

Die Wikinger wurden für die nächsten hundert Jahre zur Geißel des Frankenreiches. Nach dem Tode Karls, zur Zeit der Herrschaft seiner Söhne, wurden die Wikingerüberfälle zu Großangriffen, die sich über das ganze Frankenreich erstreckten. Das Jahr 845 wurde »erhellt« durch die Brände von Hamburg und Paris; die Zeit der »kleinen Flottillen« war vorbei, die atlantische Küste stand von der Jahrhundertmitte an unter Kontrolle der Wikinger.

Karl der Kahle erkaufte die Räumung seiner ausgebrannten Hauptstadt Paris mit siebentausend Pfund Silber; ein immenser Schatz, von dem die Dänen einen Teil abzweigten und im Herbst 845 zu Ludwig dem Deutschen nach Paderborn brachten, ein einmaliger Akt in der Geschichte der Wikinger, der auf fränkischer Seite als »Sühne« bezeichnet wurde. In Wahrheit erkauften sie damit 80 Jahre Frieden für das zerstörte Sachsenland zwischen Elbe und Lippe. Die Wikinger verschonten kein einziges Bistum im Frankenreich, außer Paderborn, das keineswegs so abgelegen war, daß sie es nicht auf der Lippe hätten erreichen können.

Wenn auch der Krieg gegen die Franken einer Invasion zur Verteidigung ihrer Welt glich, ist kein Krieg zu billigen oder zu verherrlichen. Gewalt verdirbt den Menschen und löst entsprechende Gegenreaktionen aus. Auch einige Gruppierungen der Wikinger wurden am Ende zu kapernden Freibeutern, die nach der karolingischen Herrschaft weiterhin Küsten und Städte verunsicherten und sich unter die Piraten im Mittelmeer mischten. Sie sollen an Grausamkeit nicht zu überbieten gewesen sein.

Die meisten hatten sich in ihre Heimatländer zurückgezogen. Das Ende der Wikinger ist im 11. und 12. Jahrhundert verzeichnet, als sich auch in Skandinavien die christlichen Königtümer etabliert hatten. Der Drache an ihrem Schiffsrumpf hatte seine Flügel für immer zusammengefaltet.

Das Kreuzabnahmerelief

Geheimgesellschaften, die je nach Bedarf geschaffen wurden, zerfallen in verschiedene und scheinbar entgegensetzte Gruppen.

J. M. Hoene-Wronski

Nach Karls Zerstörungen wird es wenige Jahre still am Osning, gewiß eine Stille des Entsetzens, des Todes und der Trauer, bis um das Jahr 814 n.Chr. Benediktinermönche vom Mutterkloster Corbie in Frankreich entsandt werden, um an den Externsteinen ein Kloster zu errichten.

Ob der zunächst gewählte, »Hethis« genannte Ort direkt am Osning lag, ist ungeklärt. Die Gründung einer Propstei im Jahre 815, im Ortsteil Neuhaus bei Paderborn, scheint am naheliegendsten zu sein, wenn man das Gebiet der Externsteine großräumig sieht, was nicht ausschließt, daß einige Mönche zunächst direkt am Osning gesiedelt haben. Einiges weist darauf hin, daß unter dem heutigen Schloß Neuhaus, das bis ins 19. Jh. die Fürstbischöfliche Residenz von Paderborn gewesen ist, eine alt-germanische Kultstätte liegt, deren Name »Hethis« gewesen sein könnte.

822 wurde die Probstei nach Höxter an der Weser verlegt. Dort entstand die Abtei Corvey, eine schon damals bemerkenswerte Klosteranlage, gerühmt wurde sie als »so groß wie eine Stadt«. Durch zahlreiche Schenkungen wurde die Abtei zu einem der bedeutendsten Klöster im Norden des Frankenreichs, inmitten des eroberten Sachsenlandes. Die Mönche von Corvey hatten für ihr Kloster in Höxter eine Stelle gewählt, an der vorher ein römischer Tempel stand, und interessanterweise tauchten dort im 16. Jh. Schriften des Tacitus auf.

In den Jahren um 820 sollen Mönche aus Corvey am Felsen 1 der Externsteine das Kreuzabnahmerelief, die älteste deutsche Großplastik nach *christlich-byzantinischem* Vorbild, angebracht haben, was bis heute streitig ist. Vorausgesetzt, die Künstler kamen aus ihren Reihen, müßten sie den ursprünglichen Charakter der Externsteine als Einweihungszentrum und Mysterienstätte gekannt und die Absicht gehabt haben, bestimmte Merkmale zu erhalten.

Kreuzabnahmerelief

Das Kunstwerk hat bis heute viele Gemüter und Experten beschäftigt und wird von Kennern als einzigartig beschrieben. Literatur und gegensätzliche Meinungen sind unerschöpflich, das Interesse ebbt bis heute nicht ab; einen Abdruck davon hat auch J. W. von Goethe sich kommen lassen, der bekanntlich ein Eingeweihter war. Ein Kompliment an die Erschaffer, wer diese auch gewesen sein mögen. Bis heute konnte keine Einigkeit erzielt werden, ob die Mönche von Corvey, die Templer oder die Freimaurer oder ganz andere die Schöpfer gewesen sind.

Das Kreuzabnahmerelief wurde unübersehbar am Hauptfelsen angebracht, ganz offensichtlich an einer Stelle, an der zuvor eine andere Darstellung den Felsen schmückte, von der ein Teil im unteren Bereich erhalten blieb; auf den ersten Blick ist es der Drache, der ein Menschenpaar umfängt.

Das obere Relief, in manchen Bereichen sehr beschädigt, zeigt die Abnahme Christi vom Kreuz. Auf der linken Seite neigt Maria ihr Haupt an den Kopf des Sohnes, ob sie ihn umfaßt, ist nicht zu sehen. Kopf und Arme fehlen, nur die Hand liegt auf dem Haupt des Christus. Joseph von Arimathäa umfängt den Körper des Heilands; Nikodemus, die Mitte des Kreuzes umfassend, würde, wenn seine Beine nicht abgeschlagen wären, auf einer gebeugten Irminsul stehen. Die Figur am rechten Bildrand wird als der Jünger Johannes, das Buch der Offenbarung haltend, angesehen. Oben, links und rechts abgebildet, über einem gerafften Schleier finden wir Sonne und Mond. Ungewöhnlich ist die Halbfigur Gottvaters über dem Kreuz. Mit der rechten Hand zeigt er auf den Kopf Marias, mit dem linken Arm umfaßt er die Gestalt eines Kindes, die die Seele des Gottessohnes darstellen soll, was in der mittelalterlichen Kunst einmalig wäre; er hält eine Fahnenstange mit dem Tatzenkreuz, dem Zeichen für Weihe und Sühne.

Sicher ist, daß das Kreuzabnahmerelief sehr viel mehr darstellt, als dieser christlichen Betrachtungsweise zu entnehmen ist, die heute noch in dieser Form bei Führungen an den Externsteinen vermittelt wird. Unerklärbar sind die Irminsul und die Gestirnsgenien auf einem christlichen Bildwerk, die Darstellung und der merkwürdige Gesichtsausdruck Gottvaters, die Rockfalten an der Kleidung des Joseph von Arimathäa und Nikodemus. Ungewöhnlich ist, daß auch der Christus einen Faltenrock trägt.

Die Ausführung der Figurendarstellung läßt zwar auf byzantinische Kunstrichtung schließen, falls darauf aus der Form des Kreuzes geschlossen wurde, so ist »byzantinisch« ein dehnbarer Begriff. Dieser Auffassung könnte man die Kreuze der Pikten und Iren entgegenstellen oder das goldene Altarkreuz, das der dänische Wikingerkönig Knut der Große dem Kloster New Minster/England schenkte, welches auf der Federzeichnung in einem »Liber Vitae« aus dem 11. Jahrhundert abgebildet ist.

Die Art und Form des Kreuzes aus dem Vitae Liber erscheint auch auf dänischen und englischen Münzen. Das Kreuzabnahmerelief trägt also Merkmale, die in eine ganz andere Kunstrichtung weisen könnten. Gewiß

Die kolorierte Federzeichnung wurde von dem Mönch Aelsinus angefertigt und stellt König Knut mit seiner Königin Aelfgifu dar. Auch hier fallen zahlreiche Rock- und Gewandfalten auf, die denen auf dem Relief sehr nahekommen.

Dort zeigt das Gewandhabit der Marienfigur einen über den Rücken herunterfallenden Schleier, den auch die Dänenkönigin trägt, hier besonders auffällig, weil ein Engel ihn emporhebt. *Vitae Liber* – British Library London (Ausschnitt)

ist ein byzantinischer Einfluß nicht zu leugnen; ohne weiteres kann dieser Zusammenhang jedoch durch die europaweiten Beziehungen der Skandinavier zu Byzanz hergestellt werden, die bereits vor dem 9. Jahrhundert bestanden.

Unabhängig davon, läßt das Kreuzabnahmerelief unzählige weitere Fragen aufkommen: Warum deutet die rechte Hand Gottvaters in dieser Übergröße auf Maria, welche Bedeutung hat die Fahne an der Stange mit dem Tatzenkreuz, welchen zweiten Hut trägt Nikodemus auf dem gebeugten Nacken, welche Kopfbedeckung trägt der Christus, was befand sich vor den Armen der Maria und was war auf dem fehlenden, abgeschlagenen Teil auf der linken Seite des Reliefs? In diesen fehlenden Teil würde mindestens noch eine Figur passen. Und wer hat zu verantworten, daß auf einem Heiligenbild der Kopf der Marienfigur abgeschlagen ist? Wenn sie denn überhaupt die Mutter Gottes sein soll.

Eine andere Version wäre, daß Maria Magdalena dargestellt wurde. Vielleicht ist der für Nikodemus gehaltene kein anderer als Lazarus, der Jünger Johannes könnte auch Joseph sein, die Vaterfigur der heiligen Familie. Joseph war kein Zimmermann, sondern ein Schriftgelehrter und Weiser, wenn nicht ein hebräischer Eingeweihter.

Ist es eine ganz andersartige Darstellung der »Heiligen Familie« oder aber der Gruppe, die nach der Kreuzigung mit Maria Magdalena nach Südfrankreich geflohen sein soll? Joseph von Arimathäa ist bis nach Britannien in das legendäre Avalon, heute Glastonbury, gereist. Es ist kein

Geheimnis mehr, daß die Kirche diese Umstände verschweigen wollte, auch daß Maria Magdalena mit Jesus verheiratet war; das Amt des jüdischen Rabbiners konnte er nur im Stand der Ehe bekleiden.

Gottvaters große Hand zeigt jedoch auf die einzige weibliche Person des Reliefs, und gerade sie ist am meisten beschädigt. Andererseits kann die Gottvaterfigur auch als Kosmischer Christus gesehen werden, was viel näherliegend ist. Doch wen stellt dann das Kind auf seinen Armen dar?

Ist dieses Kind ein Hinweis auf einen Nachkommen der ehelichen Verbindung zwischen Jesus und Maria Magdalena? Die Darstellung des Christus mit einem Kind ist in der byzantinischen Kunst nicht ungewöhnlich; häufig wurde das Kind als Seele der Gottesmutter Maria interpretiert.

Wenn die Vermutung einiger Geschichtsforscher stimmt, daß die Merowinger aus der Blutlinie dieser Verbindung hervorgingen, erklärt sich einiges von selbst. Das Blut der Merowinger wurde nicht nur für heilig gehalten, sie sollen behauptet haben, »Davidischer Abstammung« zu sein.

Es bleibt immer noch die Frage, wann und von wem dieses Bildnis geschaffen wurde. Sollte das Motiv der Kreuzigung an der uralten Mysterienstätte darauf hinweisen, daß der »Tod des Christus am Kreuz« als Einweihung zu sehen ist? Ob Tod oder Einweihung – Christus wird am Osning in eine Analogie gebracht mit dem »Auferstehenden« der alten Zeit, mit dem Sohn des Lichtes, der wiederkehrt und die Menschen durch seine Einweihung und durch seine daraus folgenden Lehren zur Erlösung führt. Es ist nicht das einzige Motiv an den Felsen der Externsteine, der »Hängende« mit der Leberwunde am Felsen 4 ist eindeutig.

Die gebeugte Irminsul kann auf den Übergang vom alten zum neuen Glauben hindeuten, aber immerhin war sie für die Germanen der »Baum der Wotans-Einweihung«, und man beließ auch den alten Drachen unterhalb des Reliefs, das Symbol für eine königliche Geburt. Ob die weibliche Figur auf dem Bildnis die Mutter Jesu oder Maria Magdalena ist, sei dahingestellt, aber auch sie trägt das königliche Halsband. Diese Analogie auf dem oberen und unteren Teil des Reliefs kann nicht übersehen werden.

Volker Ritters hat in seinem Buch *Das Relief an den Externsteinen* eindeutig nachgewiesen, daß es sich um ein Einweihungs-Bild handelt. Es enthält alle Einweihungswege mit den zwölf Stufen der Wandlung, die den Templern und später den Freimaurern zugeordnet werden können.

Der gesamten Darstellung wurde die Heilige Geometrie zugrundegelegt, was jedoch für die großen Künstler von der Antike bis in das 16. Jahrhundert nicht ungewöhnlich war. Schriebe man es den Templern zu, würde das Relief frühestens in das 12. Jahrhundert passen.

Zu den tiefsten Geheimnissen der Templer gehörte u.a. das Jahrhunderte lang streng geheimgehaltene Wissen um die Nutzung der Erdkräfte, darum war ihr Erscheinen an den Externsteinen zu irgendeiner Zeit gewiß. Ihre Hinterlassenschaft ist an fast allen Kraftorten zu finden. Sie hinterließen ihre Geheimnisse oft in verschlüsselter Form in der Architektur, in Bildnissen oder Grabplatten an diesen speziellen Orten. Von daher ist es verständlich, daß ihnen das Kreuzabnahmerelief an den Externsteinen zugetraut wird.

Die Geheimnisse der Benediktiner von Corvey

Wenn jedoch die gründlich recherchierte Datierung mehrerer Experten stimmt, die die Erschaffung des Reliefs in das 9. Jahrhundert verlegten, kann das nur sein, wenn in diesem Kunstwerk Hinweise auf den Templern vorausgegangene in die Kunst einfließende Einweihungselemente umgesetzt wurden. Was läge näher, denn der Osning war nicht das einzige Einweihungszentrum der Völker des Nordens, was sich allein aus der Tradition der Königswahl ergibt. Der Drache sowie die Irminsul waren Bestandteile ihrer gemeinsamen spirituellen Welt.

Dabei lohnt es sich, den Spuren der Gründung der Abtei Corvey nachzugehen, bzw. *welchen Geistes* diese Klosterbrüder gewesen sind. Das Kloster wurde von zwei Vettern Karls des Großen, *Wala* und *Adalhard* gegründet; sie waren keineswegs »einfache« Mönche. Sie spielten eine bedeutende politische Rolle und waren am Bildungsstreben des Hofes beteiligt. Wala war Berater Karls; Adalhard war seit 780 Abt des Klosters Corbie in Frankreich und von 812 - 814 für den unmündigen König Bernhard mit der Regierung über Italien betraut worden.

Klöster waren in dieser Zeit nicht nur religiöse Gemeinschaften, sie waren zugleich Träger einer geistigen und wirtschaftlich-technischen Entwicklung. Die weitverbreitete Missionsarbeit und das Märtyrertum der christlichen Heiligen oder die Ausrichtung auf den rein spirituellen Weg der Mönche sollte nicht darüber hinwegtäuschen, daß das Mönchtum große Gelehrte hervorbrachte, die mit alten geistigen Traditionen verbunden waren. Während die antike Kultur aus dem Alltagsleben Europas verdrängt wurde, konnte ihr Geistesgut in den Klöstern bewahrt werden. In einem weithin berühmten Skriptorium des Klosters Corvey wurden nicht nur althochdeutsche Handschriften oder die Bibel kopiert. Die Mönche dort hatten auch keine Bedenken, den Kampf Odysseus mit dem Ungeheuer und den Herakles-Mythos an den Klosterwänden zu verewigen.

Ein zeitgenössisches Beispiel für diese unterschiedlichen Richtungen des Mönchtums ist St. Nidhard (800 - 843). Auch ihn sandte das Mutterkloster Corbie auf Missionsreise, allerdings, soweit bekannt ist, nicht wie Adalhard und Wala an die Externsteine, sondern nach Schweden, wo er in der Nähe von Stockholm heidnische Kultplätze schändete und aufgrund der strengen Gesetze 843 dafür als Märtyrer starb. Zeitgleich mit ihm ging der Hl. Ansgar, ein Mitbegründer des Klosters Corvey, nach Schweden, beide kannten sich aus dem Mutterkloster Corbie. Der Hl. Ansgar wurde mehrmals von den Wikingern vertrieben, da diese »keinen Sinn für die Botschaft des Friedens hatten«, er wurde später der erste Bischof von Hamburg.

St. Nidhard

St. Nidhard, der Märtyrer – nicht zu verwechseln mit einem anderen Nidhard, einem illegitimen Sohn Karls des Großen, der zur gleichen Zeit lebte – wird auf einem Stich aus dem 14. Jh. abgebildet, der für das Relief an den Externsteinen erhellend sein kann. Er trägt einen Stab mit einem Tatzenkreuz und sitzt auf einem Kubus, der mit einem Pentagramm im Kreis geschmückt ist. Ein mysteriöser Zusammenhang läßt sich nicht verhehlen.

Den gleichen Stab mit dem Tatzenkreuz trägt die als Gottvater gedeutete Figur auf dem Kreuzabnahmerelief, mit dem einen Unterschied, daß an ihr eine rätselhafte Fahne befestigt ist.

Die Erschaffung des Kreuzabnahmereliefs um 820 n.Chr. mit seinem eindeutigen Charakter ist nur möglich, wenn sich unter den Kutten der »Mönche« einige Eingeweihte verbargen, die aus der geheimen kosmologischen Lehre geschöpft haben. Die hermetischen Lehren können zurückverfolgt werden bis nach Sumer, Ägypten, Kleinasien, Griechenland, Rom und in das uralte Druidentum, und davon waren die Länder im Norden nicht ausgeschlossen. Sie sind ein geistiges Erbe und ein hohes Gut der Menschheit, es wäre undenkbar, daß es nicht in die nachfolgenden Religionen und in die geheimen Studierstuben der Orden des Christentums eingeflossen wäre.

Gewiß kannten die Mönche den Charakter des alten Heiligtums, und nicht nur das. Zu dieser Zeit war, wenn auch fragmentarisch, ein Wissen um die alten Kraftorte vorhanden, die überall in der Alten Welt Einweihungsstätten in den »höheren Geist« gewesen sind. Nicht zuletzt hatte der Begründer des Ordens, der Hl. Benedikt, das hohe Gut des alten Wissens eingebracht.

Dieses Wissen beinhaltete sowohl das Mysterium der Einweihung als auch das größte, das uralte Geheimnis um den irdischen Tod der Eingeweihten, um deren Grablegung in einer Kammer am heiligen Ort und um die Auferstehung. Für viele mag es über Jahrtausende hinweg nur eine Hoffnung gewesen sein, die für einige wenige zur Gewißheit wurde. Als »leuchtendes« Beispiel für ein Leben nach dem Tode »im Licht des Vaters«, auf einer strahlenden Ebene des göttlichen Bewußtseins, gingen sie in die Geschichte ein, als Begründer von Religionen und Weisheitslehren.

Der berühmte Gesetzgeber des westlichen Mönchtums gründete im 5. Jh. im Norden Italiens zwölf kleinere Klöster, bevor er sich mit einigen seiner Schüler nach Süden begab, um am »Heiligen Berg Cassino« ein weiteres, das weltbekannte Kloster Montecassino zu erbauen. Auf dem Gipfel des Berges befand sich eine heidnische Kultstätte und unterhalb davon, dort wo heute das Kloster steht, befand sich ein dem Apollo geweihter Tempel.

Es wird berichtet, »...daß Benedikt den Tempel seinen Bedürfnissen anpaßt, indem er ihn in einen Betsaal umwandelt und oben, auf der heidnischen Kultstätte, ein Oratorium errichtet, das Johannes dem Täufer geweiht ist. Die übrigen Gebäude dienen als Unterkünfte für die Mönche und als Arbeitsstätten für die verschiedenen handwerklichen Tätigkeiten«.

Anläßlich seines nahenden Todes begibt sich Benedikt in den »Betsaal« im Apollon-Tempel und stirbt dort »aufrecht und mit zum Himmel erhobenen Armen«. Das traditionell angegebene Datum seines Todes ist das Frühlingsäquinoktium des Jahres 547. Beerdigt wird er zusammen mit seiner Schwester, die den vielsagenden Namen »Scholastika« trug, unter dem Hauptaltar der Johannes-Basilika, dort, wo sich vorher die heidnische Kultstätte befand. Daß Benedikt um die Kräfte der alten heidnischen Stätte wußte, liegt auf der Hand. Immerhin erwarb er am Montecassino die Gabe der Prophetie und Telepathie, war heil- und wundertätig und übertrug seinen Mönchen in Terracina über »geistige Fernwirkung« die Baupläne für ein dort neu zu errichtendes Kloster.

Benedikt entstammte einer Patrizierfamilie und war ein studierter Mann. Er lebte in Rom, bevor er sich dem Glauben zuwandte und sich für einige Jahre als Eremit in die Berge zurückzog. In seiner Vita heißt es, »... er beendete das Studium der Wissenschaften und verließ Rom«. Spätestens am Montecassino kam er in Berührung mit den Geheimnissen eines alten heiligen Ortes, dazu mit der antiken Baukunst, deren Geheimnisse Geomantie, Astronomie, Geometrie, Statik, Architektonik und Materialkunde zu den »alten Wissenschaften« gehörten und bis zur Reformation von Baukorporationen streng gehütet wurden. Also waren die Benediktiner mit »allen Regeln der Kunst« vertraut. Der Hl. Benedikt wurde zum Schutzpatron der Ingenieure und Baufachleute.

Schon die Römer hatten ihre Tempel auf den heiligen Stätten der Vorzeit errichtet, und noch vom Hl. Bernhard von Clairvaux, dem Stammvater der Zisterzienser, weiß man, daß er persönlich für alle während seiner Lebzeiten errichteten Klöster den Standort bestimmt hat.

Fazit ist, daß das Mysterium der Einweihung älter ist als Germanen, Römer und Christen. Die Suche nach der einzigen und wahrhaftigen »religio« ist so alt wie die Menschheit. Weisheit besteht darin, darzustellen, daß das Neue immer auf dem Alten aufbaut, ohne die besondere Kraft und die Aufgabe eines Ortes in einem größeren Bezugsrahmen zu verändern. Das Relief an den Externsteinen ist in diesem Sinne eine Referenz an das alte Heiligtum und ein Zeichen dafür, daß an den alten Stätten über

Oben: Zugangsbereich von Süd-Osten   Unten: Zugangsbereich von Süd-Westen

Ansicht Rückseite der Felsen mit See

Links oben: Der Rufer. Rechts oben: Einer der kleinen Osning-Felsen neben dem ›Rufer‹
Unten: Kopf mit dem Wackelstein am Felsen 4, seitlich von Felsen 2 gesehen.

Der Felsen 5 mit dem 'Rufer'
Tafel 4 einfache Sicht, Tafel 5 gespiegelt

Aufgang zum Sacellum

Oben: Das »Sonnenloch«, Sacellum Unten: Der Sargstein

Oben: Felsen der Großen Mutter
Unten: Sitz der Veleda im Heiligen Hain

Jahrhunderte immer wieder auf geheimnisvolle Weise der gleichen geistigen Richtung Ausdruck verliehen wurde.

Bischof Meinwerk – Kloster Abdinghof und die Fälschung

The prince of darkness is a gentleman.
König Lear, *Shakespeare*

Bis zur Jahrtausendwende waren die Externsteine in Schweigen gehüllt, nur aus einer Urkunde geht hervor, daß sie im Besitz eines adeligen Geschlechts gewesen sind, von dem sie im Jahre 1098 in den Besitz des Bistums Paderborn, besser gesagt des Klosters Abdinghof übergegangen sein sollen. Die Urkunde hat sich als eine Fälschung herausgestellt, wie auch eine christliche Weiheinschrift in der Felsenkammer am Osning, die das Jahr 1115 angibt.

Bei jeder Fälschung gibt es Gründe, die Wahrheit zu verdecken, wobei es im Geringsten und im Größten, im Geistigen und Materiellen vorwiegend um Ansprüche und Besitzrechte geht. Die Fälschungen der mittelalterlichen Welt sind in den letzten Jahren zum Objekt umfangreicher Studien geworden, ihr Ausmaß verwundert den unbedarften Menschen.

Zuerst mag ein Blick auf das mächtige und reiche Kloster Abdinghof ein Licht auf die Besitzrechte an den Externsteinen werfen, die über mehrere Jahrhunderte – vielleicht schon in der Zeit der Merowinger – eine Rolle spielten.

Der Name des Klosters Abdinghof heißt so viel wie »Abschwörhof«, er sollte zur Bekehrung der Heiden dienen. Die Christianisierung der Sachsen hatte bis dahin noch lange nicht den erwünschten Erfolg gehabt, und der Osning war nach wie vor Anziehungspunkt für die Ausübung des alten Glaubens.

Um das alte Heiligtum als christlichen Wallfahrtsort auszulegen, richteten die Abdinghofer in den Kammern des Felsens eine Kapelle ein, die als Nachbildung der Heilig-Grab-Kirche in Jerusalem gelten sollte. In folgenden Jahren wurde jeweils einem der Abdinghofer Priester die Felsenkapelle als Benefizium anvertraut, der dort mehrmals wöchentlich eine Messe zu lesen hatte. Ab welchem Zeitpunkt und wie häufig die Kapelle von den Abdinghofer Mönchen in Anspruch genommen wurde, ist nicht bekannt. Urkunden aus den Jahren 1366 bis 1385 bezeugen nur noch »...die Existenz einer Externsteiner Kapelle...«.

Das Engagement des wohlhabenden Klosters kann nicht sehr groß gewesen sein, denn 1369 ist eine Schenkung von anderer Seite an den Benefiziat der Kapelle beurkundet, »...damit dieser an der uneinträglichen Stelle mehrmals wöchentlich eine Messe lesen kann«. In den nachfolgenden Jahren wurden die Kammern der Steine als Klause oder Eremitage genutzt, vorübergehend verlassen und am Ende verwüstet. Auf die Besitzrechte an den Externsteinen wollte jedoch das Kloster Abdinghof zu keiner Zeit verzichten.

***

Auch Bischof Meinwerk, eine der schillerndsten Persönlichkeiten des Bistums Paderborn während der Regentschaft des Kaiserpaares Heinrich II. und Kunigunde, kann nicht ausgelassen werden.

An den Paderquellen hatte im Jahre 777 bereits Karl der Große den Grundstein für die spätere Bedeutung Paderborns gelegt; der Ort war mit dem Osning untrennbar verbunden, er war einst der bedeutendste Zugangsbereich am Anfang der Heiligen Straße. Die ominöse heidnische Stätte wurde als erste für eine Überbauung ins Auge gefaßt. Da die Versuche einer ersten Ansiedlung durch unzählige sächsische Aufstände immer wieder zunichte gemacht wurden, hatte Karl 799 ein Zeichen gesetzt und Paderborn in Anwesenheit des Papstes feierlich zum Bistum erklärt. Um den Bau des ersten Domes und der unmittelbar daneben errichteten Kaiserpfalz erblühte eine »urbs caroli« genannte Ortschaft. Die Lage war günstig, der Hellweg, wichtigste Ost-West-Verbindung im Norden Deutschlands, zog sich über das Areal an den Paderquellen.

Im Jahre 1009 übernahm dort Meinwerk, bis dahin Kanonikus am Königshof von Aachen, den eher armseligen Paderborner Bischofssitz und wurde im gleichen Jahr zum Bischof geweiht.

Er stammte aus angesehenem sächsischen Adelsgeschlecht und wurde als einer von zwei Söhnen zum kirchlichen Dienst bestimmt. Meinwerk hatte die Domschulen in Halberstadt und Hildesheim besucht, wo er mit seinem Freund und Verwandten, dem späteren König und Kaiser Heinrich II. ausgebildet worden war.

Meinwerk wurde zu einem der größten kirchlichen Bauherren der ottonischen Kaiser und prägte das Bild der Stadt Paderborn nach christlichen Maßstäben. Er wird als herrisch, berechnend und hart zupackend geschildert. Die »Sitten« in der Übergangszeit zum Christentum waren selten von frommen Klerikern geprägt, ein Bischofssitz war eher ein politisches Amt. Als vielseitiger Diplomat, Verwaltungs- und Wirtschaftsfachmann zählte er zu den einflußreichsten Männern im Sachsenland, er war ein Mann von Welt, der zwei Könige zur Kaiserkrönung nach Rom begleiten sollte. Im Königsdienst soll er »unübertrefflich« gewesen sein.

Sein beachtlicher Reichtum gründete sich auf den Grundbesitz seiner Familie; auch in der war es keinesfalls nur tugendhaft zugegangen. Seine Mutter Adela war im Streit über Erbschaftsangelegenheiten und Grundbesitz mit einer anderen sächsischen Adelsfamilie des Mordes angeklagt worden. Das 1016 zu Dortmund durch die kaiserliche Untersuchung gefällte Todesurteil hob der Kaiser auf, er entzog ihr aber die sächsischen Güter, die er ihrem Sohn Meinwerk zur Erweiterung seiner Paderborner Diözese schenkte. Dazu gehörten drei Grafschaften und unter anderem die Forstrechte zwischen Osning und Senne, das Gebiet in welches das Ostara-Heiligtum fällt. Den Schriftquellen ist zu entnehmen, daß dies wohl die umstrittenen Gebiete sind, die zu einer blutigen Fehde zwischen den Adelsfamilien geführt hatten, nicht aber, ob das kleine Areal um die Osning-Felsen dazugehörte.

Durch weitere kaiserliche Schenkungen wurde Paderborn während Meinwerks Amtszeit zu einer der führenden Residenzen, in der dieser eine rege Bautätigkeit entfaltete. Seine Stadt sollte in ihrer Gestaltung den christlichen Erdkreis darstellen. Zunächst wurde der im Jahre 1000 abgebrannte Dom wieder aufgebaut und die Bauarbeiten für das Kloster Abdinghof begonnen. Der gewaltige Neubau des doppelchörigen Doms wurde 1015 geweiht.

In seiner Planung hatte Meinwerk vorgesehen, den Kern der Stadt, mit dem Dom als Mittelpunkt, in allen vier Himmelsrichtungen mit Stiftskirchen zu umgeben, deren Verbindungslinien sich im Dom schneiden sollten. Diese Planung war naheliegend, im Mittelpunkt der Dom, der unmittelbar auf den sprudelnden Paderquellen steht, die der Stadt später ihren Namen verliehen haben (Pader-born, born = Quelle). Das Konzept dafür war durch eine groß angelegte vorzeitliche Stätte rund um das ehemalige Quellenheiligtum der Pader vorhanden.

Meinwerks ehrgeizige Pläne ließen sich nicht ganz verwirklichen. Unter seiner Leitung entstand nur die neue Königspfalz mit einem 45 m langen Saalbau, die für Heinrich II. und seine Gemahlin errichtet wurde.

Ansonsten blieb es bei der östlich des Dombezirks errichteten Busdorfer Kirche und dem Kloster Abdinghof, das auf der westlichen Linie erbaut wurde. Die alten Stätten scheinen sich gegen seine Bauvorhaben gewehrt zu haben, die Bauarbeiten waren von großen Schwierigkeiten begleitet. Bei Ausgrabungen um die Abdinghofkirche, in den Jahren von 1949 - 1956, stieß man dort auf eine kleine Saalkirche, in der man den ersten Kirchenbau Meinwerks sieht. Dieser stürzte noch vor der geplanten Weihe ein, so daß nur die Krypta in Anwesenheit Kaiser Heinrichs II. im Januar 1023 geweiht werden konnte. Erst 1031 wurde, nach Verzicht auf das westliche Querhaus, die Abdinghofer Kirche fertiggestellt.

Südwestlich des Doms entstand der zweigeschossige Bischofspalast; falls es ihm bewußt war, scheint es dem Bischof ein besonderes Anliegen gewesen zu sein, diesen genau auf die über den Osning führende Südwest-Nordost-Linie zu setzen. Es wäre sehr interessant zu wissen, was sich unter den Mauern des Doms und des Klosters befindet.

Auch Meinwerk ging als ein großer Baumeister in die Geschichte ein, der für immer am Ort seines Wirkens blieb. Das Kloster Abdinghof bestimmte Meinwerk zu seiner Grablege, genauer gesagt die Krypta. Der Sarkophag Meinwerks stand, vor der Umsetzung in andere Bereiche der Kirche, dort in einer Nische der Westwand.

Zwei der Bündelpfeiler der Krypta sind reich verziert. Eines der Kapitelle zeigt »akanthusartige Pflanzenformen«, es ist die Darstellung der Irminsul. Das andere Kapitell zeigt acht Drachen mit Flügeln und geringeltem Hinterleib. Die Schlangendrachen werden heute in Paderborn als eine kunstgeschichtliche Kostbarkeit angesehen und dem Besucher als mythische Drachen der Antike vorgestellt, »... als Sinnbild für Naturkräfte, die hier vermutlich die Wasserquellen der Pader schützen sollten«.

Die Krypta ist der ursprünglichste Teil der späteren Baumaßnahmen und fast so erhalten, wie ihn Meinwerk errichten ließ. Die dreischiffige Halle mit ihren mächtigen Tonnengewölben muß mit einem so außergewöhnlichen Mauerwerk erbaut worden sein, daß es den Luftminen im zweiten Weltkrieg standhielt.

Manches legt den Gedanken nahe, daß Bischof Meinwerk über die Kräfte in Paderborn und am Osning wußte; möglicherweise hatte das Königspaar Heinrich II. und Kunigunde Gründe, Meinwerk als bischöflichen Diplomaten und fähigen Baumeister nach Paderborn zu berufen. Zum Beispiel unternahm er unglaubliche Anstrengungen, um den neuen Dom wiederum über den sprudelnden Paderquellen zu erbauen, was einige bauliche Schwierigkeiten mit sich brachte. Gab es Überlieferungen über den Osning oder gar alte Dokumente am Hof von Aachen aus der Zeit Karls des Großen? Warum sollten diese dem vorher am Königshof von Aachen tätigen Meinwerk nicht in die Hände gefallen oder von Heinrich II. übergeben worden sein? Die aus Lothringen stammende Kunigunde scheint über den Osning auf jeden Fall gewisse Kenntnisse mitgebracht zu haben.

Die Weiheinschrift – Kaiser Heinrich II. und Kunigunde

Diese ominösen Hintergründe führen zur gefälschten Inschrift von 1115 in der Kuppelhöhle im Felsen des Osning. Heinrich II. von Werl, zu dieser Zeit Bischof zu Paderborn, soll die Grotte in diesem Jahr zu einem christlichen Wallfahrtsort geweiht haben. Namhafte Forscher haben sich mit der Inschrift beschäftigt und versucht, den undeutlichen, unvollständigen Text zu verstehen.

Die umstrittene Weiheinschrift

Die offizielle Lesart der Inschrift ist: »Im Jahre nach der Geburt des Herrn 1115, ... wurde diese Kapelle geweiht... Heinric D.(?)... «

Wie festgestellt wurde liegt die Fälschung der Inschrift im Datum MCXV. Auffallend ist, daß die Jahreszahl (1115) genau 100 Jahre nach der Einweihung des Doms in Paderborn (1015) liegt. Aus der Inschrift geht nicht hervor, welcher Heinrich die Stätte geweiht hat. Vielleicht ist gar nicht Bischof Heinrich II. gemeint, sondern König Heinrich II., der Paderborn sehr nahestand.

Heinrichs Gemahlin Kunigunde war im August 1002 in Paderborn die Königskrone verliehen worden, dorthin bestanden auch in der folgenden Zeit intensive Beziehungen. Ihr Engagement für das Paderborner Bistum glich einem »nahezu institutionalisierten Zuständigkeitsbereich«. Und der König dürfte die von Meinwerk ab 1009 eingeleiteten Baumaßnahmen, die er durch großzügige Schenkungen unterstützt hatte, mit Interesse verfolgt haben. 1014 begleitete Meinwerk Königin Kunigunde und König Heinrich II. zur Kaiserkrönung nach Rom.

Das königliche Paar war kinderlos, was nach der Kaiserkrönung zum Problem wurde, um so mehr, als auch Heinrichs Vorgänger, Otto III. keine Nachkommen hinterlassen hatte. Vielleicht bestand die letzte Hoffnung darin – ob christlich oder nicht – einer alten Legende nachzugehen und sich zu wünschen, daß ihnen die Kräfte des Osning zur Fruchtbarkeit verhelfen würden.

Darüber sagt die als erste belegte »Königinnen-Weihe« in der fränkischen Geschichte etwas aus, die Kunigunde in Paderborn erfuhr. Sie wird in Kunigundes Vita besonders hervorgehoben. Es ist gewiß zu weit gegriffen, wenn man bei dieser christlich orientierten Königin den Begriff »Weihe« in Verbindung bringt mit traditionellen Einweihungsschritten am Osning. Ursprünglichster Bestandteil dieser Königinnenweihe aber war ein Gebet für die Fruchtbarkeit der Königin, den man noch zur Zeit Kunigundes mit einem »Fruchtbarkeitszauber« verglich. Die Weihe, so vermuten ihre Biographen, sollte auch ein Signal für die Sachsen sein, welche gegen die Königserhebung ihres Gatten Heinrich zunächst Einwände erhoben hatten.

Kunigunde setzte für die Sachsen ein ganz anderes Zeichen: Sie war aus der männlichen Erblinie die Tochter des Grafen Siegfried von Luxemburg

(Lothringen), die Enkelin des Grafen Wigerich, »genitus meus nobilis comes« aus dem Bidgau nahe der Ardennen, wohin sich die Sugambrer zurückgezogen hatten. Sie war die Urenkelin des »dux Saxonium« Odacar, der aus einem alten sächsischen Geschlecht stammte. Vielleicht war sie zu ihren Wurzeln zurückgekehrt und hatte sich an das uralte Fruchtbarkeitsritual ihrer königlichen Vorfahren am Osning erinnert.

Die Ehe Kunigundes und Heinrich II. ist kinderlos geblieben und wurde von der Kirche zur »Josephsehe« umgedeutet, nach der die Ehepartner ein keusches Leben führten. Das führte zur einzigen Heiligsprechung eines Kaiserpaares im Mittelalter, was insofern erstaunlich ist, als Heinrich selbst in seinen Urkunden mit ungewöhnlicher Deutlichkeit die körperliche Vereinigung mit seiner Frau zum Ausdruck brachte und die Kirche in Rom Heinrich II. vehemente Eingriffe in die Kirchenstruktur vorgeworfen hatte. Das Leben dieses Kaiserpaares war bestimmt von sozialem Einsatz und ungewöhnlicher Fürsorge für ihr Volk. Das »Interventionsrecht« dieser Kaiserin, d.h. ihre in vielen Dokumenten nachgewiesene intensive Beteiligung an der Regentschaft, sind ein Zeichen für ihre Gleichstellung und für die alte, traditionelle Rolle der Königinnen, die allerdings nach ihrem Tode durch die »Heiligenvita« der Kirche wieder ins »rechte Licht« gerückt wurde.

Falls Kaiser Heinrich II. die Externsteinkapelle im Jahre 1015 – oder schon zu früherer Zeit – geweiht haben sollte, möglicherweise zusammen mit Kunigunde, was gar nicht so unwahrscheinlich ist, da neben seinem Namen ein auffallend leeres Feld erscheint, liegen die Gründe zu einer Fälschung des Datums auf der Hand, denn das Kloster Abdinghof wurde erst 1031 fertiggestellt. Erst danach ist die Aufnahme des Klosterbetriebes belegt, zu dem von Bischof Meinwerk dreizehn Benediktinermönche von der Abtei Cluny in Frankreich einberufen wurden. Durch eine vor 1031 erfolgte Weihe der Osningkapelle hätten die Abdinghofer keine offiziellen Besitzrechte, nicht einmal einen Anspruch gehabt, weil das Kloster noch gar nicht bestand.

Andererseits schafft eine Weihe auch kein wirkliches Besitzrecht, auch nicht die Weihe von 1115. Damit erklärt sich die auf das Jahr 1098 datierte gefälschte Kaufurkunde, die vom Zeitrahmen her nur von Bischof Heinrich II. von Werl veranlaßt worden sein konnte.

Das Geschehen um die Fälschungen fällt in die Zeit des Investiturstreites. Damals schien alles möglich und erlaubt gewesen zu sein, was mit dem Schachern um klerikale Ämter einherging. 1084 hatte sich Heinrich II. von Werl, ein Nachkomme Karls des Großen, mit Unterstützung König Heinrichs IV., selbst zum Bischof von Paderborn ernannt. Er wurde mehrmals für kurze Zeit aus dem Amt verjagt und für abgesetzt erklärt, setzte sich aber in heftigen Fehden gegen den päpstlichen Kandidaten, Bischof Heinrich I. von Assel, durch. Die päpstliche Weihe erhielt Heinrich von Werl erst im Jahre 1106.

1123 übertrug Bischof Heinrich die bedeutende Bistumsvogtei von Paderborn an den Grafen von Schwalenberg. Warum er das tat, ist rätselhaft. Sollte das ein Tauschgeschäft gegen die Kapelle am Osning sein? Das Haus Schwalenberg taucht später in einem alten Wappen am Felsen 4 der Externsteine auf, das von den Herren des »Jagdschlosses« im 17. Jahrhundert angebracht wurde, auch sie stritten jahrelang um das Besitzrecht am Osning.

Hier schließen sich hintergründige Kreise, die, wie so oft in der Geschichte, im Verborgenen blieben; daher können wir nur anhand weniger Ansatzpunkte ein wenig Licht ins Dunkel bringen.

Das Jagdschloß der Herren zu Lippe – geheime Experimente an den Externsteinen

> Die Tradition Templi postuliert per se die Tradition
> einer templerischen Chevalerie, einer spirituellen und
> initiatischen Ritterschaft.
>
> *Henry Corbin*

Die Tradition, das Wissen der Alten Welt zu erhalten und weiterzugeben, zieht sich durch Jahrtausende, durch alle Kontinente und Länder der Erde. Zu allen Zeiten gab es Menschen und Vereinigungen, die sich als »Bewahrer« der Hermetik und der ewig gültigen universellen Gesetzmäßigkeiten

Das Jagdschloß der Herren zu Lippe

einen Namen gemacht haben, ob Hyperboreer, Druiden, Templer, Geistliche, Freimaurer oder Wissenschaftler der Renaissance. Die alten heiligen Orte wurden nicht vergessen, sie haben als geheime Treffpunkte und als geeignete Orte der Forschung gedient. In diesem Kontext erhielt der Osning im 17. Jahrhundert eine unvermutete Bedeutung.

Im Zuge der Reformation gingen die Externsteine im Jahre 1611 aus dem Besitz des Klosters Abdinghof in Paderborn in das Eigentum des westfälischen Herrscherhauses »Zu Lippe« über. 1627 wird dem Hause Lippe jedoch durch kaiserlichen Befehl die Rückgabe der »Pfründe« befohlen. Die Abdinghofer Mönche schienen plötzlich großen Wert auf die verkommene Einsiedelei gelegt zu haben. Dafür spricht ein jahrelanger Streit mit dem Hause Lippe um die Einnahmen des Benefiziums, der sich von 1611 bis zum »Westfälischen Frieden« im Jahre 1648 hinzog und zu Gunsten Lippes ausging.

Gleichermaßen müssen die Grafen Simon VI. und Simon VII. im Hause Lippe über 37 Jahre Geduld für diese Auseinandersetzung aufgebracht haben. Bei diesem Streit ging es offiziell um die »Einnahmen des Benefiziums«; wenn überhaupt, kann es sich damals nicht um großartige Einnahmen gehandelt haben. Bedeutungslos konnte die Angelegenheit aber nicht gewesen sein, sonst wäre sie nicht in den Westfälischen Frieden, ein wichtiges politisches Ereignis, einbezogen worden.

Des Rätsels Lösung liegt darin, daß sich im Jahre 1654 der Großherzog Ferdinand II. von Florenz um den Kauf der Externsteine bemüht hat. Warum interessiert sich ein italienischer Herzog für einen »unbekannten« Ort im kühlen Norden? Die Kaufverhandlungen mit dem Hause Lippe ziehen sich über fünf Jahre bis 1659 hin, der Florentiner soll eine hohe Summe geboten haben.

Noch bevor die Verkaufsverhandlungen beendet waren, begann Graf Hermann Adolf zu Lippe im Jahr 1659 mit dem Bau eines »festungsartigen Jagdschlosses«, das sich von Felsen 1 bis Felsen 3 erstreckte. Die Bezeichnung *Jagdschloß* ist kurios, da das Gebäude bei näherem Hinsehen nicht wie ein Jagdschloß aussieht. Es ist nicht ausgeschlossen, daß der Graf hin und wieder von dort zur Jagd blies, doch die Anlage war gewiß für andere Zwecke vorgesehen.

In seiner Broschüre *Die Geschichte der Externsteine* beschreibt Karl Hermann die eigenartigen Baumaßnahmen:

»An der Ostecke des Felsens 1 wird ein Eck weggeschlagen und ein Turm mit Wendeltreppe errichtet. Vom Turm aus gelangt man mittels einer weiteren Treppe, die teils im, teils am Felsen hergestellt wird, auf den Gipfel des Felsens 1, der mit einer Brüstung versehen wird. Die Treppe am Felsen 3 wird wieder hergestellt und ebenso die Brücke zum Sacellum auf Felsen 2, die eingestürzt war. Zur Zierde wird an der unteren Treppe von Felsen 3 eine barocke Schriftrolle, im Sacellum ein sogenannter Atlant und ferner ein lippisches Wappen angebracht, das 1813 seinen heutigen Platz an Felsen 4 erhielt.

Doch die Krönung der Baumaßnahmen sieht das Jahr 1665. Der Felsen 1 erhält eine Aussichtsplattform, umgeben von Balustraden, und auf dem Plateau vor Felsen 1, das vermutlich in der jüngeren Megalithzeit die Behausung der Eingeweihten getragen hatte, entsteht ein Barockpavillon. Bevor noch alles fertig ist, beauftragt Graf Hermann Adolf 1665 einen Elias von Lennep mit der Fertigung eines ersten Kupferstiches von den Steinen.«

Inwieweit Karl Hermann die Baumaßnahmen nachvollziehen konnte, läßt sich nicht überprüfen. Die erwähnte neu geschaffene Brücke von Felsen 3 zum Sacellum auf Felsen 2 ist auf dem Lennepschen Stich nicht zu sehen. Zumindest war sie noch nicht errichtet, als der Stich angefertigt wurde, offenbar wurde in dieser Darstellung auf ganz andere Dinge Wert gelegt.

Eigenartig ist neben der präzisen Ausführung der Anlage selbst und den Bauten am Felsen 1 die Perspektive. Am linken unteren Bildrand erscheinen drei Figuren, zwei Reiter und ein Fußgänger, in einem Schattenbereich oder auf einer Anhöhe, die es dort gar nicht gibt und kaum je gegeben haben kann, weil das Gelände vor den Hauptfelsen abschüssig ist. Bei genauerem Hinsehen entdeckt man, daß der Fußgänger sehr sorgsam einen Gegenstand in den Händen hält, seine Haltung spricht für den Kenner für sich.

Ungewöhnlich ist nicht nur die Architektur des Gebäudes, die mit ihren zu den Steinen führenden Mauern einen bestimmten Bezirk abgrenzt. Die beiden Rundgebäude haben fast keine Fenster. Entweder die Türme waren nicht bedacht, was unwahrscheinlich ist; wenn sie überdacht waren, haben die Jagdherren im Dunkeln gesessen, was fraglos ihre Absicht war, jedoch nicht, um bei Kerzenschein ausgelassene Jagdfeste zu feiern.

Auffallend sind einige perfekt eingezeichnete Details, während andere großzügig übergangen wurden. Der angebaute sechseckige Turm zeigt deutlich hervorgehoben, links neben dem Kreuzabnahmerelief, zwei Plastiken, die wahrscheinlich, um sie nicht zu zerstören, in den Turm einbezogen wurden. Sie scheinen von der zeichnerischen Darstellung her älter zu sein als die Kreuzabnahme, unterhalb derer eine auffallende, leere Fläche erscheint, anstelle der eigentümlichen, bereits beschriebenen Drachenfigur, die sich noch heute dort befindet.

Der Turm ist in der Tat nicht die einzige Baumaßnahme am Felsen 1. Die Geländerführung an der oberen Plattform zeigt (links des Felsens – rechts oberhalb des Turmes), daß diese erweitert wurde; wie ein »Barockpavillon« sieht dieser Anbau allerdings nicht aus, auch hat er keine Fenster. Auch unterhalb des kleineren Fensters im Felsen 1 – ganz unten rechts – wurde ein Geländer angebracht, woraus sich schließen läßt, daß dieser Bereich, obwohl außerhalb der Mauer liegend, einbezogen war.

Vor dem Sacellum-Felsen 2, an markanter Stelle, hinter der Treppe mit ins Leere führenden Stufen, ist dort, wo heute nur ein kurzer Felsenstumpf aufragt, ein zylindrisches oder rechteckiges Gebilde deutlich hervorgehoben, allerdings mehr als doppelt so hoch, als der Felsenstumpf wirklich ist. Diese Einrichtung liegt in der Realität – was man auf dem alten Stich

Die ›Kanzel‹. Dieses Foto zeigt die Kanzel sowie im gesamten unteren Drittel des Felsens eine Absprengung großen Ausmaßes. Der Abstand der Kanzel vom Felsen beträgt heute einige Meter.

Auch diesen Bereich hat der Kupferstecher Lennep auf seinem Stich angedeutet, insofern muß ein Wissen um diesen speziellen Platz vorhanden gewesen sein.

nicht erkennen kann – genau unter dem Sonnenloch der Höhenkammer, es ist die sogenannte »Kanzel«.

Eine von oben herunterführende Pfeillinie würde zur Sommersonnwende in Richtung Sonnenaufgang zeigen.

Der Rutengänger

Nehmen wir an, daß der andächtige Fußgänger auf dem alten Stich ein Fixpunkt ist, und das, was er in seinen Händen hält, eventuell ein Kristall oder ein Gerät, dann ergibt sich durch wenige Linienführungen die lohnende Betrachtung einer geometrischen Figur. Ein Kind könnte auf die Idee kommen, er wolle einen überdimensionalen »Drachen« steigen lassen.

Die linke Diagonale führt zum Sacellum, die mittlere, durch das Quadrat führende Linie endet auf der Plattform des Felsens 1, die rechte, untere Diagonale führt über den heutigen Eingang zur Grotte und – meiner Einschätzung nach – durch die rätselhafte kesselartige Vertiefung in der Felsenkammer; sie führt hier weiter in ein Fenster, welches früher einmal der Eingang zur Höhlenkammer gewesen ist.

Das Quadrat verbindet offensichtlich vier wesentliche Punkte: Die Kanzel unter dem Sonnenloch, das Sacellum, die Plattform auf Felsen 1 und das Fenster der Felsenkammer; die untere Linie trennt genau den oberen und unteren Teil des Kreuzabnahmereliefs; der Schnittpunkt des Quadrates liegt im Turm.

Erweitert man die Linienführung nur ein wenig, so bildet sich ein pyramidales Muster heraus. Von vielen weiteren Möglichkeiten der Linienführung ist dies nur ein Vorschlag, die Spielerei läßt sich beliebig weiterführen, wenn man die Geheimnisse der »Jagdherren« entdecken will, dabei der Intuition folgt und Auffälligkeiten nachgeht; weitere Grafiken an dieser Stelle würden den Rahmen sprengen.

Die präzise Ausführung des Kupferstiches von Elias von Lennep läßt keinen Zweifel am Charakter der Darstellung. Keine der sieben Personen oder andere Merkmale auf diesem Stich sind zufällig oder überflüssig; keine einzige Figur befindet sich willkürlich an ihrem Standort, nicht einmal die spielenden Hunde. Nicht nur der Fußgänger hat seine Bedeutung, auch die beiden Reiter hinter ihm erfüllen eine Aufgabe. Der zweite Reiter (von links) trägt am herunterhängenden Arm eine Art »Tasche«, die, wenn man sie als Fixpunkt nimmt, mit anderen Linienführungen ein ganz anderes, nicht weniger interessantes Bild entstehen läßt.

Vielleicht ist der von Prof. Andree – der Anfang der 1930er Jahre mit Grabungen an den Externsteinen begann – erstellte Lageplan zusätzlich erhellend. Erkennbar wird hier, daß sich links neben dem Rundgebäude (auf der Zeichnung ist es der Turm rechts) ein kleiner Anbau befindet, und zwar unmittelbar neben dem alten Schacht innerhalb des alten Hörg vor der Trockenmauer. Dieser kleine Anbau ist auf dem alten Stich nicht zu sehen, er liegt aber genau auf der mittleren Diagonale (siehe Lageplan).

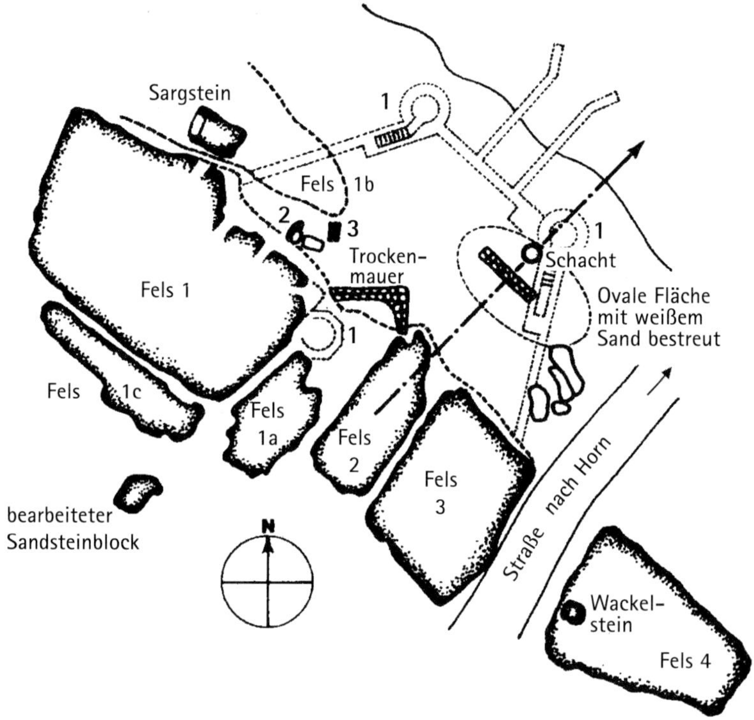

Lageplan der Felsenanlage

Durch die Mitte von Mauer und Schacht ist eine Pfeillinie gezogen, die, vom Felsen 2 über die »Kanzel« führend, nach Süd-Südwest zeigt und den Sonnenaufgang zur Sommersonnwende angibt.

Auf dieser Grafik wird die mehreckige Form des angebauten Turmes am Felsen 1 deutlich sichtbar, der genau nach den vier Himmelsrichtungen ausgerichtet ist. Ob man sich hierbei auf einen sechseckigen oder achteckigen Turm einigen will, sei dahingestellt.

Was dazu einfällt, ist der »Turm der Winde«, den man noch heute in Athen bestaunen kann. Darin befanden sich in der Antike eine Windfahne sowie eine Wasseruhr. Meteorologische Beobachtungen der Griechen sind bekannt. In der Antike begann man Ursachen und Art der Winde nicht nur zur Wetterbeobachtung zu ergründen, sondern Luft als eines der vier Elemente zu betrachten. Die Erforschung der Elemente war seit Empedoklos von Sizilien (»Lehre über die Natur«) im 5. Jh. v. Chr. eine der Grundlagen griechischer Wissenschaft. Er vertrat die Auffassung, daß aus den vier unveränderlichen Elementen die Natur der zusammengesetzten Stoffe hervorgehe, indem die ersten, d.h. die Urteilchen, miteinander vermischt wären. Manche bezeichnen ihn heute, als »Vater der Teilchenphysik«.

Die Druiden haben für die irdische Ebene den »Kreis von Abred« gelehrt. »Er wurde in vier Naturreiche unterteilt erschaffen. Das edle Reich des Windes (Element Luft) vereinigt in sich die aktive Intelligenz der gesamten Menschheit. Die Zwillingsschlangen als heiliges Symbol der Dualität halten die Federn von Math (ägypt. Göttin der Gerechtigkeit und der Maße) empor, denn dieser Gott, der über allen anderen steht, weiht den Geist weniger Auserwählter in die mystischen Jenseitswelten ein.«

Man kann bei dem Turm am Felsen 1 auch an das achteckige Castel del Monte denken, das von Kaiser Friedrich II. um 1240/50 in Apulien erbaut wurde und zu einem der geheimmnisvollsten Bauwerke Europas zählt. Auch Castel del Monte wurde irrtümlich als Lustschloß bezeichnet. Abgesehen vom Grundriß, zeigt es in allem, was noch erhalten ist, die »Siegel des Salomon« im Fußboden sowie das nach dem Pentagramm und dem Goldenen Schnitt erbaute Eingangstor und weitere Symbolwerte, die für sich sprechen. Im Schlußstein eines Saales findet man den »Baphomet«, den mysteriösen sprechenden Kopf, den die Templer angebetet haben sollen. Friedrich II. beschaffte sich für dieses Bauwerk die Pläne des Felsendoms in Jerusalem.

Was der Turm der Jagdherren zu Lippe in seinem Inneren enthielt, lag im wahrsten Sinne des Wortes schon damals im Dunkeln, denn auch er hatte keine Fenster.

***

Wer war der Großherzog Ferdinand II. von Florenz, welches Interesse hatte er an den Steinen und welcher Art war die Verbindung zwischen ihm und Graf Hermann Adolf zu Lippe? Darauf, daß eine Verbindung zwischen diesen Häusern bestand, verweist eine kuriose Geschichte, in der es um die Externsteine ging. Ein Graf Simon Philipp soll am Hofe der

Medici in Florenz sein Geld verspielt haben. Als er nichts mehr einzusetzen hatte, wollte man ihn veranlassen, Schmuckstücke oder wertvolle Steine auf den Spieltisch zu legen. Da soll der Adelige geantwortet haben: »Ja, ich habe noch die Externsteine, aber die kann ich nicht herbeibringen.«

Ferdinand II. von Florenz war ein hochgelehrter Fürst, ein Nachkomme der Medici, denen 1559 vom Papst das Großherzogtum der Toskana zugesprochen worden war. Er beschäftigte *Galileo Galilei* und eine Reihe der hervorragendsten Wissenschaftler Europas an seinem Hof in Florenz, was für die Tradition des Hauses spricht. Bereits die Großmutter Ferdinands II., Christina von Lothringen, stand mit Galilei in engster Verbindung, war Freundin und Gönnerin. Galilei war zeitweise an ihrem Hof angestellt, als Lehrer für ihren Sohn Cosimo de Medici.

Christina von Lothringen war es, an die Galilei 1615, als die Kleriker in Rom darüber debattierten, ob er weiterhin seine Ideen vom heliozentrischen Weltbild lehren dürfe, seinen berühmt gewordenen Brief schrieb:

»Mir scheint, wir sollten in der Diskussion von Naturproblemen nicht von der Autorität der Bibeltexte ausgehen, sondern von der Sinneserfahrung und von notwendigen Beweisführungen. Denn die Heilige Schrift und die Natur gehen gleicherweise aus dem göttlichen Wort hervor, die eine als Diktat des Heiligen Geistes, die andere als gehorsamste Vollstreckerin von Gottes Befehlen. Zudem ist es der Heiligen Schrift erlaubt, manche Dinge – soweit es die reine Wortbedeutung angeht – scheinbar abweichend von der absoluten Wahrheit zu sagen. Aber die Natur ist andererseits unerklärlich und unwandelbar; sie überschreitet nie die Grenzen der Gesetze, die ihr auferlegt sind, so als ob es sie nicht kümmere, ob ihre dunklen Gründe und Wirkweisen dem Verstehen des Menschen greifbar sind oder nicht. Es ist klar, daß jene Dinge, natürliche Wirkungen betreffend, die entweder die Erfahrung der Sinne uns vor Augen stellt oder notwendige Demonstrationen uns beweisen, auf keinen Fall auf Grund von Schrifttexten, die wahrscheinlich etwas ganz anderes meinen, in Frage gestellt oder gar verurteilt werden dürfen. Denn ein Ausdruck der Heilligen Schrift ist nicht an strikte Bedingungen gebunden wie jede Wirkung in der Natur; und Gott offenbart sich nicht weniger herrlich in den Wirkungen der Natur als in den Worten der Schrift.«

Es war die Zeit der Renaissance, die den Wechsel vom geozentrischen zum heliozentrischen Weltbild herbeiführte und den Wissenschaften in einer neuen Freiheit des Denkens Raum schaffte, der Philosophie, der Astronomie, der Physik und der Chemie, auch wenn Galilei und Kopernikus von der Kirche angegriffen wurden. Florenz war das Zentrum von Gelehrten, denen eine der berühmtesten Bibliotheken der damaligen Zeit zur Verfügung stand, in der man die Schriften der Antike sammelte, kopierte und übersetzte.

Auf Veranlassung von Großherzog Ferdinand II. schlossen sich im Jahre 1654 in Florenz einige der klügsten Köpfe in einer »Akademie der Experimente« zusammen, um wissenschaftliche Studien zu betreiben, meteorologische Beobachtungen zu machen und um Meßinstrumente zur Wetterbeobachtung zu entwickeln sowie die Pendelversuche Galileis fortzusetzen.

Zu ihnen gehörte Ferdinand selbst sowie *Niels Stenson* aus Kopenhagen, der Gründer der wissenschaftlichen Geologie, Paläanthologie und Kristallographie. Nach dem Tode von Galilei übernahm sein Schüler *Evangelista Toricelli* bei Ferdinand II. das Amt als Hofmathematiker. Toricelli war Physiker, er verbesserte Galileis Teleskop und entwickelte ein einfaches, aber leistungsstarkes Mikroskop. Neben anderen Entdekkungen war er an der Entwicklung des Barometers beteiligt, wie Ferdinand II. selbst. Ebenso wurde *Vincento Viviani* Hofmathematiker bei Ferdinand II. Er rekonstruierte nicht nur die Schriften von Euklid und Archimedes, sondern befaßte sich mit Winkeldreiteilung, Würfelverdoppelung und Extremwertaufgaben.

Genau im Jahre 1654, als die »Akademie der Experimente« in Florenz gegründet wurde, hatten die Verkaufsverhandlungen um die Externsteine begonnen. War Ferdinand II. von Florenz auf den alten Osning durch seinen Bruder aufmerksam geworden, den »kunstsinnigen« Matthias de Medici? Dieser hielt sich nachweislich während des Dreißigjährigen Krieges bei den Belagerungstruppen des Herzogs von Braunschweig in Norddeutschland auf, zu dessen Hoheitsgebiet der Bereich um die Externsteine gehörte. Matthias de Medici hat eine Reihe von Kunstgegenständen aus Coburg gerettet und in seine Heimat mitgenommen, um sie vor den Wirren des Krieges in Sicherheit zu bringen.

Dazu können auch Bücher, Schriften und Dokumente gekommen sein, die das Kloster Abdinghof nachweislich während des Krieges auf eigene Initiative aus ihrem weithin berühmten Skriptorium der Kloster-Universität in »sichere Hände« vermittelte. Diese Universität war eine Bildungsstätte, die weit über Deutschlands Grenzen hinaus bekannt war.

Bis heute feiert die Stadt Paderborn einen ihrer »großen Söhne«, Athanasius Kircher, Jesuit und Universalgelehrter, der dort (um 1625) studiert hatte. Athanasius Kircher war ein Mann mit universaler Bildung, der sich mit wissenschaftlichen Forschungen auf den Gebieten der Ägyptologie, Geologie, des Magnetismus, der Optik, Alchemie, Orientalistik, Medizin und Musik beschäftigte. Er lehrte später als ordinierter Professor in Würzburg und Rom, erforschte Infektionskrankheiten und übersetzte die Hieroglyphen Ägyptens, verfaßte medizinische und musiktheoretische Schriften. Er beflügelte die Naturwissenschaften über seine Zeit hinaus, und seine Tätigkeit kann dem Hause Lippe nicht entgangen sein.

***

1849 - 1859

Wappen der Medici

Wappen des Freistaates Lippe

Welche anderen Bande gab es zwischen Florenz und Lippe? Die Verbindung zu Graf Hermann Adolf zu Lippe erschließt sich durch eine kurze Betrachtung der Wappen und ihrer Chronologie, die mir ein Kenner der alten Wappen-Symbole vermittelte.

Unter dem aufgelegten Wappenschild des Staatswappens der Toskana befindet sich noch im 19. Jh. das sogenannte Stephanskreuz, es gleicht dem Templerkreuz; darunter hängt eine Kette, vergleichbar der Großmeisterkette eines Ordens. Daß die Medici außerordentliche Förderer der Kunst und der Wissenschaften waren, kann kaum angezweifelt werden.

Auffallend im Wappen von Lippe ist die Gestaltung, die in das Wappen des Freistaates Lippe (von 1779-1918) übernommen wurde. Die Rose kommt häufig in alten Wappen vor, eine Rose wie in diesem Wappen ist jedoch selten. Sie ist das eindeutige Zeichen einer Gralsritterschaft.

Auf dem Wappen ist eine Tafelrunde abgebildet, mit dem Tisch in der Mitte, auf den die Ritter zehn Schwerter gelegt haben. Fünf der Schwerter weisen mit der Spitze nach außen, die anderen fünf Schwerter nach innen.

Zehn Personen gehören zu dieser Ritterschaft, fünf davon sind möglicherweise im Umfeld von Lippe anwesend, fünf andere der »Ritter« leben anderswo; es könnten fünf Wissenschaftler der Akademie in Florenz gewesen sein. Die nach innen und außen gerichteten Schwerter können auch auf fünf »nach innen« ausgerichtete, rein geistige Personen und auf weitere fünf »im äußeren«, auf das Weltliche orientierte Personen deuten.

Das Wappen aus dem 17. Jh.

Ein zu späterer Zeit geführtes Wappen des Hauses Lippe ist hier nicht erwähnenswert, doch auch die Einteilung der Felder dieses Wappens enthält eindeutige Hinweise. Es bezieht das Haus Schwalenberg/Sternberg ein, eine östlich der Externsteine gelegene Grafschaft, und deren in Vianen und Ameide (Holland) gelegenen Herrschaftsgebiete.

Im Sacellum, oben auf dem Felsen 2, wurde, während das Jagdschloß existierte, ein Wappen angebracht, das 1813 seinen derzeitigen Platz am Felsen 4 fand. Doch das ist ein ganz anderes, zwangsläufig älteres Wappen und nicht weniger interessant.

Der Atlant im Sacellum

Es zeigt im Escutcheon (Wappenschild) gegenüberliegend und versetzt zweifach die Rose von Lippe und den Vogel über dem Stern als Symbol des Hauses Schwalenberg/Sternberg. Das Escutcheon ist unter dem Helm und Kragenschutz eines Ritters zu sehen, der von zwei Adlern gekrönt wird. Diesen »geflügelten Helm« trug schon Arminius der Cherusker im Kampf gegen die Römer, er trägt ihn bis heute auf dem Hermanns-Denkmal, das man im zu Ehren im Teutoburger Wald errichtete.

Zwei Felder mit gleichem Motiv galten als Geheimzeichen der »Königlichen Gralsritter«, in der Ordenshierarchie ein sehr hochstehender Orden, dem in späterer Zeit sowohl im Wappen des Großherzogtums Florenz als auch im Lippeschen Wappen Ausdruck verliehen wurde durch die Krone, die gleichzeitig zeigt – und das ist kein Geheimnis –, daß das alte hermetische Wissen insbesondere von den Herrscherhäusern gepflegt und weitergeführt wurde. Damit erklärt sich die Unterstützung, die Orden wie die Zisterzienser und Templer über das Engagement für den christlichen Glauben hinaus von dieser Seite erhielten; es erklärt auch die unglaubliche Anzahl von Adeligen, die sich später dem Freimaurertum zuwendeten.

War die Höhenkammer der geheime Versammlungs- und Tagungsplatz der Gralsrunde? Und ist die Darstellung des meist als »Atlant« bezeichneten Kopfes in der Höhenkammer eine stilisierte Darstellung des geheimnisvollen Baphomet, den die Templer verehrt haben? Ein »sprechender« Kopf ist es in jedem Falle, und er wurde dort während der Erbauung des Schlosses angebracht.

Mit der »barocken Schriftrolle« am Felsen 3 legten die Schloßherren ein weiteres Zeugnis ab. Sobald eine solche Schriftrolle an einer exponierten Stelle dargestellt wurde, hieß das bei den Geheimbünden: »Hier, an dieser Stelle haben wir ein Dokument verborgen.« Das könnten Pläne zum Bau der Anlage oder Ausführungen über ihren Zweck sein. Bestimmt ist der Kupferstich von Elias von Lennep eines der Dokumente, auf dem sie der Nachwelt ihr Wissen hinterließen.

Eine weitere Person ist erwähnenswert, da sie sehr wahrscheinlich – direkt oder indirekt – an dem Jagdschloss-Unternehmen beteiligt war. In einer Schrift von Ferdinand Seitz über den alten »Creutzwech bei Oesterholz«, wird ein Fürstbischof Ferdinand von Fürstenberg genannt:

»...welcher 1661 - 1683 in Paderborn-Neuhaus residierte (...), und mit welch großem Eifer er sich um die Erforschung der heimatlichen Geschichte bemüht hatte. Schon vor seiner Priesterweihe (1659) war er Vertrauter des Papstes Alexander VII. 1660 ging er als Legat von Rom nach Deutschland, um im Oktober des gleichen Jahres wieder nach Rom zurückzukehren, wo er namentlich im vatikanischen Archiv ›wichtige Funde zur heimatlichen Geschichte‹ machte« (unter anderem auch die Originalschriften der Paderborner Capitularien aus der Zeit Karls des Großen – Anm. d. V.). »Fürstenberg entriß also«, so schreibt Seitz weiter, »der Dunkelheit ein Material, welches heute noch zum Wertvollsten der so spärlichen Unterlagen über die Zeit der heidnischen Sachsen und deren Bekehrung gehört.«

Seitz wundert sich belobigend »... über die innere Einstellung des Fürstbischofs Ferdinand von Fürstenberg zur Geschichte seiner westfälisch-niedersächsischen Heimat«, die er »... ein sprechendes Beispiel der Lebensstärke des Volks-Erbgutes trotz Priesterweihe und Papstsegen« nennt.

Um das in der Tat verwunderliche »Heimatinteresse« des Fürstbischofs Ferdinand von Fürstenberg zu verstehen, muß man sich vergegenwärtigen, daß sich dieser im Jahre 1660, unmittelbar nach Baubeginn des Jagdschlosses, zu einem kurzen Aufenthalt nach Rom aufmacht – denn ab 1661 residiert er dauerhaft in Paderborn – und die Erlaubnis erhält, in der streng gehüteten Bibliothek des Vatikans nach Unterlagen über seine Heimat zu forschen. Nicht nur das, entweder nimmt er sie mit, oder er kopiert sie.

Er könnte mit dem Haus Lippe verwandt und als »Mann der Kirche« der einzige gewesen sein, der Zugang zu den im Vatikan verborgenen Unterlagen aus der Zeit Karls des Großen hatte, denen bestimmt, zumindest für Eingeweihte, mehr zu entnehmen war, als die Anordnungen zur Missionierung der Sachsen.

Dazu kommt, daß nach Seitz Angaben der Fürstbischof im Jahre 1669 eine Landkarte der Diözese Paderborn anfertigen ließ, auf der eine gepunktete Kreuzlinie bei Oesterholz als auffallende Markierung eingetragen war, die in ihrer Art nicht zum Charakter der alten Landkarte paßte. Seitz vermutete richtig, daß hier der sagenumwobene »Creutzwech«, in unmittelbarer Nähe des Ostara-Heiligtums, eingezeichnet war. Der Creutzwech wurde von Rudolf Steiner als Mittelpunkt des heiligen Bezirks im uralten Ostara-Heiligtum, wenige Kilometer vom Osning entfernt, bezeichnet.

Die Gegend am Creutzwech ist im Volksglauben eine der »heidnischsten« gewesen, wenn man es so nennen will. Es ist der Ort an dem die Germanen ihrem Ahnenkult nachgingen, der von den Christen zeitweise mit der Todesstrafe geahndet wurde. Aber der hohe Würdenträger der Kirche zeichnet den Ort in seine Landkarte ein.

Ferdinand von Fürstenberg ging in die Geschichte Paderborns »als gelehrter und kunstsinniger« Fürstbischof ein, dem die wertvolle Bereicherung der Bibliotheken nachgesagt wird. Schon zu Lebzeiten hatte er den Jesuiten viele kostbare Bücher überlassen. In seinem Testament bedachte er den Orden mit einigen Tausend Bänden patristischer und historischer Werke sowie zahlreicher Ausgaben lateinischer Klassiker.

***

Die eigenartigen Rundbauten des sogenannten Jagdschlosses, verbunden mit Mauern zu den Felsen, und der achteckige Treppenturm am Felsen 1 erscheinen vor diesem Hintergrund in einem neuen Licht. Was auch immer die Gelehrten im 17. Jahrhundert mit ihren Experimenten bezweckt haben, es fragt sich, was den Osning so bedeutsam machte und ob sie etwas von der Jahrtausende alten Energietechnik und den Erdströmungen an den Externsteinen wußten. Ob sie dieses Wissen neu entdeckt haben oder ihren griechischen Studien oder anderen Dokumenten entnahmen, sei dahingestellt.

Die Baumaßnahmen müssen beachtlich gewesen sein und umfangreicher, als sie auf dem Lennepschen Stich dargestellt wurden. Der Bevölkerung ist dies nicht entgangen. In einer Landschaftskarte von Tobi C. Lotter aus dem Jahre 1762 sind die Aufbauten gleichhoher Türme auf insgesamt vier Felsen verewigt. Wenn sie hier besonders hervorgehoben sind, müssen die Bauten großen Eindruck hinterlassen haben.

Ob die Experimente der »Jagdherren« von Erfolg gekrönt waren, weiß niemand. Der Erbauer, Graf Hermann Adolf zur Lippe, starb ein Jahr nach der Fertigstellung des Schlosses, und unmittelbar danach, so heißt es, »verfiel die Anlage«. Auf dem Kupferstich von *Ovid von Frisch* aus dem

Jahre 1749 – etwa 80 Jahre nach der Errichtung des Jagdschlosses – ist davon auf dem Vorplatz der Felsen nichts mehr zu sehen. Auf dem Stich (mit dem Veleda-Turros, Seite 76) erkennt man jedenfalls nur noch den am Felsen angebauten Turm, ansonsten gleicht der Vorplatz einem Schuttfeld, als ob das Jagdschloß in die Luft gegangen wäre.

Die Externsteine werden wiederentdeckt

> Wahres Wissen ist immer den Verkündern dessen,
> was als Wissen bekannt ist – d.h., was gesellschaftlich
> als Wissen akzeptiert ist, um ein oder zwei
> Generationen voraus.
>
> *Peter L. Berger*

Nach dem Zerfall des Jagdschlosses im 17. Jahrhundert sind am Osning lediglich die Grotten in Felsen 1 zugänglich und werden von einem gräflichen Förster genutzt. Neunzig Jahre später, 1756, werden von der Ruine des Jagdschlosses die Steine abgefahren, anstelle des Jagdhauses entsteht ein Krughaus.

Romantisches Panorama

Erst 150 Jahre später, in den Jahren 1810 bis 1813, ließ die Fürstin Pauline zur Lippe die Externsteine wieder in »ihren alten Zustand bringen«, was immer das heißen mag. Nach umfangreichen Aufräumungsarbeiten wurde der Vorplatz neu angelegt.

1836 erfuhren die Externsteine eine weitere Veränderung. Den Bachlauf der Wiembeke staute man zu einem See, was die Verlegung des uralten »Hellweges«, der vorher durch das Tal der Wiembeke führte, zwischen die Felsen 3 und 4 mit sich brachte.

1866 wurde ein Gasthaus errichtet, welches bestimmt nicht alleine dazu beitrug, daß den Externsteinen größeres öffentliches Interesse entgegengebracht wurde. Wissenschaftler, Heimatkundler, Gelehrte und Schriftsteller befaßten sich aus der Sicht des 19. Jahrhunderts eingehend mit dem alten Heiligtum.

Nachdem 1823 das Sacellum am Felsen 2 als Gestirnsbeobachtungsstätte erkannt worden war und Karl Theodor Menke die Externsteine als heidnische Kultstätte beschrieben hatte, waren andere der Auffassung, es sei ein christlicher Wallfahrtsort. Eine Welle von Veröffentlichungen unterschiedlichster Meinungen verlieh den Externsteinen wachsende Aufmerksamkeit. Um 1925 hatte Wilhelm Teudt seine Theorien über germanische Heiligtümer entwickelt. Der Paderborner Kirchenhistoriker Alois Fuchs interpretierte 1934 die Reliefs und Räumlichkeiten der Externsteine standhaft als Nachbildungen der Stätten am Heiligen Grab.

Grabungen und Gesteinsuntersuchungen

Im gleichen Jahre begannen die Nationalsozialisten, sich für die Externsteine zu interessieren, und beauftragten Professor Andree, seine bereits begonnenen Ausgrabungen fortzusetzen. Die NSDAP war angeblich an einem Nachweis interessiert, daß die Externsteine ein rein germanisches Kultzentrum gewesen seien. Vielleicht haben die Nazis die unübersehbaren Zeichen der »Herren des Jagdschlosses« erkannt und bei ihren Grabungen deshalb so gründlich im Vorfeld der Externsteine gesucht, vielleicht haben sie auch etwas gefunden.

Den Nazis wird nachgesagt, sie hätten zur Entwicklung geheimer Waffen nach einer allem anderen überlegenen Kraft gesucht, manche sind der Meinung, sie hätten diese in der Urkraft, Raumkraft oder Lebensenergie unter dem Begriff »Vril-Kraft« entdeckt. Darüber sind viele Bücher und Abhandlungen geschrieben worden, in denen man wildesten Spekulationen nachging, sogar daß sie am Osning auf das Geheimnis gestoßen seien und von dort aus die Raumfahrt zum Aldebaran geplant war! Derartige Spekulationen sind nicht mein Thema. Belegt sind allerdings Aussagen, nach denen weitere Grabungen an den Externsteinen von der SS-Führung strengstens untersagt wurden und Albert Speer für die geplanten utopischen Bauwerke der neuen Weltstadt Berlin Osning-Sandstein aus der Gegend um die Externsteine vorgesehen hatte.

Viele der seinerzeit ausgegrabenen Artefakte sollen noch heute im Keller des Museums in Detmold schlummern. Andere Relikte, so sagt man, seien auf geheimnisvolle Weise völlig abhanden gekommen. Die einzigen Grabungen, die je an den Externsteinen durchgeführt wurden, waren die von Prof. Andree. Diese beschränkten sich hauptsächlich auf das Gelände um die 4 Hauptfelsen. Aufgrund von Schutt- und Abraumschichten aus älterer Zeit konnte dabei festgestellt werden, daß an den Externsteinen »vor und nach« den Zerstörungen durch Karl den Großen mehrfach Veränderungen stattgefunden hatten.

Selbst nach diesen Grabungsergebnissen gingen die alten Meinungsverschiedenheiten – ob vorchristlich oder christlich – weiter. Sie wurden

Ausgrabungen der 1930-er Jahre

erst Anfang der 1990er Jahre endgültig beendet, als konkrete Untersuchungen durch ein Expertenteam ergaben, daß Steinbearbeitungen an mehreren Felsen der Externsteine in vor-christlicher Zeit vorgenommen worden waren. In ausführlichen Studienberichten wurde über streng wissenschaftliche Forschungsmethoden und Ergebnisse Auskunft gegeben. Es konnte eindeutig festgestellt werden, daß die Höhlenräume im Hauptfelsen etwa um 1.000 v. Chr. durch Ausbrennung entstanden sind; bei den vorgeschichtlichen Großskulpturen, wie dem »Hängenden« und der »Ziege Heidrun«, handelt es sich um die Nachbearbeitung oder Hervorhebung natürlicher, durch Verwitterung des Gesteins entstandener Linien, die nicht genau zu datieren waren. Die Skulptur des »Rufers« auf dem höchsten Felsen war nicht erreichbar und konnte in die Untersuchungen nicht einbezogen werden.

Altersbestimmungen an Großskulpturen sind am Gestein ohnehin schwierig, da die natürliche Erosion aussagekräftige Spuren verwischt. Und wie sollten auch Aussagen über den Zustand der Felsenkammern *vor* der letzten Ausbrennung etwa 1.000 Jahre v. Chr. gemacht werden. Astronomische Aktivitäten an den Externsteinen können nicht angezweifelt werden, doch die verbliebenen Artefakte sind nach den massiven Zerstörungen und weiteren Veränderungen im 17. Jh. an den Felsen 1 und 2 spärlich. Die derzeitige Ausrichtung des »Sonnenloches« im Sacellum weist auf die Zeit um den Beginn unserer Zeitrechnung vor etwa 2.000 Jahren hin. Allerdings weiß man von anderen, sehr gut erhaltenen astronomischen Stätten des Altertums, daß die Einrichtungen an den Beobachtungsstandorten immer wieder kosmischen Veränderungen angepaßt wurden.

Veränderungen im größeren Ausmaß wurden noch einmal nach dem Ende des zweiten Weltkrieges im Geländebereich vor den Hauptfelsen vorgenommen. Aus mehreren zuverlässigen Quellen ist bekannt, daß 1948 alle verbliebenen Merkmale beseitigt wurden, die den Nachweis einer vorchristlichen Stätte erbracht hätten.

Der Vorplatz wurde zugeschüttet und in den heutigen Zustand gebracht, 1953 wurde der See wieder angelegt. Derzeit werden die Externsteine vom Landesverband Lippe verwaltet. Sie sind zu einem wunderschönen Ausflugsziel für Wanderer, Touristen, Schulklassen und Spaziergänger geworden.

Felsen 1 bis 3 (von rechts)

Steht man heute auf dem Vorplatz der Felsen, mag es schwerfallen, sich die Bedeutung des alten Heiligtums in Erinnerung zu rufen. Doch auch Familien, Spaziergänger oder fröhlich lärmende Schulklassen, die den Ort auf ihre Weise genießen, ändern nichts an seiner Vergangenheit, so wenig wie Abertausende von Besuchern in Stonehenge oder an den Pyramiden von Ägypten. Vielleicht nehmen sie alle etwas mit, was mit dem »Unbenennbaren« gemeint ist.

II.

Kraftorte und Erdenergie

Kraftzentren auf den Meridianen der Erde

Das Schönste, das wir erfahren können,
ist das Rätselhafte.
Es ist die Quelle aller wahren
Kunst und Wissenschaft.
Wem die Emotion fremd ist,
wer nicht mehr innehalten kann,
um zu staunen und von Ehrfurcht
erfüllt dazustehen, ist so gut wie tot;
seine Augen sind verschlossen.
Albert Einstein

Was ist das tiefere Geheimnis von Kraftorten wie den Externsteinen? Betrachten wir in der Millionen Jahre alten Geschichte unserer Mutter Erde, wie vor undenkbar langer Zeit unsere heutigen Kraftorte vorbereitet wurden, so scheint unser Planet bei der Gestaltung, Bildung und Bewegung von Landmasse einem verborgenen geometrischen Muster zu folgen.

Die dünne Erdkruste überzieht die Lithosphäre, eine tiefere Schicht der Erdoberfläche; sie besteht aus tektonischen Platten, auf denen sich die Kontinente in einem fortlaufenden Prozeß aufeinander zu oder voneinander wegbewegen. Es wird vermutet, daß die Lithosphäre aus zwanzig Platten besteht, von denen aber nur sieben die Kontinentaldrift maßgeblich beeinflussen. Russische Wissenschaftler der USSR Academy of Sciences

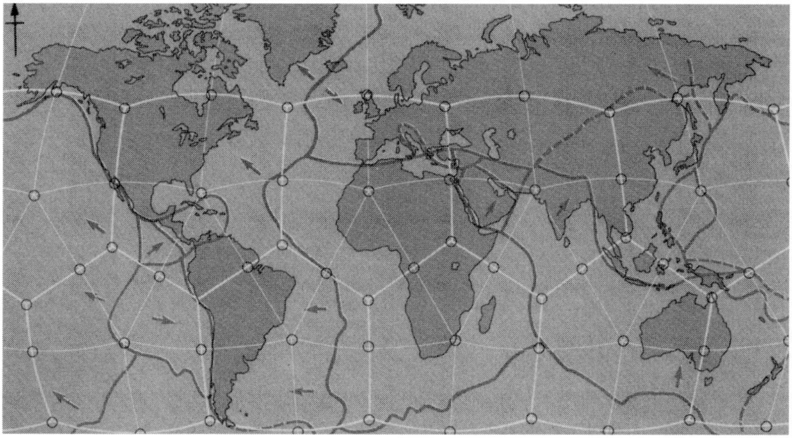

Erdstrukturen

haben vorgeschlagen, den ganzen Planeten Erde als eine große Kristallstruktur in sich selbst zu sehen, bestehend aus zwölf pentagonalen Teilen, überlagert von zwanzig gleichseitigen Dreiecken, welche während der frühen Evolutionsphase die Erde selbst gebildet haben.

Dabei sind die Forscher der Symmetrie unseres Globus nachgegangen und haben die Breitengrade der Erde in Winkelanalogien von Kristallstrukturen gebracht. Die tektonischen Platten würden demnach den geometrischen Formen des Ikosaeders (mit 20 Dreiecken) und Dodekaeders (zwölfflächiger Körper) entsprechen. Wenn man von einer versteckten geometrischen Struktur der Lithosphäre ausgeht, kann man die grundlegenden Symmetrie-Eigenschaften des Globus erklären und sich einem Verständnis nähern, warum auf natürliche Weise an bestimmten Schnittstellen Kraftzentren entstehen, die wie Perlen auf einem großen, feinmaschigen Gitternetz liegen.

Auf der ganzen Erde wurden diese Orte mit ihren charakteristischen Merkmalen von ihren Bewohnern wahrgenommen, weil dort der Pulsschlag der Erde am deutlichsten spürbar ist, und in vielen Traditionen der Völker wurde die hervortretende Energie spiritualisiert. Entsprechend wurden diese Energiezentren durch die Bearbeitung von Felsen, Steinen oder durch sakrale Gebäude betont und beeinflußt. Typisch für diese Anlagen ist, daß sich in ihrem Zentrum ein oder mehrere natürliche Felsen befinden oder Bauwerke – wie Pyramiden, Steinkreise, Dolmen, Menhire und Tempel –, die geometrisch um den zentralen Punkt angeordnet sind.

Die so gestalteten Orte bilden ein von Erdenergien und kosmischen Strömungen aufgeladenes Kraftzentrum, eine wichtige und fruchtbare Energiequelle, deren Strömungen jedem, der damit in Berührung kommt, neue Lebenskraft spendet – wir würden heute sagen, auf ganzheitlicher Ebene, für Körper, Geist und Seele. Irdische und kosmische Kräfte wurden nach Schwingungsqualität, Zahlen, Klängen und Farben zum Einsatz gebracht.

Zu jedem Kraftort gehören Quellen, deren Funktion nicht nur die Wasserversorgung ist. Die Qualität des Wassers wird von den hohen Schwingungen des Ortes bestimmt und ist nicht umsonst als wundertätig bzw. heilend anzusehen.

Ober- und auch unterirdische Quellen haben ihre weitere Bedeutung darin, daß die Fließrichtungen von Wasserläufen auf die Qualität des Ortes Einfluß nehmen. Daher wurden Quellen und Wasserläufe manchmal versetzt. Um z. B. die spiralartige Energie über einer Kreuzung von Wasseradern zu nutzen, wurde ein großer Stein (Menhir) daraufgesetzt oder ein kleiner Steinkreis darüber errichtet. Aus dem Felsen tretende Quellen waren die mystischen Grottenheiligtümer aus ganz alter Zeit. Dort walteten nicht einfache Priesterinnen an einem mystischen Ort, sondern Wissenschaftlerinnen, die über astronomische Beobachtungen die energetischen Schwankungen des Wassers – hauptsächlich bestimmt durch den wechselnden Einfluß von Sonne und Mond – beobachteten.

Ganz besonders hervorzuheben ist der »Heilige Hain«, dessen Bedeutung weithin vergessen ist. Immer dort, wo es Wälder gibt, gehörte der Heilige Hain zu einem Kraftort; auch jener an den Externsteinen, und ursprünglich nicht weil Druiden oder Germanen dort mysteriöse Rituale abgehalten hätten, wie viele meinen.

Der Wald als solches ist ein lebendiges Mysterium, welches eine Symbiose mit den darunterliegenden Erd- und Gesteinsschichten eingeht; darin liegt eine Verflechtung von kollektivem Naturgeist, die den alten Völkern bewußt war. Sie beteten zum allumfassenden Schöpfergeist, aber auch mit dem Großen Geist einer Spezies wie der Bäume und Wälder, mit deren »Alpha-Geist«, von dem sie zu Recht annahmen, daß er dem göttlichen Urbild der Schöpfung entspricht. Die Druiden setzten sich z. B.

mit dem »Großen Geist der Bäume« in Verbindung oder mit dem Geist der Elemente, wenn sie auf diesen Gebieten arbeiten wollten. Oder die Indianer, die mit dem Großen Geist der Büffel »sprachen«, wenn sie zur Jagd gingen; sie nahmen auf diese Weise Einfluß auf die Büffelherde, was ihnen als Magie bei der Jagd unterstellt wurde.

Um auf dieser Ebene zu »kommunizieren«, muß der Geist des Menschen auf höchste Schwingungen angehoben werden und einen Gleichklang mit anderen Schöpfungsebenen erreichen.

Insbesondere für die Druiden war der Heilige Hain die Stätte des Lehrens, speziell des Lernens von und in der Natur. In jedem ihrer komplizierten Baum-Alphabete drückte sich ein anderer Aspekt der unterschiedlichen kosmischen und irdischen Gesetzmäßigkeiten aus. Daraus hatten sich die gälischen Alphabete entwickelt, von denen das »Ogham« – eine Schrift in Strichcodes – in Britannien und Irland noch etliche Jahrhunderte vor der Einführung des lateinischen Alphabetes gebräuchlich war. Aus heute kaum nachvollziehbaren tiefsinnigen Zusammenhängen, die eine fast universelle Ausrichtung hatten und die Natur, das Leben, die Zeit, den Kosmos, die Schöpfung, die Elemente und den Menschen in ihren geistigen und physischen Strukturen umfaßten, entwickelten sie mehr als 150 Alphabete, mit denen sie ihrer Sprache Ausdruck gaben.

Wahrscheinlich weniger in Worten als telepathisch und zur Konzentration des Geistes oder zur Geheimhaltung nutzten sie zu »schweigsamer Unterhaltung« mehrere Finger-Alphabete, die ähnlich noch im 12. und 13. Jahrhundert in Klöstern gebräuchlich waren, in denen die Mönche ein Schweige-Gelübde abgelegt hatten. Auch dies ursprünglich nicht aus Zwang, sondern weil es Stätten der geistigen Entfaltung waren, an denen geforscht und nicht über Alltäglichkeiten geplaudert werden wollte.

In einem der Baum-Alphabete z.B., im »Beth-Lois-Nion«, war ein Kalender der Jahreszeitenfolge enthalten, in dem fünf Bäume eine Rolle spielten: »Fünf heilige Säulen«, die über die Baumarten hinaus eine aus fünf Punkten bestehende symbolische Pyramide bilden, entsprechend der »heiligen Tetraktys« der Pythagoräer. Eine andere Ordnung ergab sich aus den »Sieben Säulen«: Bäume, die mit den Planeten Sonne, Mond, Mars, Merkur, Jupiter, Venus und Saturn die Wochentage bestimmten: Birke, Weide, Steineiche, Hasel, Eiche, Apfelbaum, Erle.

Anhand dieser Beispiele können wir verstehen, was dem Menschen der Natur, in diesem Falle dem »Reich der Bäume«, zu entnehmen gelang. Der Heilige Hain war nicht einfach ein abgegrenztes Waldgebiet, sondern ein Naturraum, der allumfassende Möglichkeiten für naturwissenschaftliche Studien und für metaphysische Wissenschaften bot. Er bestand aus einer Vielzahl verschiedener Baumarten, die nach ihrem Wesen und ihren Eigenschaften ausgesucht und in der heiligen Ordnung der Geometrie im Hain angepflanzt wurden. Gewiß spielte die Eiche, der Königsbaum der Druiden, zu allen Zeiten eine große Rolle, doch jeder andere Baum hatte seine Bedeutung. Insofern glich der Heilige Hain in der Tat einem Tempel von besonderer Qualität.

Das Königreich der Steine

Bei der Gestaltung von Kraftorten spielt das lebendige »Königreich der Steine« eine wesentliche Rolle, und um Kraftorte wie den Osning zu verstehen, muß man etwas über Steine wissen. Steine sind unsere ältesten »Brüder« auf der Erde. Der Stein hat einen direkten Bezug zu den Elementen, die seine Entstehung und sein lebendiges Energiefeld beeinflußt haben. Erde, Luft, Wasser und Feuer haben seine spezifischen Strukturen geschaffen; natürliche chemische Prozesse bildeten sein Aussehen, seine Eigenschaften und seinen kristallinen Gehalt und dadurch seine Aura und Wirkkraft. Steine sind Intelligenzen mit einem ausgeprägten Bewußtseinsfeld auf feinstofflichen Ebenen.

Der nächste folgerichtige Schritt bei der Errichtung eines großangelegten Heiligtums war, den Stein mit einem Symbol, einem typischen Merkmal zu versehen oder ihn nach den Gesetzen der heiligen Geometrie in eine Form zu bringen.

Der Stein ist, je nach Quarzanteilen, ein ausgezeichnetes Speichermedium, da Quarz aus Silizium besteht, das wir heute auch in der Computer- und Kommunikationstechnik verwenden. Der Stein kann auch als Träger einer Absicht oder Information genutzt werden und fungiert aufgrund seiner »Fähigkeiten« als Mittler zwischen den Dimensionen. Auch als Instrument für einen göttlichen Schiedsspruch wurden Steine

Men-an-Tol in Cornwall

verwendet, denn von alters her ist der Stein bekannt als Heimstatt von Göttern und Geistern, er diente als Medium für geistige Kräfte.

Heilende Steine sind heute noch überall auf der Welt zu finden als Kraft- und Heilsteine. Einige sind zu »Berühmtheiten« geworden, wie der »Men-an-Tol« in Cornwall, im Südwesten Englands. Er ist einer der vielen »Lochsteine«, den man zur Gesundung mehrmals durchstieg oder durch den man einen erkrankten Säugling hindurchreichte.

Viele glauben, daß die Menschen der Vorzeit diese wunderlichen Möglichkeiten in Anspruch nehmen mußten, weil sie nichts Besseres kannten. Zu keiner Zeit waren Menschen so abergläubisch, sich ohne Erfolg der Natur anzuvertrauen. Nach der mittelalterlichen Verteufelung aller Naturheilverfahren, waren wir leider auch der »Medizin der Steine« beraubt.

Wen verwundert es, daß der Stein auch als »Kalender- und Orientierungsstein« in Beziehung zum Kosmos gesetzt wurde, durch den am stärksten die Zeit erfahren wird. An allen kleinen und großen heiligen Stätten fungieren Steine als Markierungspunkte für kosmische Abläufe wie Mittsommer- oder Mittwinter-Sonnenaufgänge.

Steine sind auch Hüter des Wissens. Die gravierten Steine in Newgrange tragen den Schlüssel zu einem kosmischen Wissen, um das sich die Astrophysiker in unserer Zeit erst bemühen müssen. Einfache, zwei- und dreifache links- und rechtsläufige Spiralen und andere Steinritzungen auf dem

Der K-52 genannte Stein in Newgrange

K52 genannten Stein wurden erst kürzlich entziffert. Die Ergebnisse weisen auf ein überdimensionales Wissen um die zyklischen Abläufe unseres Sonnensystems sowie auf eine kosmische Energie-Technologie hin, die in ihrer Konsequenz alles in den Schatten stellt, was wir heute über Lenkung und Führung von Erdenergien wissen.

Steine halten wir von Natur aus für stumm. Aber einige von ihnen, die sich optisch nicht einmal von ihren Nachbarn unterscheiden, können erstaunlicherweise wie Glocken erklingen, wenn man mit einem anderen Stein dagegenschlägt. »Klingende Steine« gibt es an vielen heiligen Stätten der Welt. In Nigeria findet man bei uralten Höhlenmalereien und Heiligtümern Stein-Gongs, die in religiösen Geheimzeremonien, vor allem zur Initiation der Stammesjugend, noch heute eine Rolle spielen. In vielen anderen Kulturen, in Indien, China und Japan etwa, dienten klingende Steine zum Mahlen von Getreide, um dem Mehl eine besondere Schwingung zu verleihen.

Die Druiden benutzten, wie schon in vorkeltischer, megalithischer Zeit üblich, einen »Kopf-Stein« zur Visionssuche und zur visionären Schau. In der durch den Stein als »Prima Materia« hervorgerufenen Vision erkannten die Alchemisten einen außergewöhnlichen Austausch zwischen dem Höheren Geist und der Materie. Die meisten der keltischen Priester/innen besaßen einen solchen Kopfstein. Meist war es ein Stück aus einem alten Megalith-Heiligtum oder ein steinerner Fund aus der Vorzeit, der verehrt wurde, sozusagen eine *Reliquie* von besonderer Bedeutung. Es waren Steine, die über Jahrtausende an exponierter Stelle in den megalithischen Anlagen als »Werkzeuge« dienten, oft um Sonnen- und Sternenlicht zu polarisieren. In den ausgestrahlten Kuhlen dieser Steine wurde Regen- oder Quellwasser gesammelt, das zu Heilzwecken verwendet wurde.

So einen Kopfstein benutzte noch die Heilige Odilie im Elsaß, was die Christen zu ihrer Zeit keineswegs als verwerflich oder heidnisch ansahen. In der Legende spielt auch der Heilige Stein des St. Columban eine wesentliche Rolle, der einer der ersten christlichen Missionare war. Dieser heilige Stein wird bis heute in Londonderry, Irland, ausgestellt.

Bestimmte Steine sind zu mächtigen spirituellen Symbolen für ein Volk oder eine Nation geworden, deren archaische Bedeutung sich über Jahrhunderte, sogar Jahrtausende fortsetzte. Sie wurden angebetet, geheiligt, versteckt, geraubt und wiedergefunden; sie wurden in andere Länder mitgenommen und auf abenteuerlichen Wegen transportiert, bis sie wiederum ihren Platz an geheiligter Stätte fanden.

Die »Sprechenden Steine« oder »Flüsternden Steine« haben in der Menschheitsgeschichte die größte Faszination ausgeübt. Sie haben den Menschen zu allen Zeiten Botschaften überbracht. Sie zählten zu den kostbarsten Symbolen wandernder Völker und ineinander übergehender Glaubensrichtungen, wie der »Stein von Bethel«, dem »Rohen Stein« der Bibel, einem Kopfstein, auf dem Jakob seinen berühmten Traum hatte. Die Bibel berichtet, daß Jakob, der Enkel Abrahams, von Beerschewa nach Haran reiste (Palästina), und an einem Ort ankam, der Bethel genannt wurde, als die Nacht hereinbrach. Er nahm sich einen Stein als Kopfkissen und schlief unter freiem Himmel. Dort träumte er dann seinen Traum von der Leiter, die bis in den Himmel reichte und auf der Engel auf- und niederstiegen.

Die Überlieferung sagt, daß der *Stein von Bethel* seinen Weg nach Jerusalem fand und als Fundamentstein in den von König Salomo errichteten Tempel eingebaut wurde. Der erste Tempel wurde zerstört, auch der danach neu errichtete zweite Tempel wurde Anfang des 6. Jahrhunderts v. Chr. zur Zeit der babylonischen Verwüstung Jerusalems durch Nebukadnezar bis auf die Grundmauern geschleift. Von dieser Zeit an scheint es zwei der kostbaren Steine gleichen Namens gegeben zu haben und natürlich mehrere Geschichten.

Eine davon ist, daß Tamar Tephi, die Tochter des in Ketten gelegten israelischen Königs, des letzten Königs aus dem Haus David, dem babylonischen Gemetzel entkommen sei und aus Israel floh. Sie soll nach

Irland gesegelt sein – im Gepäck den heiligen Stein. Tamar heiratete einen der irischen Hochkönige (Eochaid Heremon), die den Stein über die Zeit der Herrschaft von sechsundfünfzig Hochkönigen – was etwa 1.000 Jahren entspricht – im Besitz hatten.

Der Stein wurde zum Symbol der davidischen Abstammung und legitimierte alle, die auf dem Hügel von Tara »neben« ihm gekrönt wurden. Dort war der geheiligte Boden für die Hochkönige von Irland, die ihre Paläste auf dem Hügel von Tara erbaut hatten, einer früh-megalithischen Stätte, auf der noch heute der »Lia Fáil« steht, der Heilige Menhir, der einen Schrei ausstieß, um die Wahl des rechtmäßigen Königs zu bestätigen. Er war der »Berater« der Könige, mit dem sie jederzeit kommunizieren konnten.

Der sagenhafte Ruf von Tara blieb bis ins 19. Jahrhundert erhalten, als Daniel O'Connell 1843 auf diesem Hügel um den Lia Fail eine Million Menschen zu einer Kundgebung für Irlands Unabhängigkeit versammelte. Tara war auch eine der letzten Bastionen des »Heidentums« in Irland. Trotz der heutigen Frömmigkeit der Iren, wurden Tara und der Lia Fail erneut zum National-Heiligtum erkoren!

Dem schlichten, nur etwa 1,50 m hohen Lia Fáil sieht man seine bedeutende Vergangenheit nicht an, aber er ist für die Iren ein mächtiges Symbol und wird bis in unsere Zeit verehrt. Aus alten Dokumenten geht hervor, daß im Jahre 843 n. Chr. zumindest »*einer* der heiligen Steine« von Irland nach Scone in Schottland gebracht wurde. Auf diesem Stein sitzend wurde der neue Monarch – einem Ritual folgend, das älter ist als die Geschichtsschreibung – mit den Insignien seines Amtes ausgestattet.

Der »Lia fail« – Irland

So wurde der König nach alter Tradition mit dem Land, dem von ihm beherrschten Volk und der Erdgöttin vermählt. Nach der Legende wurde so die Fruchtbarkeit des Landes und des Volkes gesichert.

Wo sind die heiligen Steine unserer Heimat verblieben? Der letzte Zeuge der heiligen

Steine am Osning ist noch vor 60 Jahren der Steintisch gewesen; vielleicht war auch das ein »Königsstein«, auf dem die keltischen Könige und Königinnen, später die germanischen Fürsten, inauguriert wurden.

Der Steintisch wurde schon bei den Zerstörungen durch Karl den Großen sehr beschädigt, aber nicht entfernt. Leider verschwand er nach dem zweiten Weltkrieg unter der Aufschüttung des Vorplatzes. Diese Kostbarkeit liegt heute unter einer Auffüllung von Erde und ist mit einer Betonschicht übergossen.

Der alte Steintisch

Was auf diesem Ausschnitt einer alten Postkarte düster und grau aussieht, sollte nicht darüber hinwegtäuschen, daß der graue Osning-Sandstein unter seiner verwitterten Haut fast weiß ist, was man sieht, wenn er abgeschliffen wird.

Hyperboreeische Baukunst

Forschen wir noch immer nach *einem* Sinn oder *einem* Zweck der alten Stätten, so stellt sich heraus, daß die Erbauer *multidimensional* gedacht haben und diese Kraftplätze vielen verschiedenen Zwecken dienten. Nichts – aber auch nicht das Geringste – wurde dabei dem Zufall überlassen.

Die Stätten und Bauwerke, die auf den Kraftzentren der Erde gestaltet wurden, drückten in ihrer Konstruktion den Charakter irdischer oder kosmischer Kräfte aus, deren Zusammenwirken als eine Notwendigkeit zur Erhaltung des Lebens erfaßt wurde. Die Nutzung eines oder mehrerer *Energienetze* im terrestrischen und im atmosphärischen Bereich der Erde beruhte, wie wir mehr und mehr feststellen, auf dem Verständnis einer gesetzmäßigen Ordnung des Universums und auf dem Wissen, daß die Gesamtheit unserer physikalischen Realität durch die Geometrie von Raum und Zeit manifestiert wird.

Der Name GAIA der alten Griechen für die Erdgöttin ist weithin geläufig. Sie wußten, daß Gaia Einfluß nahm auf die Helligkeit des Planeten, die sogenannte *Albedo*, und auf die Zusammensetzung der Atmosphäre. Zusammen wirken sie als globale Temperaturregler, die das Klima auf der Erde in den Grenzen halten, in denen Leben möglich ist.

Verständlich ist, daß die Umsetzung *dieses Wissens* nichts mit einer späteren Verehrung von Göttern zu tun hatte. Das hätte nicht zum Bau der gigantischen Pyramiden in Ägypten und China geführt. Die Mayas in Mexiko, die Vor-Inkas in Südamerika legten ganze Pyramidenstädte an. Die britischen Inseln und die Bretagne sind übersät von Steinkreisen, Dolmen und Menhiren.

Nicht alleine die großen *cairns* in Irland, wie Newgrange, Knowth und Dowth, sondern auffallende Steinsetzungen vom äußersten Norden Großbritanniens über Frankreich, Portugal bis nach Marokko, legen in Europa Zeugnis ab von einer globalen Wissenschaft. Gleichermaßen sind die mächtigen Steinreihen und Dolmen in der Bretagne, wie in der Gegend von Carnac, Jahrtausende alte, stumme Zeugen einer hochentwickelten Kultur, von der wir nicht annehmen können, daß sie Mitteleuropa ausgelassen hätte.

Die Art, Konstruktion und Größenordnung der Anlagen vermitteln bei näherem Studium den Eindruck, daß die Menschen damals Erd- und Himmelskräfte auf *Quantenebene* einschätzen konnten. Ihre Errichtung wird wohl deshalb in alten Legenden und in der Mythologie meistens den »Göttern« zugeschrieben. Welchen Wesen wir auch immer das Wissen und die Strategie zum Einsatz übergeordneter Kräfte zuordnen wollen, sie wußten offenbar, wie an den markierten Orten die aus der Erde strömenden Kräfte mit kosmischen Strömungen verknüpft und zur Fruchtbarwerdung des Landes verteilt werden konnten.

Bei den göttlichen Anweisungen zum Bau von Salomons Tempel wurden die verwendeten Steine »entwickelte Persönlichkeiten« genannt, deren Geheimnisse nur noch Hiram, der König von Tyros kannte, der noch weiser war als Salomon. Er brachte zum Bau des Tempels die »Magier der Baukunst« aus seinem Reich mit. Sie waren für die Hebräer Ungläubige, daher wurden sie in deren Überlieferung »Zauberer, unheimliche Geister und Dämonen« genannt. Man könnte sie viel eher als Baumeister der

Hyperboreer einordnen, die als Meister der Steine, der Astronomie, Geographie und Geologie auch die Schwingungen der unterschiedlichen Gesteinsarten kannten und wußten, wie Pendel radiästhetisch eingesetzt werden konnten.

Das Leben der alten Völker stand unter dem direkten Einfluß feinst wahrnehmbarer Erdenergien, ihr Leben war von den Prinzipien der Natur unmittelbar durchdrungen. Nicht umsonst gingen Menschen der alten Hochkulturen als hervorragende Astronomen, Mathematiker, Astrologen, Geomanten und Landvermesser in die Geschichte ein. Sie waren Baumeister des Lebens, deren geheimes Wissen bis in die Zünfte des Mittelalters erhalten blieb. Sie waren die »Meister der Steine«, mit einem erweiterten Gefühl und hellsichtiger Wahrnehmung für ihre Funktionen, Schwingungen und Bildekräfte sowie für die Strömungen des Energiefeldes um die Erde.

Der Stein wurde nicht willkürlich als Baumaterial verwendet, sondern eine bestimmte Art von Gestein wurde oft aus entfernten Gegenden herbeigeschafft, weil seine besondere Qualität für einen ausgewählten Ort und eine spezifische Konstruktion passend war, die mit der besonderen terrestrischen und kosmischen Qualität des Ortes übereinstimmte und zu dessen »Maß« und Wirkung beitrug, d.h. zu seiner Ordnung.

Darüber hinaus diente der Stein als Instrument zur Erfassung von Schwingungen, aus denen sich die spezifischen Maße des Ortes ableiten ließen, sie wurden auf die Gestaltung der geomantischen Anlage und seiner Bauwerke übertragen. Da diese »Maße« sich durch die Präzession der Erde im Verlauf von Jahrhunderten veränderten, mußten Sonnen- und Mondstände genau beobachtet werden. Dem gewaltigen Steinkreis von Stonehenge in Südengland konnte die Forschung viele Geheimnisse entlocken. Stonehenge ist – unter anderem – eine gigantische »kosmische Uhr«, die über 1500 Jahre immer wieder umgebaut wurde, um die Anlage präzise den terrestrischen und kosmischen Veränderungen anzupassen.

Pendel und Beile zur Vermessung

Aus den Relikten der megalithischen Bauwerke und Anlagen und aus der Wissenschaft, die von den Eingeweihten der Alten Welt dort praktiziert wurde, können wir also den Schluß ziehen, daß sie gigantische Naturkräfte fast ausschließlich *mit Hilfe von Steinen* kontrolliert haben.

Die Baumeister/innen der Alten Welt errichteten ihre Bauwerke nach den Gesetzen der Heiligen Geometrie und unter Verwendung genau ausgewählter Gesteinsarten, die aufgrund ihrer chemischen und molekularen Zusammensetzung zum perfekten »Einsatz« der Gebäude beitrugen. Sie wurden in symmetrische und energetische Resonanz zu den Breiten- und Längengraden der Erde sowie zu den Planeten und Sternen gebracht.

Unsere Vorfahren hatten darüber hinaus entsprechende »Werkzeuge« entwickelt, unter deren Zuhilfenahme sie die entsprechenden Schwingungen und Frequenzen wahrnehmen konnten, wie eine Vielzahl von »Steinwerkzeugen« sehr unterschiedlicher Gesteinsarten bezeugen. Auch die in den Steinen enthaltenen Metalle und chemischen Substanzen spielten hierbei eine Rolle. In den Jahrtausende alten Stätten und Gräbern der Vorzeit wurden diese Werkzeuge zu Tausenden als Pendel gefunden, aber nicht als solche erkannt, weil man dachte, sie wären aufgrund der feinen Durchlochung Teile von Halsketten. Zu diesen Werkzeugen gehörten auch die über ganz Europa verteilten kleineren oder größeren Axtklingen oder Beile.

Die steinzeitlichen Pendel oder kleinen Beile sind aus einer bestimmten Gesteinsart hergestellt. Peridot, Olivin, Serpentin und Steatit gehören alle zu der gleichen »Gesteins-Familie«. Das Pendel wurde von den Baumeister/innen der Vorzeit zur Planung, Vermessung und Berechnung ihrer Steinsetzungen, Tempel und Pyramiden genutzt. In Ägypten nannte man dieses Instrument »merkhet« oder *Instrument des Wissens*. Darum waren diese Kleinodien ungeheuer wertvoll.

Durch den Einsatz des Pendels, hellsichtiger Wahrnehmung von Schwingungen und unter Zuhilfenahme von Kristallen und Gold wurde z.B. das »Heilige Maß« der megalithischen Elle bestimmt = 0,829 Meter. Dieses Maß ist auf die Schwingung von weißem Licht (Sonne) aufgebaut. Später, nachdem Metalle in Gebrauch kamen, wurden weitere Maße eingeführt, die sich aus der Anwendung der Peridot-Pendel ergaben, zusammen mit den kleinen Beilen aus unterschiedlichen Metallen, d.h. jedes Metall führt eine andere Farbe des Regenbogen-Spektrums herbei, basierend auf der Schwingungsfrequenz des Lichtes.

Peridot mit Silber (Mond) ergibt z.B. das Maß von 1 Meter und schwingt bei der Farbe Rot. Peridot mit Kupfer (Venus) ergibt die Proportion des »Goldenen Schnittes«. Peridot und die Schwingung von fließendem Wasser ergibt 3,14 Meter oder π (Pi), Peridot mit stehendem, stillem Wasser ergibt 31,41 Meter oder (Pi) x 10.

Das heilige Beil – die Belehrung des Druiden

Vor vielen Jahren, während meiner Besuche und Ausarbeitungen über die Tempelstädte in Mexiko und Ägypten, fielen mir – damals noch rätselhaft erscheinende – geometrische Systeme, sich wiederholende Zahlenwerte, Entfernungen und Raummaße auf, die aber von Ort zu Ort variierten. Genauso irritiert haben mich die Stätten in Frankreich, Großbritannien und Irland. Die Gebiete rund um die geheimnisvollen Stätten sind so weitläufig, daß man Stunden unterwegs ist und ich mich gefragt habe, mit welchen Instrumenten diese genialen Vermesser da am Werke waren.

Was war mit dem »Goldenen Pfeil« gemeint, den die Druiden besaßen und mit dessen Hilfe sie der Legende nach über das Land fliegen konnten? Oder hatten sie, wie die Chinesen, eine Art Geomanten-Kompaß, um ihre Bauplätze zu bestimmen und zu vermessen? Aber ein Pfeil ist kein Kompaß. Ich kam damals zu der Meinung, daß dies mit unseren herkömmlichen, dreidimensionalen Methoden nicht zu ergründen sei und habe mir aus tiefstem Herzen gewünscht, daß mir etwas oder jemand begegnen möge, der mir annähernd ein Verständnis vermitteln kann. Mein Wunsch ging in Erfüllung, allerdings ganz anders als ich es mir hätte vorstellen können.

Jahre später führt mich ein Sonntagsspaziergang mit gleichgesinnten Freunden zu einem Platz im Vogelsberg/Wetterau-Gebiet, zum »Gestühl der wilden Frau« auf dem Hohenberg. Dort sollten nach der Ortslegende altertümliche Steine in einem Steinkreis herumliegen und der Sage nach »die wilde Frau« umgehen. Wir erreichen auf einem vorgeschichtlichen Weg, der heimatkundlich bekannt und beurkundet ist, eine kleine Lichtung im Wald und betrachten das »Gestühl«: drei nebeneinander angeordnete Sitzkuhlen in einem flachen Basaltstein, dahinter ein kleiner Erdhügel. Es scheint eine ehemals kreisförmig gestaltete Anlage gewesen zu sein, von der nur ganz wenige Steine sichtbar sind. Als ich auf den Erdhügel steige und die Augen schließe, bin ich im wahrsten Sinne des Wortes elektrisiert, und der Ort beginnt sich mitzuteilen:

»Dieser Platz ist uralt – Fruchtbarkeitsrituale aus megalithischer Zeit – der Ort ist irritiert von Mißbrauch, von zu unterschiedlichen Zeiten unsachgemäßer Nutzung seiner ursprünglichen Bedeutung – vernachlässigt, verwahrlost, unerkannt, übergangen – aber zeitlos.« In meiner Begleitung ist eine hervorragende Rutengängerin, die mir sogleich bestätigt, daß der Platz sehr negativ belastet ist.

Ich wende mich dem Weg nach Norden zu, zunächst bleibe ich auf dem prähistorischen Pfad, der mich zu einem kleinen »Heiligen Hain« führt, einer alten zentralen Kultstätte, die dann bei näherer Untersuchung – fast unter dem Bewuchs – einige Mauerreste und Steinsetzungen jüngerer Zeit aufweist, sie haben aber keine große Bedeutung.

Erst bei weiterem Suchen erkenne ich einige größere, kaum noch aus dem Boden hervorkommende Steine. Der Pfad weist typische Energieschwellen im gleichen Abstand auf, die mir in den Kniegelenken als Widerstand spürbar werden. Der Weg führt mich auf eine kleine Lichtung, von der aus sich der Wald öffnet und, für den Ortsunkundigen überraschend, ein weiter Ausblick über die ganze Gegend möglich wird. Ich nehme in meinem Inneren das Bild eines Wohnsitzes von erhabener Bedeutung aus der Vorzeit auf. Ich grübele darüber nach, ob die Energieschwellen auf dem hierher führenden Weg ausgereicht haben, diesen Wohnsitz vor Unbefugten zu schützen. Offenbar taten sie das, und darüber hinaus hatte der Platz in alter Zeit einen ungewöhnlichen Energielevel.

Ich beende diese Betrachtung und kann in der Landschaft einige Korrespondenz-Punkte ausmachen, die über Energielinien mit der Anhöhe, auf der ich stehe, verbunden sind. Eine Struktur darin läßt sich jedoch nicht erkennen. Ich gehe durch den Wald zurück; es ist genau 12 Uhr mittags und ein gut bekanntes Gefühl sagt mir, daß ich zu einem günstigen Zeitpunkt hier bin, um mich tiefer auf diesen Ort einzulassen.

Ich nehme auf dem »Gestühl« Platz und schließe die Augen. In mein Bewußtsein treten Informationen über das Alter der Anlage, wobei es sich um zwei Zeitbereiche handelt – einmal sehr, sehr alt, etwa 3.000 vor unsere Zeitrechnung – und danach ein Zeitraum um die Zeitenwende.

Meine inneren Bilder vermitteln mir den Ort mit einer weiten Öffnung in den Kosmos, in der besonders der volle Mond hervortritt. In einer sanften, angenehm warmen, klaren Nacht sehe ich hell und strahlend die Kraft des Vollmondes auf diesen Ort gelenkt und nehme hier vielfältige Aktivitäten von Menschen wahr. Diese Nacht ist in der ihr eigenen Energie unerhört lebendig und von besonderer Qualität. Das Bewußtsein der Menschen ist dabei konzentriert, ruhig, achtsam: Sie wissen was sie tun; ein notwendiger jedoch gleichzeitig ein sakraler Akt, der mit Zielstrebigkeit, Vernunft und Ehrung durchgeführt wird, keineswegs in devoter Haltung.

Vor mir – etwa drei bis vier Meter von mir entfernt – manifestiert sich daraufhin eine ausdrucksvolle männliche Gestalt. Der Astralkörper erscheint mir sehr fest, sein Energiefeld hat eine enorme Ausstrahlung. Auffallend sind nicht nur Kraft und Größe dieses Mannes, sondern seine außergewöhnliche Schönheit und Erhabenheit. Er erscheint mir alt aber gleichzeitig vital und jugendlich, er gibt sich als Druide zu erkennen.

Er ist vollkommen ausgerichtet auf mein Bewußtsein und auf meine Aufnahmefähigkeit, dabei liebenswürdig und gleichzeitig von ruhigem Ernst; ein Lehrer, der sich in äußerster Klarheit und mit vollkommenem Wissen um diese Situation mitteilen wird. Er begrüßt mich und tauscht ein paar fast humorvolle Worte der Einlassung mit mir aus. Ich habe in dieser Begegnung ein Gefühl von besonderer Qualität und spüre, wie sich mein Energiefeld ausdehnt.

Er zeigt mir einen Gegenstand, den er in der Hand hält. Es ist ein rotkupfer-glänzendes Beil. Daran befestigt ist ein etwa $^1/_2$ cm dickes Seil, das aus mehreren goldenen, silbernen und rotkupferfarbenen Fäden zu einem kunstvollen, schmiegsamen Strang gedreht oder geflochten erscheint. Er erklärt, daß diese verschiedenen Schnüre energetische Leiter sind, die jeweils mit einer anderen Frequenz korrespondieren und in einer entsprechenden Auswahl und Zusammensetzung als gewundenes Seil wirksam werden. In dieses Seil seien außerdem organische Schnüre, etwa Hanf, eingeflochten. Man kann verschiedene Beile aus unterschiedlichen Metallen oder auch hochempfindlichen Gesteinsarten herstellen, je nach deren Bestimmung für besondere Tätigkeiten oder Erfordernisse.

Er zeigt mir eine besondere Gravur auf der Beilklinge, die einen Code zu ihrer Verwendung darstellt. Spezialisten können an diesem Code genau erkennen, welchem Zweck ein Beil dient. Der Code ist jedoch gleichzeitig eine Information für das Beil selbst, so als ob ihm eingeprägt wäre, wie und wofür es zu funktionieren habe.

Aus diesen Codes, sagt er mir, seien teilweise die alten – später als heilig erklärten und verehrten – Zeichen entstanden, und ich solle über Runen nachdenken, denen wir hauptsächlich eine Bedeutung als Schrift zugewiesen hätten. Sie haben aber neben dem Ausdruck von Verhaltensmerkmalen, Bewußtsein und Bestimmung etwas mit Zeitqualität zu tun.

Er lenkt meine Aufmerksamkeit auf das Beil und erklärt, über Rituale bei erweitertem Bewußtsein könne das jeweilige Metall oder Gestein des Beiles mit Schwingungen und Informationen aufgeladen werden, die in der Hand des Unkundigen zu negativen Erfahrungen führen, weil eine Schädigung des Nervensystems die Folge ist. Diese Maßnahme sei auch zum Schutz vor Mißbrauch gedacht. Für den Kundigen ist das Beil jedoch ein Instrument auch für Heilarbeit am Körper des Menschen. Er demonstriert in einer kurzen Geste, das Beil am Bandelier haltend, wie es vom Wurzelchakra aus an der Wirbelsäule nach oben geführt wird.

Dann erhebt er beide Arme, beginnt sich zu drehen und wirft die Axt von sich; indem er Seil nachgibt, fliegt diese etwa in Hüft- bis Taillenhöhe um seinen Körper herum. Die Rotation der Axt ergibt einen summenden Ton, den ich nicht einordnen kann, ein mir völlig fremdes Geräusch. Dabei erkenne ich, daß er die Töne aufnimmt, ... ja, als ob er aus den Tönen eine Information heraushören würde.

Er erklärt mir, daß dieser Vorgang nötig sei, um bestimmte Schwingungsfrequenzen im Äther zu bestimmen, und auch dazu, um einen Ort wie diesen anzulegen, der wiederum eine Auswirkung hat auf die Sphären der Planeten, die untereinander im Einklang sein sollten, es aber nicht immer sind. Diese kosmischen Unstimmigkeiten nehmen auf das Energiefeld der Erde Einfluß und lassen sich auf diese Weise bestimmen. Aus der Handhabung einer solchen Axt ergeben sich Maße, Entfernungen, Himmelsrichtungen sowie die Größenordnung für Steine, die für einen Steinkreis wie diesen angemessen sind. Insbesondere spielt die Art des Gesteines bei der Planung einer Gesamtanlage für einen Ort eine wichtige Rolle.

Die Konzentration von Energie an einem bestimmten Platz muß auch entsprechend den Jahreszeiten gelenkt werden, so daß ein hoher Energiefluß zur rechten (Jahres-)Zeit zur Fruchtbarwerdung genutzt werden kann und nicht unkontrolliert die Erde bzw. das Wachstum beeinflußt. Der Mond hat einen Gesamtzyklus von 18,6 Jahren, der dabei zu berücksichtigen ist.

Er gibt mir jetzt ein Bild der Sonne, die vor mir erscheint wie ein pulsierender Energiekörper, der wiederum mit anderen Energiequellen und -feldern im Kosmos verbunden ist – eine gigantische feinstoffliche Struktur, die offenbar einer größeren Gesetzmäßigkeit folgt.

Ich frage, was wir für den Ort tun können, warum wir gekommen sind, an diesem Tag, zu dieser Stunde, zu der wir ihm begegnet sind. Er gibt mir zu verstehen, daß mit unserem Kommen und Hiersein in der Verbindung zu ihm bereits alles »getan« sei, wie wir sogleich feststellen würden. Damit verabschiedet er sich achtungsvoll, in einer »Bescheidenheit von Größe« und entschwindet meiner Wahrnehmung.

In der Tat! Dort wo er stand, läßt er ein strahlendes Energiefeld zurück. Es ist genau der Ort, an dem vorher eine sehr belastete, negative, abladende Strahlung gemessen wurde. Wir messen diesen Punkt erneut und erhalten einen völlig umgekehrten – positiven – Wert!

Ein halbes Jahr später besuchte ich erstmals das National Museum in Dublin. Abgesehen davon, daß es die schönsten und wertvollsten Schätze aus der Keltenzeit beherbergt, ist dort eine Sammlung heiliger Beile erwähnenswert, die ich nie vorher in diesen Ausführungen gesehen hatte; einige waren versehen mit Gravuren, die dem ähnlich waren, was der Druide einen »Code« genannt hatte.

Die heiligen Beile

Die »Axt« der Veleda

Auch die Bedeutung einer Veleda bis in die geschichtliche Ära der Germanen hat ihre tiefsten Wurzeln in der Vorzeit. Im Veleda-Turm bei Kohlstädt hat man bei Ausgrabungen neben einem Skelett eine Axt aus der römischen Kaiserzeit gefunden, deren Merkmale jedoch auf eine Anfertigung in Germanien schließen lassen. Hier taucht offensichtlich eines der Heiligen Beile auf, ein Relikt, das nach seiner Beschreibung »... ohne Querloch, Tülle und Längsloch« auf die Megalithzeit zurückgeht, ganz ursprünglich aber auf die *Heilige Labrys* der Großen Göttin. Die Heilige Labrys gehörte nicht nur zu den Insignien der Großen Göttin, sie war auch ein außergewöhnliches Meßinstrument.

In der germanischen Sage ist es der Hammer des Gottes Thor, der einst der Göttin gehörte. Freyja wird mehrmals von Riesen zum Weibe begehrt,

Das Beil der Großen Mutter am Felsen der Externsteine

und nur dem Dazwischentreten Thors ist es zu danken, daß sie den Göttern erhalten bleibt. So hatte der Riese Thrym die Göttin geraubt und verlangte als Gegenleistung für ihre Herausgabe den »Hammer«. Thrym war der Baumeister der Riesen, der den Göttern eine Burg zu bauen versprochen hatte, als Lohn bedang er sich Freya zum Weibe, dazu Sonne und Mond.

Heilige Beile tauchten schon viel früher in den Hochburgen der Megalithiker auf, z. B. in der Bretagne im Westen Frankreichs. In einigen Dolmen wurden ganze Sammlungen von Beilen gefunden, die Archäologen nannten diese Funde daher »Beil-Bestattungen«.

Auch die sog. »Petrusfigur« an den Externsteinen, eine der ältesten noch erkennbaren Skulpturen neben dem Eingang in die Kammern des Felsen 1, trägt einen Gegenstand in der Hand, der an ein Beil erinnert. Diese Figur ist rätselhaft, weil sie mit Sicherheit mehrere, jeweils zeitgenössische Bearbeitungen erfahren hat. Doch warum die Christen darin eine Petrusfigur sehen können, ist noch rätselhafter.

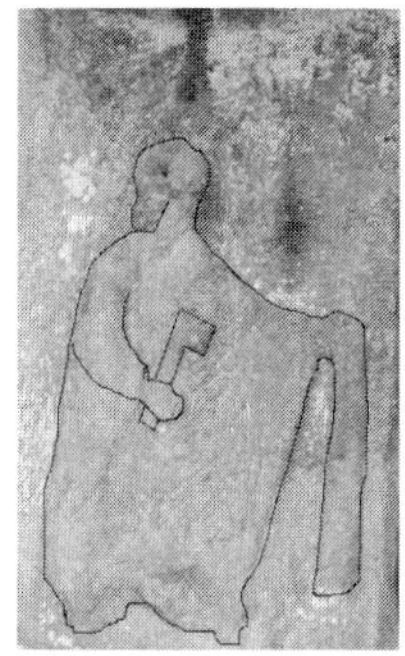

Petrusfigur

Energietechnik der Alten Welt

Daß die Verehrung der Großen Göttin ein innerer Bestandteil der Megalithkultur Europas war, zeigt sich am Auftauchen ihrer Symbolik und in der Gestalt von Hünen-Säulen und anderen Formen.

E. O. James

Was hat die Epoche der Großen Göttin mit Energietechnik der Alten Welt zu tun? Gewiß nicht nur, daß sie in diesen Zeitraum fällt, sondern ganz einfach deshalb, weil beides im Verständnis des Menschen der Frühzeit zusammengehörte. Die große GAIA und alles, was auf ihr lebte, auch der Mensch, bildeten eine Einheit und empfanden sich als Ausdruck der Schöpfung.

Der allgewaltige Geist der Schöpfung wurde durch die Göttin verkörpert, sie war Kosmos und Erde, Natur, Fruchtbarkeit und Leben. Alles Leben hatte in dieser großen Einheit seine Berechtigung und seinen Platz, aber auch eine Zuständigkeit und Aufgabe innerhalb der größeren Ordnung. Daher wurde die Göttin nicht nur kultisch verehrt, sondern der Mensch fühlte sich aufgefordert, in diesem Sinne zu handeln und für das allgemeine Wohl im irdischen Bereich Sorge zu tragen. Die Menschen der Megalithzeit müssen einen Grund gehabt haben, sich in einem davor nicht gekannten Ausmaß dem Gleichgewicht des Planeten Erde zuzuwenden. Möglicherweise war es durch eine kosmische Veränderung gestört, die eine oder mehrere Sintfluten herbeiführte.

Die Einrichtungen der großen Kraftorte leitete eine technische Entwicklung ein, die, über globale Erfordernisse hinaus, den Menschen in die Lage versetzte, durch den Einsatz von Gesteinen irdische und kosmische Kräfte zu nutzen, wozu außerordentliche naturwissenschaftliche Kenntnisse erforderlich waren.

Oft ist das Allerheiligste an den alten Kraftplätzen ein besonderer Felsen, dazu eine im Felsen liegende natürliche Höhle, manchmal wurde sie aus dem Felsen gehauen oder gebrannt, oder es ist eine von mächtigen Steinen eingefaßte Kammer. Eines der typischsten Beispiele dafür sind die Einrichtungen des Felsens 1 der Externsteine. Da hier das Gesamtbild ihrer einstigen Bedeutung verlorenging, sei es erlaubt, ein anderes Beispiel heranzuziehen.

Der Tempelberg in Jerusalem ist nach alter Tradition eines der heiligsten Zentren der Erde, eine Stätte, an der das wichtigste Heiligtum der drei großen Religionen liegt. Eine ähnliche Bedeutung hatten die Externsteine in der Vorzeit für den Norden Europas.

Seinen Namen leitet der Felsendom auf dem Tempelberg von jenem großen Felsen ab, der – im Inneren der Moschee nach wie vor sichtbar – Jerusalems Ruf als Heilige Stadt begründete. Dieser Fels ist jener »Berg Moria«, auf dem Abraham die Opferung seines Sohnes Isaak vorbereitet haben soll, und wo – 1.000 Jahre v. Chr. – König Salomon den ersten Tempel erbauen ließ. Von diesem »Großen Fels« soll der Prophet Mohammed in den Himmel gefahren sein. Die Weisen aller drei Religionen betrachteten den Felsen als »Schauplatz der letzten Dinge«.

Der Tempelberg barg schon in alter Zeit ein großes Geheimnis, das in alten Schriftquellen angedeutet wird. Die Juden glaubten, daß alle »Wasser unter der Erde« unter dem Tempelberg zusammenflossen und daß es lebenswichtig war, *diese große Kraft* zu kontrollieren – einerseits mußte es genug *Strömung* geben, um Wachstum in der Natur zu gewährleisten, aber andererseits durfte es nicht so viel geben, daß eine Naturkatastrophe oder eine zweite Sintflut dabei herauskam. Die Begriffe »Wasser« und »Strömung« sind in dieser alten Überlieferung doppelsinnig. Wenn es nicht grundsätzlich eine Ungenauigkeit durch die Übersetzung für »die große Kraft« ist, können sich diese Begriffe sowohl auf unterirdische Wasserkreuzungen als auch auf »Strom« bzw. den unterirdischen »Energiefluß« beziehen. Die Erwähnung »einer zweiten Sintflut«, die man durch die Lenkung der in der Tiefe der Erde vorkommenden Strömungen vermeiden wollte, läßt darauf schließen, daß man die Ursachen für eine Naturkatastrophe gigantischen Ausmaßes kannte.

Der Tempel Salomos sollte, nach den Worten der Bibel, »... aus behauenen Steinen errichtet werden. Die Steine, die entwickelten Persönlichkeiten, sollen sich derart ineinanderfügen, daß sie ohne weitere Hilfsmittel Verbindung halten.« Demnach war eine möglichst dichte Zusammenfügung der Steine von Bedeutung, um eine »heilige Kammer« zu errichten. Auf der ganzen Welt versetzen uns gewaltige Bauwerke aus alter Zeit in größtes Erstaunen, bei denen gigantische Felsblöcke ohne Hilfsmittel aneinandergefügt wurden, nicht zuletzt die Pyramiden in Ägypten. Dort, wo keine natürlichen Felsen zur Verfügung standen, wurden offenbar »ersatzweise» Steine zu mächtigen Bauten zusammengefügt, und sie enthalten alle eine Kammer.

Das Allerheiligste im Inneren von Salomos Tempel wurde über dem heiligen großen Felsen plaziert. Es formte eine Kammer als perfekten Würfel, ein Symbol der Vollkommenheit, und war der Platz für die Bundeslade: »... das Heim des Gottes« (1. Könige 6,20).

Der Tempelbereich war geschützt und umgeben von einer hohen Steinbalustrade. Noch bei dem dritten, an der gleichen Stelle errichteten Tempel zu Jesus Zeiten, war der Tempel von zwei ummauerten Innenhöfen umgeben. Schon die jüdischen Geschichtsschreiber hoben die an den Mauern in regelmäßigen Abständen angebrachten Tafeln hervor, manche in griechischer, andere in lateinischer Schrift, die aussagten, daß kein Fremder den heiligen Ort betreten durfte, ohne dem Tod zu verfallen. Die Tafeln wurden vor einigen Jahren bei Grabungen gefunden. Warum war der Ort so gefährlich, und was war das große Geheimnis um den Felsen?

Nimmt man den Standort des Tempels auf dem Großen Felsen in Jerusalem und darüber hinaus die Tatsache ernst, daß dort auch noch die Bundeslade stand, kann man sich vorstellen, welches Energiepotential den Ort für »Nicht-Eingeweihte« so gefährlich machte. Die Bundeslade wird für ein »Gerät« gehalten, das mit einer hochenergetischen Strahlungsquelle gleichzusetzen ist. Die Bibel berichtet, daß Salomos Vater, König David, die Bundeslade nach Jerusalem habe bringen lassen. Die Bibel berichtet auch, auf welch langem Weg die Bundeslade getragen wurde und welche Vorsichtsmaßnahmen dabei getroffen werden mußten.

Darüber, wie wichtig der König bei der Kontrolle dieser ungeheuren Kräfte war, gibt es viele Berichte in der Kulturgeschichte der Alten Welt, auch darüber, daß der König ein Eingeweihter oder »Erleuchteter« war, der die Macht hatte, diese Kräfte zu beherrschen. Er war zugleich der Hohepriester, der in der Lage war, das Allerheiligste zu betreten. Er und einige wenige Priester waren unter Umständen die einzig Befähigten des Volkes, deren Körper und Bewußtsein, angepaßt an die höchsten Schwingungsfrequenzen, den als heilig angesehenen Ort ausgehalten haben. König Salomo war einer der Eingeweihten der Alten Welt, sein Vater David nicht, ihm hatte Gott nicht erlaubt, den Tempel zu bauen.

Erdströme und Kräfte aus dem Kosmos

Wenn an besonderen Orten ein mächtiger Energiefluß aus der Erde tritt, liegen diese über einer oder mehreren tiefen Bruchstellen auf einer Verwerfung (Risse) im Tiefengestein, in dem sich Wasseradern kreuzen. Oft treten an den darüberliegenden Felsen Gase oder mineralische Dämpfe aus, die zu einer Veränderung des menschlichen Bewußtseins beitragen, weshalb sie nicht nur von Propheten und Seherinnen bevorzugt wurden, sondern von jedem Menschen als ein Ort der »religio«, einer intensiven Gottesnähe verspürt wurden.

Auf einigen mittelalterlichen Karten sind die gewaltigen Ströme der unterirdischen Energieflüsse für ganze Kontinente dargestellt, bei manchen Karten nur für größere Landschaftsbereiche. Diese Karten waren meist in den Händen geheimer Orden und wurden eifersüchtig gehütet. Man sagt, daß einige davon von den Templern angefertigt wurden, nachdem sie aus dem Heiligen Land zurückgekehrt waren.

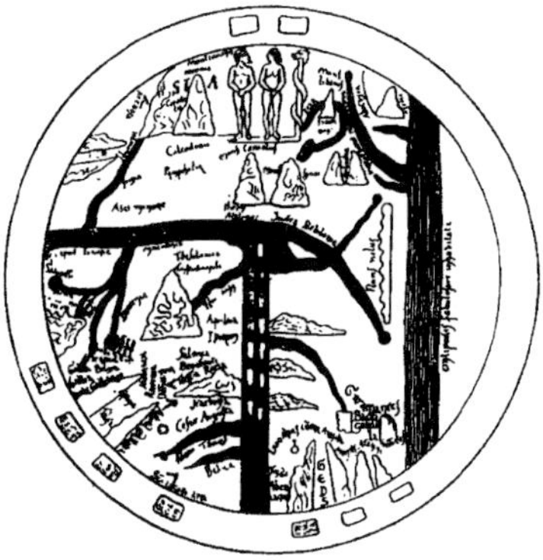

Kartografierte Erdströme

Kein Geringerer als Athanasius Kircher, der in Paderborn, ganz in der Nähe der Externsteine studiert hatte, hinterließ in einer seiner naturwissenschaftlichen Darstellungen ein eindrucksvolles Dokument über das Wissen um den Verlauf von Erdströmungen tief in der Erde.

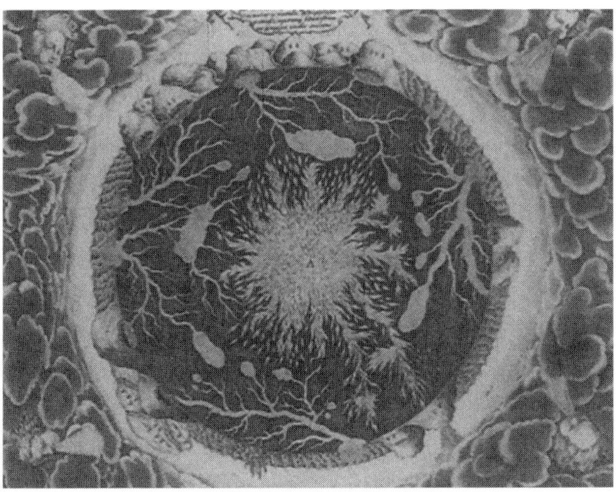

Athanasius Kircher, *Mundus subterreaneus*

Für die frühen Kulturen war die ganze Erde lebendig, ihr Körper war durchzogen von Meridianlinien voll körperlicher Energie. Zwischen den Kraftzentren auf der Erde wurden Pfade markiert, bekannt als

»Sternen-Straßen«, »Licht- und Hellwege« oder »Ley-lines«. Viele der auf ihnen angelegten »Alignements« sind noch heute erhalten. Bis heute überliefert ist das Wissen der australischen Ureinwohner um die Traumpfade und ihre geheiligten Orte, das aus der Wahrnehmung des Menschen dieser lebendigen Strömungen im Inneren der Erde entstanden ist. Sie kennen diese Linien und zeichnen sie in den Sand und an die Felsen ihrer Heiligtümer. Zu manchen Zeiten ziehen sie auf den langen Märschen ihrer »walk-abouts« singend die heiligen Wege entlang, um die Erdkräfte zu rufen, um mit dem Planeten in »Ein-klang« zu kommen und um an den spektakulären Felsenheiligtümern Dank zu sagen. Dies war seit Urzeiten Ausdruck tiefster, ursprünglichster Verbundenheit mit der Mutter Erde und setzte sich fort in den Umzügen der Kelten und Griechen auf der Heiligen Straße zu ihren Heiligtümern, und nichts anderes hat die Germanen von Paderborn zum Osning geführt.

Verständlich ist, daß in der genauen Ortslage bestimmter Felsen auf diesen Erdströmungen Unterschiede begründet sind, und nicht alle diese Orte nehmen ihre Kräfte aus einem einzigen Felsen und der darunterliegenden Struktur. Bei manchen Kraftorten wurden mehrere zusammenwirkende Teilbereiche miteinander verbunden, um genügend Kräfte für ein sich über viele Kilometer erstreckendes Gebiet zusammenzufassen.

Bestimmte Hügelkuppen wurden von Menhiren gekrönt und mit anderen in der Landschaft verteilten Steinsetzungen energetisch verbunden. In einigen Gegenden der Erde, insbesondere in den wilden, steilen, felsigen Landesteilen, fließt die Erdkraft schneller und ist manchmal gewalttätiger Natur. Will man die Landschaft bewohnbar und fruchtbar machen, so muß eine derart jähe Energie gezähmt und in ruhiger dahinfließende Kanäle gelenkt werden. So verlangsamen und zähmen Steinsetzungen den in Berggegenden herabstürzenden Energiefluß. In flachen, ausdrucksarmen Landstrichen fließt die Energie zu träge, manchmal bleibt sie sogar stehen und muß durch Wasserwege oder durch lange, gerade Flurlinien (ley-lines, alignements) wieder in Bewegung gesetzt werden.

Aufgeladen wurden die Steine an Kraftorten zusätzlich durch kosmische Kräfte. Wahrscheinlich war daher die Polarisierung des Mondlichtes sowie des Sonneneinfalles zu bestimmten Zeitpunkten (z.B. der Sommer- und Winter-Sonnwende) so wichtig. Die gesamte astronomische Wissenschaft, mit all ihren an so vielen der alten Orte verblüffend präzisen Deklinationen, sowohl für die Wandelsterne des Sonnensystems als auch für andere Himmelskörper, hatte eine unerhört große Bedeutung. Betrachtet man die technisch raffinierten Einrichtungen von Stonehenge, Avebury, Newgrange, Carnac sowie das ganze Pyramidensystem in Ägypten, dann drängt sich die Erkenntnis einfach auf, daß es um mehr als nur Himmelsbeobachtungen ging. Eine derart komplizierte und aufwendige Technik ist nicht notwendig, um nur Astronomie zu betreiben.

Seit einigen Jahren laufen in mehreren Teilen der Erde enorme Forschungsprojekte, um den geheimnisvollen Neutrinos auf die Spur zu kommen. Dabei geht es nicht um die bisher bekannten von der Sonne erzeugten Neutrinos, sondern um solche, die aus dem Herzen unserer Galaxie und von anderen entfernten Galaxien kommen. Die letzteren sind hundert Mal energiereicher als die Sonnen-Neutrinos und haben eine neutrale Energie. Die meisten dieser Neutrinos durchkreuzen unseren Planeten, indem sie an der einen Seite der Erdkugel eingehen und auf der anderen Seite austreten. Ich halte es für sehr wahrscheinlich, daß diese Neutrinos in vergangenen Zeiten eingefangen wurden und genauso zur »steinzeitlichen Energietechnik« beitrugen wie andere kosmische Strahlungsquellen.

Nicht zu übersehende Hinweise darauf fallen am Walberla und im so harmlos benannten »Druidenhain« in der Fränkischen Schweiz (Weidmannsgesees, in der Nähe von Ebermannstadt) auf. Man wagt kaum, das wahrscheinliche Alter von 37.000 Jahren hinzunehmen, wobei die Verlagerungen nicht zu übersehender astronomischer Deklinationen in diesen Zeitraum führen. Eigenartige Phänomene in der Gegend wie Zeitverschiebungen in der Wahrnehmung oder Steine, die den Berg hinaufrollen, sowie ungewöhnliche Lichterscheinungen haben dort eine ganze Reihe ernsthafter Menschen in unserer Zeit erlebt. Auch wenn man sich dabei »an den Kopf greift« und seinen eigenen Erfahrungen nicht traut, bestätigen diese Phänomene jahrhundertealte Sagen und Legenden vieler Orte.

Daß der Druidenhain am Walberla auf einen uralten Kraftort hinweist – welchen utopisch erscheinenden Alters er auch sein mag – ist unumstritten, er zeigt auch, daß diese Orte nicht vergessen, sondern über Jahrtausende im Gedächtnis bzw. in der Wahrnehmung nachfolgender Generationen blieben, um sie zu nutzen. Unsere Wissenschaft ist heute kaum in der Lage, diesen rätselhaften Dingen nachzugehen, auch deshalb, weil man aufgrund des Alters oder der Zerstörungen alter Anlagen kaum noch Anhaltspunkte findet, und vor allem, weil die kostbaren Symbole, Werkzeuge und z.B. Kristalle oder geschliffene, meist kunstvoll gravierte Quarzsteine nicht mehr vorhanden sind – und weil unser Wissen nicht ausreicht, um diese Technik zu verstehen.

Unser Sonnensystem ist ein lebendiges System, in dem nicht nur die Planeten ihre Aufgabe haben, sondern auch die sie umkreisenden Monde. Unser Mondlicht ist eigentlich Sonnenlicht, denn der Mond ist keine eigenständige Lichtquelle, doch er besteht aus Gestein, und in seinem Inneren befindet sich ein kompliziertes Übertragungssystem, das mit Strahlen arbeitet. Auffallend sind in diesem Zusammenhang die in Dolmen-Kammern eingebauten oder in Steinkreisen angelegten milch-weißen Quarzsteine, die mit dem Mond in Verbindung stehen und von ihrer astronomischen Ausrichtung her auf die Mondzyklen und teilweise auf eine Schnittstelle zwischen Mond- und Sonnen-Zyklus ausgerichtet sind.

Bei Messungen an Steinen mit Hilfe hochempfindlicher Magnetometer wurden bisher noch unerklärliche, allem Anschein nach willkürlich auftretende magnetische Schwankungen festgestellt, was dafür spricht, daß unbekannte kosmische Strahlungseffekte noch nicht eingeordnet werden können, seien es Abläufe im Energienetzwerk der Erde oder kosmische Strahlungen anderer Natur.

Unsere Heimatgalaxie, die Milchstraße, ist eine Spiral-Galaxie, deren Spiralarme sich um einen Mittelpunkt drehen und alle Sterne (= Sonnen) in einer Drehbewegung mitziehen. Der Veränderungs-Zyklus der Heliosphäre der 200 Milliarden Sonnen, auch unserer Sonne, wird durch die Rotation der Galaxie mitbestimmt und vom gesamten »galaktischen Internet« beeinflußt, welches wiederum gespeist wird von der Pulsation des »Herzens« – dem Mittelpunkt – unserer Galaxie. Dieses Zentrum besteht aus gigantischen Schwarzen und Weißen Löchern und ist umgeben von Sternengebieten unvorstellbarer Ausmaße, mit »Sonnen« kaum beschreiblicher Größe, die ein Energievolumen aussenden, das unsere Vorstellungen und unsere derzeitigen Methoden von Messungen überfordert.

Wenn wir glauben, daß es sich hierbei um ganz neue Erkenntnisse der Astrophysik handelt, werden wir enttäuscht. Die Einflüsse und das

Zusammenspiel dieser Kräfte kannten die Sumerer, Ägypter, Hebräer und die alten Völker Mittelamerikas, denn sie hatten Bezeichnungen und Namen für das galaktische Herz.

Wie wenig utopisch diese Behauptung ist, zeigt, daß die Mayas den zyklischen Ablauf der gesamten Galaxie in den Zahlenwerten ihres »Heiligen Kalenders«, dem TZOLKIN, ausgedrückt haben, bis zur daraus erfolgenden »Energiequalität« eines jeden Tages! Sie waren die »Meister der Maße und der Zeit«, und wer die Zeit kennt, weiß von Lichtgeschwindigkeit und von den Gesetzen der Schwerkraft. Die Zahlen ihrer Kalenderberechnungen gingen über die Glyphe *alau-tun* – das ist die phantastische Zahl von 23.040.000.000 Tagen, das sind 63.080.082 Jahre – hinaus. Diese Glyphen sind auf Stein-Stelen angebracht, die in ihren Tempelstätten stehen.

Der Bärenstein am Osning – Tumulus aus der Steinzeit?

Die Lenkung der irdischen Kräfte am Osning könnte im Zusammenhang mit dem in unmittelbarer Nähe gelegenen Bärenstein stehen. Sollte dies ein großangelegter »Mound« sein, ähnlich wie der Silbury Hill in unmittelbarer Nähe von Avebury oder wie der Tor-Hill in Glastonbury in Süd-England, so hätte man – vereinfacht ausgedrückt – an diesen Orten eine Art zusätzliches »Kraftwerk« zur Unterstützung und Modifizierung der Energien. Der Bärenstein wird für eine 250 m lange und etwa 20 m hohe künstlich geschaffene Formation gehalten, auf dem auffällige Steinsetzungen seit Jahrhunderten die Fantasie der Menschen beflügelt; in den Berg hineinführend, hat man vor einiger Zeit einen dolmenartigen Eingang entdeckt.

Bei meinem Aufenthalt in der Kuppelhöhle im Felsen 1 im Jahre 2004 waren sowohl – für mich seinerzeit nicht erklärbare – Turbulenzen zu spüren als auch im Inneren der Grotte an der Nordwestseite eindeutig eine in die Blickrichtung des Drachen (unter dem Kreuzabnahmerelief) fließende Kraft. Diese Energie war so vehement, daß es mich mehrmals »umdrehte«, so daß ich mit dem Gesicht vor der Wand zum See hin stand. Auf der anderen Seite des Sees müssen unter der Erde mächtige Steine liegen, entweder ein kleiner Felsen oder eine Gruppe von Steinen, welche die Drachenkraft weiter in nordwestliche Richtung zum Bärenstein lenken.

Da neben dem Felsen 1 heute ein Stausee angelegt ist, können dort keine gründlichen radiästhetischen Mutungen durchgeführt werden.

Der Flußlauf der Wiembeke führte früher entlang des alten, von Südwesten durch das Tal führenden Hellweges am Felsen 1 vorbei. Ob die damaligen Errichter des Stausees ihrem zeitgenössischen Geschmack oder anderen Erwägungen gefolgt sind, sei dahingestellt. Möglich ist alles. Keinesfalls will ich Spekulationen Auftrieb geben, nach denen »etwas« unter oder im See verborgen sein könnte. Andererseits weiß heute niemand, was sich am Felsen unterhalb des Wassers oder unter dem See verbirgt. Zumindest der unter Wasser liegende Fuß des Felsens scheint eine markante Formation aufzuweisen.

Manche sehen im Bärenstein einen Grabhügel, und es ist nicht ausgeschlossen, daß man dort Grablegungen finden wird, was bei vielen alten *mounds* und Dolmen der Fall war. Dies hat lange Zeit zu großen Irrtümern über das Alter der Anlagen geführt, weil man sie nach Grabbeigaben, Knochen oder Ascheresten datiert hat. Lange nach der Megalithzeit scheint es zunächst ein Privileg der Fürsten und Priester gewesen zu sein, in diesen *cairns*, die sie als heilige Orte wahrnahmen, bestattet zu werden. Später hat eine Sozialisierung dieser Stätten stattgefunden und das Gebiet wurde zur Nekropole und Ort der Ahnenverehrung. In diesem Sinne stellt auch das nahe am Osning gelegene Ostara-Heiligtum bei Oesterholz eine Besonderheit dar. Es ist, wie Uppsala und Newgrange, eine dreihügelige Anlage, die umgeben wird von einer ganzen Anzahl kleinerer Erdhügel.

In Newgrange wurde nachgewiesen, daß die alten *mounds* und *cairns* aus Schichtungen organischen und anorganischen Materials bestehen, die einen alternierenden positiven und negativen Effekt bewirken. Sie agieren nach dem Prinzip einer »kosmischen Batterie«, die alle natürlichen Energien nutzt, die sie von Erde, Sonne, Mond, Planeten und aus dem Kosmos

Der Silbury Hill

empfängt, um sich aufzuladen. Die Forschungen und Experimente von Wilhelm Reich waren bahnbrechend für derartige Erkenntnisse; heute sind sie in der Orgon-Technik in aller Munde.

Der Silbury Hill bei Avebury scheint ein bereits fortgeschrittenes Modell älterer *cairns* zu sein, zeigt aber das grundsätzliche Prinzip. Er ist mit 40 Metern Höhe ein seltenes, wenn nicht einmaliges, Exemplar einer kegelförmigen Stufenpyramide, die auf einem kleinen Erdhügel in zwei Phasen erbaut wurde. Zuerst wurde der Hügel mit Kreideblöcken und Verbindungsmauern vergrößert; in einer späteren Bauphase wurde er mit einem größeren Stufenhügel bedeckt, dessen wabenförmig angeordnete Kalkblöcke mit Kalkschutt gefüllt sind. Seine Oberfläche wurde mit Torf und Erde bedeckt. Bei meinen ersten Besuchen 1995/96 war der Silbury Hill noch zugänglich. Bereits beim Hinaufgehen veränderte sich die Wahrnehmung, ein anderes Erleben der Umgebung stellte sich ein, bei den meisten Personen der Gruppe trat sehr schnell ein ungewöhnliches inneres Erleben auf.

Die Energie der *cairns* fließt einmal im Uhrzeigersinn (rechts-drehend) auf der grünen, positiven Wellenlänge des Lichtspektrums und gleichzeitig gegen den Uhrzeigersinn (linksdrehend), auf einem abwärts führenden Weg. Die positive Energie auf einer so hohen Schwingungsebene beeinflußt und aktiviert beim Menschen das Gehirn und bringt *die magnetischen* Bereiche in Schwingung, die zur Erweiterung des Bewußtseins und der Wahrnehmungsfähigkeit sowie zu körperlicher Gesundung führen. Die negative, abwärtsfließende Energie aktiviert *elektrische* Impulse, die u. U. belastend wirken und zu psychischen Störungen und Krankheit führen können. Die alten Priester-Wissenschaftler/innen kannten diese Effekte genau. Sie wußten, daß zwischen diesen positiven und negativen Ladungen ein besonderer Strahl wie ein schmales Band von Energie mitläuft, das positive und negative Kräfte in vollkommenem Ausgleich miteinander vereint. Dem entspricht die Darstellung einer dreifachen Spirale. Schon vor vielen Jahren haben auch Physiker unserer Zeit festgestellt, daß zwischen positiven und negativen Strahlungen noch eine andere Energie entsteht, eine sogenannte »Semi-Sphäre«.

Einmal beeinflußt diese Energie die molekulare Struktur der menschlichen Zellen sowie die feinstofflichen Körper, auf einer sehr viel höheren

Wellenlänge zu schwingen, so daß im Körperlichen und Feinstofflichen gestörte Bereiche eine Heilung erfahren. Beim spirituellen Einsatz – auch bei ungeübten Personen – findet man sich auf einer höheren Bewußtseinsebene wieder. Es tritt eine erhöhte Wahrnehmungs- und Verständnisfähigkeit auf, die über den Intellekt nicht erreicht werden kann. Die tibetischen Geheimlehren sprechen davon, daß bei spirituell erfahrenen, geübten und »eingeweihten« Personen dabei Levitation eintreten und bei Personen mit einem höchst-spirituellen Bewußtsein die Dematerialisierung des physischen Körpers herbeigeführt werden kann.

Schwingungen – die Realität unseres Bewußt-Seins

Die Möglichkeiten, unseren Geist auf eine höhere Bewußtseinsebene zu bringen, haben mit unterschiedlichen Schwingungsfrequenzen zu tun. Das ist in der Bewußtseins- und Gehirnforschung durch Messungen wissenschaftlich nachgewiesen. Hier ein paar Erläuterungen zu höheren Schwingungen, die wir durch meditative Zustände oder durch den Aufenthalt an Kraftorten erreichen, und warum diese Stätten der Heilung dienen.

Die wichtigsten Frequenzen unseres Gehirns liegen im Bereich von 1 bis 30 Hz. In diesem Spektrum spielen sich die meisten unserer Gedanken, Gefühle und Empfindungen ab. Die verschiedenen Frequenzbereiche haben unterschiedliche Bedeutungen.

Betawellen (13 - 30 Hertz)

Bei Beta dominiert das normale Tagesbewußtsein, der Beta-Bereich bei 13 Hz steht für aktive Aufmerksamkeit bei hoher Konzentration. Wenn jedoch ein Bereich von 28 bis 30 Hz vorherrscht, deutet dies auf einen sehr angespannten, frustrierten, aggressions- und streßgeladenen Zustand hin. Im Bereich gegen 40 Hz ist der Mensch im Zustand der Panik, im Schock oder übermäßig gestreßt. Bleibt er für längere Zeit in diesem Zustand, bekommt er körperliche Schwierigkeiten. So entwickeln sich nervöse Erschöpfungszustände, Magen- und Darmprobleme, Kreislauf- und Schlafstörungen. Das Nervensystem ist überlastet, das Immunsystem geschwächt, was bis zum »burn out« führen kann, zu Depressionen bis hin zum psychischen Trauma.

Alphawellen (8 - 14 Hertz)
Im *Alpha-Zustand* können sich entspannte Konzentration und ruhiges, gelassenes Denken entfalten. Linke und rechte Gehirnhälften gleichen sich aus. Der Alpha-Zustand verbindet das Bewußtsein mit dem Unterbewußtsein, er ist das Ziel von Meditationsübungen, Autogenem Training und vielen anderen Methoden. Schon bei 14 Hz herrscht konzentriertes Denken vor. Es ist ein häufiges Mißverständnis, daß der Alpha-Zustand und Bereiche noch feinerer Gehirnschwingungen das folgerichtige Denken und Handeln und das Bewußtsein für die Umwelt ausschalten würden. Im Gegenteil: Kampfsportmeister trainieren diesen Entspannungszustand, um eine unglaubliche Reaktions- und Widerstandsfähigkeit zu erreichen und darüber hinaus körperliche Kräfte zu mobilisieren. Der Alpha-Zustand bei 8 Hz gewährt den Zugang zur »Wahrhaftigen Seele«, zum Höheren Bewußtsein. Hier erkennt der Mensch, daß er nicht nur ein körperliches Wesen ist, sondern hier kommt er an sein »schlummerndes« Potential heran.

Thetawellen (4 - 7 Hertz),
Nachts sollten wir uns möglichst vorwiegend im Theta-Zustand befinden. Er sorgt für erholsamen, traumlosen, tiefen Schlaf. (Häufig sind in unseren Wohnungen und Häusern durch störende Frequenzen nicht die Möglichkeiten gegeben.) In diesem Bereich regenerieren sich Körper, Geist und Seele umfassend. Der Theta-Bereich steht aber auch im Wachbewußtsein für tiefe Ruhe- und Meditationszustände. Der Theta-Frequenz entspricht ein Zustand, in dem Inspiration, Visualisierung, Tagträumen und Phantasie auf hohem geistigen Niveau stattfinden kann.

Deltawellen (1 - 3 Hertz)
Dem Delta-Bereich kommt nach neuesten Forschungsergebnissen eine wichtige Bedeutung zu. Er steht nicht nur, wie bisher vermutet, für die Tiefstschlaf-Phase, sondern in ihm sind alle geistig positiven kommunikativen, nonverbalen Interaktionsprozesse zu beobachten sowie verschiedene paranormale Phänomene wie mediale Kontakte sowie Fern-/Geistheilung. Auch tiefe Trance und Hypnose ereignen sich im Delta-Zustand.

***

Von »Schwingungen« sprachen vor etwa 60 Jahren erst wieder die Rutengänger und Radiästheten; die wurden zunächst gemieden und nicht ernst genommen. Und wer interessierte sich schon für Steine? Heute befassen sich im Zuge der Entwicklung des Energiezeitalters viele Wissenschaftler, Physiker, Ärzte, Heilpraktiker und Quereinsteiger mit allen möglichen Schwingungsarten, die durch Steine hervorgerufen werden. Das Wesen der Steine zu ergründen, die Faszination um Edelsteine, Heilsteine und Kristalle, beflügelt inzwischen mehr Menschen, als man annehmen würde. Nimmt man das Interesse an den Geheimnissen der »Kraftorte« dazu, hat man tatsächlich den Eindruck, daß wir in eine moderne »Steinzeit« hineinwachsen bzw. in einem Kristallzeitalter leben.

In den letzten Jahren wurden Meßgeräte entwickelt, mit denen Schwingungen und Strahlungen von Gesteinen sehr gut erfaßt werden können. Auffallend erhöhte radioaktive Strahlung von Steinen wurde an Steinkreisen, Menhiren und anderen Kraftorten festgestellt, die zum Eldorado der Stein- und Strahlungsforschung wurden. Die höchste Radioaktivität wird bei den sogenannten »Blue Stones« gemessen, einer Granitart, die reich an Uranablagerungen, einem überaus radioaktiven Material, ist. Steine geben auch Ultraschallwellen ab; dabei wird oft von antikem »Ultraschall« gesprochen.

Ansammlungen mehrerer großer Steine versetzten Versuchspersonen in einen Zustand gesteigerter Aufmerksamkeit und öffneten Dimensionen, die man nicht für möglich gehalten hätte. Der Gehirnforscher Günter Haffelder – Physiker und Psychologe, Leiter des Instituts für Kommunikation und Gehirnforschung in Stuttgart – untersuchte über einen Zeitraum von zwei Jahren mit ausgeklügelten Messungen, was dabei in unserem Denkorgan vor sich geht. Grundsätzlich wurde an allen Orten die Verstärkung von Gedanken und Gefühlen festgestellt:

Wer mit negativer Einstellung einen Ort betritt, erfährt eine Verstärkung von Ängsten und Spannungen; wer mit einem positiven Bild in den Ort hineingeht, steigert entsprechende Empfindungen, ebenso seine Wahrnehmungsfähigkeit und Lernbereitschaft.

Weitere Untersuchungen ergaben, daß unser Bewußtsein mit Steinanlagen interagieren kann. Beim Abschreiten der Steine durch bestimmte Verhaltensweisen, z.B. meditative Einstimmung, Körperdrehungen oder beim Einsatz von Tönen, konnte in den Sevennen/Südfrankreich an zwei Steinkreisen nachgewiesen werden, daß die steinzeitliche Anlage wieder »in Funktion versetzt« wurde. Differenzierte Messungen zeigten, daß die Resonanzfrequenzen des sakralen Systems wieder anfingen zu schwingen. Die ansässigen Bauern der Umgebung baten die Forscher, im nächsten Jahr wiederzukommen, da sich das Wetter verändert und eine reiche Ernte bewirkt hatte. Sind die Steine aktiviert, ergeben die Gehirn-Messungen bei allen Personen, die sich z. B. an einen bestimmten Stein anlehnen, das gleiche Gehirnwellenmuster.

Bedenkt man, wie lange nach ihrem Niedergang die Schwingungen der alten Stätten bis heute kraftvoll wirken, kann man sich vorstellen, welches Energiepotential sie hatten, als sie in voller Funktion gearbeitet haben.

Je intensiver uns also der Schwingungsbereich eines Kraftortes beeinflussen kann, um so höher wird unsere eigene Schwingung, und dies führt Heilung sowie eine erweiterte Wahrnehmungsfähigkeit herbei, durch die wir in andere Dimensionen des Geistes vordringen können. Daher haben die Druiden ihre berühmten Schulen und die geistlichen Orden ihre Klöster auf alten heiligen Stätten erbaut, Einrichtungen zur Heilung für Körper, Geist und Seele eingeschlossen.

Dazu kommt an manchen Kraftorten noch ein weiteres Phänomen. Über die bewußtseinsverändernden Drogen der Orakelpriester/innen und über ihre Orakelplätze hat man sich seit undenklichen Zeiten gewundert, diskutiert und herumgerätselt. Lange hat man geglaubt, daß der Dreifuß der Priesterinnen in Delphi über einer Felsspalte stand, der gewisse bewußtseinsverändernde Gase oder Dämpfe enthielt, welche die Person entrückt haben. Meistens wurden solche Tempelstätten mit der Drachen- oder Schlangenkraft in Verbindung gebracht. Das Symbol der Schlange oder einer Python ist vielfältig. Sie haust in einer Höhle oder in einem Erdspalt, wo sie von eingeweihten Personen gehütet wird. Es ist der mythische Drache im Schlund der Erde, der rätselhafte Kräfte entfesselt. Auf einem derartigen Felsspalt bzw. einer Art Höhle wurde der Tempel von Delphi errichtet. Das in Delphi ursprünglich der Erdgöttin Gaia geweihte Heiligtum wurde dem Mythos nach von Apollon erobert, der den Drachen Python tötete und als Apollon Pythios (Drachentöter) in die Geschichte einging.

Geologen aus USA sind der Sache mit einem ganz neuen Ansatz gefolgt, nämlich am Parnass, dem heiligen Gebirgszug, in dem das alte Delphi gelegen ist, einer Reihe von anderen Ortslegenden nachzugehen. Viele dieser Legenden berichten davon, daß auch in anderen Felsspalten unerklärliche Mächte regieren, auf die auch Tiere sehr merkwürdig reagieren. Der Parnass, wie auch andere Erhöhungen, sprich Akropolis, auf der viele Tempel erbaut wurden, bilden häufig eine kleinere oder größere Wetterscheide, an der sich aufziehende Stauwolken abregnen. Das Wasser fließt bis ins Tiefengestein, um von dort in Form eines kohlenstoffhaltigen Gases (Hydro-Karbon-Gas) aus den Felsspalten aufzusteigen. In porösem Gestein oder in einer höhlenreichen Gegend können sich die Gase über lange Zeit ansammeln. Sie werden auch mit dem Wasser einer »Heiligen Quelle« wieder nach oben geführt. Dieses Kohlenstoffgas kommt auch in Pflanzen vor, mit Sicherheit in solchen wie z.B. Lorbeer, der, wenn er gekaut wird, zu den Halluzinogenen gehört.

Es sind die unteren Schichten dieser »Heiligen Berge« oder Felsenheiligtümer, die meistens aus erdölhaltigem Sedimentgestein bzw. Kalkstein (aus einem prähistorischen Ozean und seinen Ablagerungen gebildet) bestehen. Die gleichen Voraussetzungen haben wir an den Externsteinen, die das Sedimentgestein eines früheren Meeres sind.

Diese Gase entsprechen dem bei Operationen verwendeten Betäubungsmittel Ethylen, es ist auch im sogenannten »Lachgas« enthalten, das ein Gemisch von Ethylen und Sauerstoff ist. Es bewirkt keine totale Bewußtlosigkeit, sondern das Bewußtsein ist lediglich eingeschränkt, der Wachzustand bleibt weitgehend erhalten.

Dies warf ein neues Licht auf die mir lange unerklärlichen in Tempelmauern eingelassenen Rohrsysteme, die an bestimmten Stellen in den Innenmauern der Tempel Öffnungen haben, wie im Tempel von Didyma in der Türkei, der nach Delphi der berühmteste Orakeltempel des damaligen Griechenland war. Es erklärt auch den in diesen Tempeln unumgänglichen »Omphalos-Stein«, der energetische Kräfte anzieht, und hat gewiß auch mit dem in der Antike verehrten anikonischen Stein der Göttinnen zu tun.

Revitalisierende Kräfte für die Erde – »Heilige Kammern«

Die unglaubliche Energie-Technik des Altertums war nicht beschränkt auf menschliches Wohlbefinden und geistige Entwicklung, sondern umfaßte und bewirkte eine tatsächliche »Fruchtbarmachung« der Natur und aller aus ihr entstehenden Lebensformen. Die Kraftorte unserer Welt wurden von alters her zu Recht in Verbindung gebracht mit »Fruchtbarkeitskulten«, allerdings aus einem anderen Verständnis heraus.

Unsere Vorfahren waren hochintelligente Leute! Die fruchtbarkeitsfördernden Strahlungen grundsätzlich auch als revitalisierende Kraft für den Planeten anzuwenden, setzte ein globales Wissen über die Erde, das gesamte Sonnensystem, insbesondere über unsere Sonne voraus, nämlich, daß sich das Energiefeld der Erde beim Nachlassen der Sonnenwinde ausdehnt und damit einhergehend die Fruchtbarkeit allen Lebens auf der Erde schwindet. Diese Veränderungen im Energiefeld unseres Planeten sind periodisch bedingt durch die Sonnenfleckentätigkeit. Die Folge davon sind Schwankungen der Fruchtbarkeit, die nicht nur das Wachstum in der Natur beeinflussen, sondern auch die DNS (das Erbgut) sowie den Hormonhaushalt von Mensch und Tier.

Die globale Energie-Technik war darauf ausgerichtet, diese Schwankungen auszugleichen. Der Geomantieforscher Michael Poinder hat dazu in Newgrange einige interessante Fakten ermittelt. Um eine geeignete dreifach-schwingende Energie-Spirale und ein entsprechendes Kraftfeld zu erzeugen, mußten die Wissenschaftler der Steinzeit das einfließende Licht der Sonne aufspalten sowie die sub-atomaren Teile von Quarz aktivieren, um die Energie zu binden.

Die Wissenschaftler/innen der Steinzeit hatten sich eine Menge einfallen lassen, um besondere Strahlungsenergien zu verstärken und in das Zentrum des Kraftortes einfließen zu lassen. Nun mußte sie noch in der Konstruktion einer Kammer für die weitere differenzierte Verwendung gebündelt werden.

Innerhalb der Kammern von Felsenheiligtümern, häufig auch außerhalb, befinden sich meist vertiefte Objekte, die von den Archäologen »Steinbecken« genannt wurden. In fast allen alten Tempeln, Pyramiden oder Dolmen wurden kleinere und größere derartige Becken gefunden und irrtümlich als Opferschalen angesehen, wie auch in der Felsenkammer der Externsteine (die verschlossen und nicht zugänglich ist).

Viele dieser Becken, Schalen oder Kessel trugen Gravuren mit Sonnenenergiezeichen und wurden zerstört, da man sie als Relikte heidnischer Kulte verteufelte. In Wirklichkeit waren es sorgfältig geschliffene »Parabol-Spiegel«, die als Reflektoren der Energie von Sonnen- oder Sternenlicht an bestimmten Zentralpunkten in megalithischen Anlagen angebracht worden waren.

Steinschale von Newgrange

Der halbrunden, beckenartigen Vertiefung in der Kammer des Felsen 1 am Osning hat man schon einiges nachgesagt, und wahrscheinlich wurde sie im Laufe der Jahrhunderte zu verschiedenen Zwecken genutzt. Keiner kann heute noch nachvollziehen, welche Form das Becken

Innenkammer des Felsen 1 der Externsteine

ursprünglich hatte oder welcher konzentrierte Lichteinfall dieses vor Jahrtausenden erreichte. Mit größter Wahrscheinlichkeit sind auch die Öffnungen zu den Innenkammern der Kuppelhöhle mehrfach vergrößert worden, wie auch die Innenräume selbst.

Über der Kammer und diesem Becken erhebt sich ein gewaltiger Felsen, dessen obere Plattform mehrmals bearbeitet und letztlich völlig zerstört wurde. Welche Vorrichtungen der Felsenkopf einst trug, läßt sich allenfalls erahnen.

Licht-Technologie der Externsteine – Felsen und Irminsul

Irminsul – göttliche Säule – kostbares Kleinod der Vorzeit – Nabelschnur zum All – Werkzeug der Götter!

Daß auf dem Felsen 1 die Einrichtung einer »Licht-Technologie« vorhanden war, zeigt – wie ein letzter, verwehender Gruß aus ferner Zeit – eine kleine halbkreisförmige Sonnengravur am Felsen 1, an einem unauffälligen Felsvorsprung zum Bärenstein hin. Bei Überlegungen zu den fehlenden Einrichtungen tritt das Ausmaß der Zerstörungen im Bereich der Felsenkuppen erst klar hervor.

Die mächtigen, auf Sonnen- und Sternenzyklen ausgerichteten Anlagen auf den Felsenkuppen des Inkareiches, Menhire und Dolmen in Großbritannien und Frankreich mögen uns eine Vorstellung geben und unsere Phantasie dafür beflügeln, was einst auf den Felsentürmen des Osning errichtet worden war.

Der Hauptfelsen ist – in Bezug auf energietechnische Maßnahmen – nicht losgelöst von den anderen Felsen zu sehen, sicher auch nicht von dem Felsen, der das Felsengrab

Letzte Spuren der Sonnenzeichen am Felsen 1

Der Sargstein mit Aufgangstreppe

enthält. Zerstörungen am Block des Sargsteinfelsens lassen keinen wirklichen Zusammenhang zum Felsen 1 mehr erkennen.

Der Komplex des Felsengrabes ist in seiner heutigen Form eine andere Sache. Die Aushebung der Felsnische mit der Einlassung für einen menschlichen Körper stammt aus späterer Zeit und war Bestandteil von Einweihungsritualen wahrscheinlich der Kelten, bestimmt aber der Germanen. Legt man sich in den Stein hinein, spürt man noch heute sehr schnell eine Veränderung des Bewußtseins.

Insbesondere, wie schon mehrfach erwähnt, spielte das auf Felsen 2 befindliche Sacellum eine Rolle, von dem eine Seitenwand gänzlich fehlt sowie die obere Plattform, auf der sich ohne Frage eine weitere Einrichtung befand. Darauf weisen die Treppenstufen oberhalb der Sakralnische mit dem Sonnenloch hin.

Der abgesprengte Rumpf des Felsens 2 zum Sacellum war früher höher, was darüber stand, entzieht sich einer Betrachtung. Naheliegend ist die Vermutung eines »heiligen Steines« in alter Zeit, doch der auf der Spitze des Felsen auffragende, natürliche Felsblock hätte allein schon als »Energiefänger« ausgereicht, um den Felsen aufzuladen.

Wahrscheinlich ist, daß die Höhenkammer vor ihrer Zerstörung ein vollkommen geschlossener, im Dunkel liegender Raum gewesen ist. An unzerstörten megalithischen Stätten befinden sich an solch exponierten

Ansichten des Sacellumfelsens

Stellen oft Felsengravuren oder Sonnensymbole, auf die zu den Äquinoktien – je nach Ausrichtung – durch eine kleine Öffnung das Sonnenlicht einfiel. Mit der Sonnenbewegung war in der dunklen Kammer ein Lichtschauspiel der besonderen Art zu beobachten, das jedoch nicht nur einen mystischen Charakter hatte.

Ein Sonnenfleck wanderte langsam, wie von magischer Hand geführt genau über die Steinzeichnungen der Seitenwand und umrahmte auf dem hinteren Stein der Kammer eine Gravierung oder ein heiliges Objekt und löste eine »Elektrifizierung« aus, welche die Steine in eine außergewöhnliche, hohe Schwingung versetzte. Meistens ähnelten die Zeichnungen Blüten mit acht Blättern, oder einer Sonnenscheibe mit acht Strahlen, ein Hinweis auf die acht solaren Zyklen der Sonne. So kann man es in den ganz alten megalithischen Stätten der Vorzeit nachvollziehen.

Da der zur Sommersonnwende durch das Loch des Sacellums einfallende Lichtstrahl heute auf die nördliche Halbsäule an der Rückwand der Kammer fällt, müßte er in der Vorzeit die Mitte der Rückwand erreicht haben.

Vorausgesetzt, eine Irminsul habe – vielleicht im späteren Megalithikum oder in germanischer Zeit – oberhalb der Sakralkammer am Osning gestanden, kann ein zusätzlicher Effekt auch dort ausgelöst worden sein.

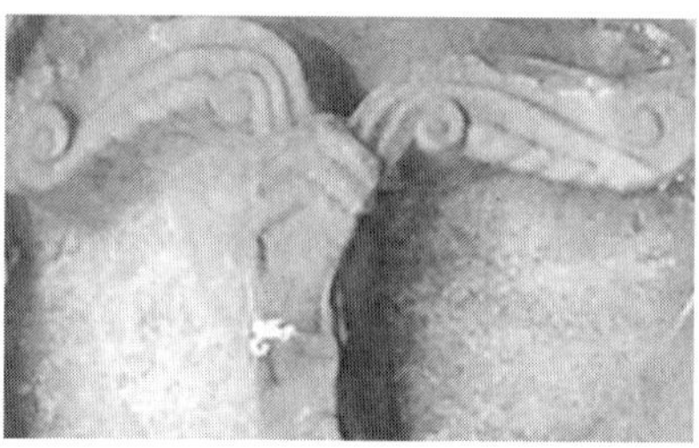

Irminsul

Entweder durch Platten und Spiralen aus Metall, wahrscheinlich Gold, die an der Irminsul aufgesetzt waren; vielleicht genügten aber auch die Form und ein besonderes Gestein. Die Spiralen zeigen den Verlauf des Energiestromes, zwei davon sind rechtsdrehend, zwei andere linksdrehend. Linksdrehend (–) heißt Erdung, Rechtsdrehung (+) bedeutet Ausdehnung, ist also nach außen gerichtet. Eine Reflexion zu anderen Steinsetzungen, die über das ganze Land verteilt waren, brachten die Erde »in Schwung«, d.h., die gesammelten Kräfte verteilten sich.

Die Schwingung dieses Lichtes wurde zum Fuß des Felsen zu einer mächtigen Säule geleitet. Vom großen Heiligtum in Uppsala ist überliefert, daß der allerheiligste Bezirk geschmückt war mit einer schweren goldenen Kette, die vom höchsten Punkt senkrecht herabhing und bis nach unten führte. Ob es auch am Osning eine goldene Kette oder etwas anderes gewesen ist, um die Verbindung zur »Säule« neben der Kanzel am Fuß des Felsens herzustellen, wissen wir nicht.

In den heiligsten Bezirk gehörte ein *hörg*, ein kleiner Steinkreis oder Steinhaufen. Dem Felsen 2 ist in einiger Entfernung eine Trockenmauer vorgelagert, die umschlossen war von einem mit weißem Sand aufgeschütteten Oval, welches auf einen *hörg* hinweist, althochdeutsch *harug*, einen heiligen Steinhaufen, der mit einem Kultobjekt verbunden war. In dieses Oval einbezogen ist ein tiefer Schacht, der mehreren Zwecken gedient haben kann.

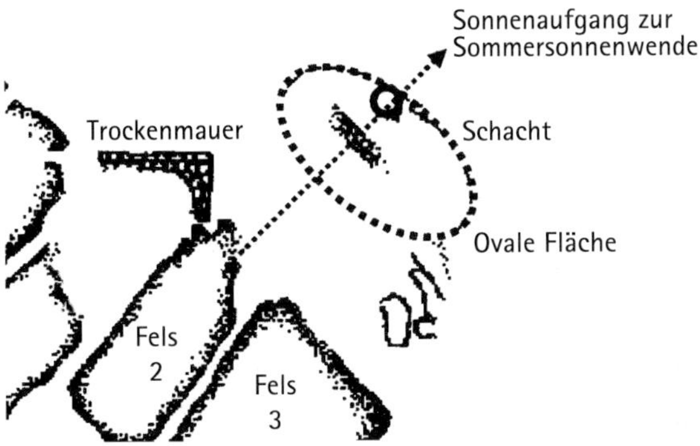

Hörg und Schacht

So aber wurde die Kraft des Lichtes über mehrere Stationen weitergeleitet, über den *hörg* vor dem Felsen – oder einen dort aufgestellten Gegenstand – vielleicht sogar in den Schacht hinein. In der Mythologie stellt der Schacht einen *mundus* dar, einen Eingang zur Unterwelt oder zur Welt der Götter. In der Mythologie der Germanen war es der *Brunnen des Mimir*, die Quelle des Wissens um die Geheimnisse der Welt.

Wohin der Lichtstrahl zur Wintersonnwende fiel, ist wegen der umfangreichen Zerstörungen des Felsens nicht mehr nachzuvollziehen. Doch auch an diesem Morgen erwarteten die Menschen den Glück und Leben verheißenden Sonnenstrahl als das Geschenk des immerwährenden Lebens, im Wechsel der Gegensätze von Licht und Dunkelheit.

Aus Volksüberlieferungen in aller Welt geht hervor, daß in prähistorischer Zeit eine Form von natürlicher Energie bekannt und eine Methode entdeckt worden war, durch die der Mensch sich dieses Potential zunutze machen konnte, die man früher »die Verschmelzung des Erdgeistes mit dem Sonnenfunken« nannte.

Wenn man den Effekt dieser Hochtechnologie kennt und versteht, ihn sinnvoll zu handhaben, kann diese Kraft zu allem genutzt werden, was Energie erfordert. Ihre hohe Schwingungsfrequenz nannten die Alten den »Herzschlag des Universums«. Es ist die Frequenz der Göttlichen Lebenskraft, die »heilende Kraft des Universums«. Zu erwarten ist, daß dieses Wissen, sobald es wieder in das Bewußtsein der Menschen tritt und *verantwortungsvoll* eingesetzt wird, unsere Welt revolutionieren wird. Diese Kraft »funktioniert« jedoch nur dann, wenn wir Menschen dafür bereit sind und lernen »mitzuschwingen«.

Ohne Frage war in diese globale Hochtechnologie eine Reihe von »Instrumenten« eingebunden, denen wir bereits in vorangegangenen Kapiteln begegnet sind. In diesen Kostbarkeiten erkennen wir aus einer Zeit, die weit älter ist als unsere Geschichtsschreibung, die Insignien der »Großen Göttin«. Die alleinherrschende Göttin der Vorzeit, daher auch Weiße Göttin genannt, hatte keinen Namen, ihre Symbole wurden in der Frühzeit noch nicht einem Bild oder einer Götterfigur zugeordnet, sondern allein ihrem universellen Status. Die gesamte Naturwissenschaft und der Umgang mit den Insignien waren in diesem Sinne »Gottesdienst«, daher heilig, dieser »Dienst« war der wesentlichste Ausdruck in der Verehrung der Göttin.

Die Insignien der Großen Göttin – der »Heilige Wagen«

> Unsterblich waren die Hyperboreer, sterblich die
> Knechte am Nerthuswagen, die ertränkt wurden,
> wenn die Göttin in ihr Reich zurückkehrte.
>
> *Rudolf Steiner*

In Deutschland ist die Göttin Nerthus eine der frühesten Nachfolgerinnen der Großen Mutter, die nach Tacitus von sieben Stämmen an der Nordsee verehrt wurde. Tacitus erwähnt hier das Heiligtum auf Helgoland: »... und auf einer Insel war ihr Heiliger Hain; drin stand, von einem Tuche bedeckt, ihr Wagen, den nur der Priester anrühren durfte. Dieser erkennt, wenn die Göttin ihr Heiligtum aufsucht. Er begleitet sie, wenn sie auf ihrem mit Rindern bespannten Wagen unter großer Feierlichkeit umherfährt. Überall herrscht Festfreude und Waffenruhe, bis derselbe Priester die Göttin ihrem Heiligtum zurückgibt. Dann werden Wagen, Tücher, ja die Gottheit selbst im einsamen See gebadet. Die dienenden Knechte werden gleich ertränkt.«

Die Göttin Nerthus geht als Göttin der Fruchtbarkeit auf eine nicht benannte ältere Erdgöttin zurück, die, in ganz alter Zeit neben dem altgermanischen Himmelsgott Twisto stehend, in der Genealogie der Götter immer wieder zu Irritationen geführt hat. Der als zweigeschlechtlich bezeichnete »erdgebundene« Gott Twisto, dessen Sohn Mannus die Germanen als Stammvater ansahen, ist eine Wandlungsfigur für den Kompromiß, den man auch in der germanischen Geschichte eingehen mußte, daß nämlich ein rein männlicher Gott nicht gebären kann. Aus den drei Söhnen des Mannus gingen die Kultverbände hervor, aus denen später die neun Stämme anwuchsen, die im Gebiet der Externsteine zur Zeit Arminius des Cheruskers lebten.

Auch im der germanischen Göttin Ostara wurde ein Wagen durch die Lande gefahren. Bei *Tacitus* finden wir auch eine Schilderung ihres Kultes: »Die Göttin Ostara ist ›furchterregend‹ und bleibt unsichtbar. Daher ist der Nerthuswagen mit Decken verhüllt, auf dem die Göttin zur Osterzeit, während die Waffen ruhen, durch die Lande fährt, um alles Leben zu segnen.« Tacitus berichtet, daß er durch die Göttinnen Nerthus und Ostara an die römische »terra mater« erinnert wird, weil auch die Umfahrt des Kultbildes der römischen Göttermutter auf einem von Rindern gezogenen Wagen erfolgte; ebenso das Bad, dem das Bild der Göttin samt Fahrzeug unterzogen wurde.

Was wurde auf dem Wagen gezogen und warum wurden die Knechte ertränkt? War »die Göttin« eine Strahlungsquelle, die die Knechte nicht aushielten? Ohne Frage wird man an die Bundeslade der Hebräer erinnert.

Die Große Göttin wurde in grauer Vorzeit offenbar an vielen Orten in gestaltlosen, nicht figürlichen Kultobjekten verehrt. Das zeigt noch in

Zypern der Aphrodite-Kult in geschichtlicher Zeit. Das berühmte Aphrodite-Heiligtum liegt rund 15 km östlich von Paphos bei dem kleinen Dorf Kouklia. Es war das berühmteste Heiligtum im antiken Zypern und eines der drei Zentren der Aphrodite-Verehrung im griechischen Altertum.

Ein legendärer »kegelförmiger Stein« soll im Tempel gestanden haben, und kein Mensch durfte sich ihm nähern; er blieb eines der großen Geheimnisse der Antike. Es gibt keinerlei Hinweise dafür, daß eine Statue der Aphrodite verehrt wurde, sondern die Quellen berichteten von einem Heiligen Stein, den die Alten als »weiße Pyramide aus unbekanntem Material« beschrieben hatten. Immerhin ist auf einer römischen Münze aus der Gegend ein kegelförmiger Stein in einem dreiteiligen Schrein oder Wagen abgebildet, auf dessen Spitze sich ein merkwürdiges, nicht identifizierbares, fast kugelförmiges Gebilde zwischen zwei Sternen befindet.

Es war eine Sensation, als die Archäologen in der Nähe des Heiligtums tatsächlich einen kegelförmigen Stein fanden; nur ist er nicht weiß, sondern schwarz. Er ist heute in einem kleinen Museum nahe des alten Aphrodite-Heiligtums zusammen mit der Münze ausgestellt, und jeder kann sich ihm nähern. Vielleicht war er mit weißen Tüchern umhüllt und einst von einer besonderen Kraft aufgeladen.

Das »Halsband« der Göttin

Wir verharren staunend, wenn wir Fähigkeiten und Kenntnisse von Menschen der Alten Welt betrachten. Noch weniger verständlich ist für uns, woher sie ihr Wissen über die Sonne hatten, das bei allen alten Kulturen der Welt vorhanden war und im Rückblick zusammengefaßt, manchmal banalisiert, als »Sonnenkult« bezeichnet wird.

Betrachten wir diesen Halsschmuck (National Museum of Irland, Dublin) aus dem Bronze-Zeitalter, den wir von vielen Illustrationen kennen, wo er um den Hals eines Druiden gelegt ist, so erkennen wir seinen solaren Bezug.

Auf den *disks* sind jeweils 11 – zusammen 22 – Sonnenzeichen, und es sind 7 elliptische Bögen, die den *collar* bilden. Sie repräsentieren die sieben Strahlen des Lichtes, und wir wissen, daß 22/7 die fundamentale mathematische Proportion der dreidimensionalen Geometrie ist, ausgedrückt als p (Pi).

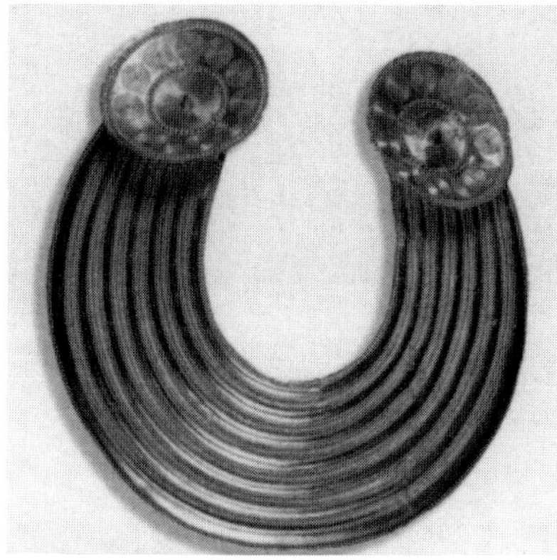

Halsband der Göttin

Dieser Halsschmuck führt uns zu einem der kostbarsten Gegenstände, der von Druiden und Druidinnen, von Königinnen und Königen als Zeichen ihres Wissens und ihres königlichen Standes getragen oder verwahrt wurde und der allegorisch noch im Kreuzabnahmerelief der Externsteine zu sehen ist.

Bereits zum Besitztum der germanischen Göttin Freyja gehörte das Brisingenhalsband, »das lichte, güldene Geschmeide«. Die Legende berichtet, daß es vier Zwerge waren, die in einer Höhle das kostbare Halsband anfertigten.

Das Halsband war in der germanischen Mythologie ursprünglich der am Rande des Himmels auf einem Berge schlafenden Lichtgöttin, der Sonnenjungfrau, zugeordnet, die den Namen »Menglod«, die »Halsbandfrohe« führte, welche der »rasche Tag«, der Sonnenheld »Swipdag« für sich gewinnt.

Im National Museum in Dublin ist ein weiterer Halsschmuck ausgestellt, der dem »Halsband der Göttin« entspricht. Betrachtet man Form und Gravierungen näher, wird man seine astronomische Bedeutung, mit Himmels-Äquator und -Ekliptik, verstehen.

Ein anderer, in keltischen und germanischen Gräbern gefundene Halsschmuck, ein jochförmiger, runder, vorne oder hinten geöffneter Reif, der hauptsächlich von Männern getragen wurde, ist eine Abwandlung des ursprünglichen Halsbandes.

Brosche, Gürtel, Broeder-Ring und Becher

Das »alte Wissen« um die Insignien der Göttin scheint sich in Irland über viele Jahrhunderte erhalten zu haben. Dort wurden einige außergewöhnliche Funde von sogen. *brooches* und Schwertgriffen auf »verborgene

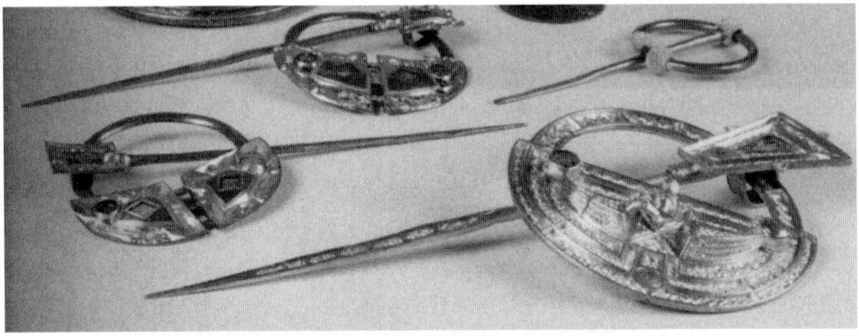

Brooches aus Irland

Aussagen« überprüft. Der bekannteste Fund ist die *Tara Brooch*, die in ihrer Form und Ausarbeitung nicht nur der heiligen Geometrie entsprechend angelegt ist, sondern als Sonnenuhr und als astronomischer Rechner benutzt werden kann. Sie wurde zur Seefahrt gebraucht und gibt Hinweise auf ungeklärte Geheimnisse der Vermessungstechnik der Druiden.

Die Brosche heißt *tara-brooch*, weil sie auf dem Hügel von Tara gefunden wurde, sie ist nicht die einzige dieser *brooches*. Der Name Tara geht zurück auf den alt-irischen Namen Temair (abgeleitet von tea-múr = Mauer der Tea). Tea, die der Legende nach eine ägyptische Königstochter aus Theben gewesen sein soll, verstarb auf Tara an Heimweh nach ihrer ägyptischen Heimat. Sie war die Gattin von Eirimón, einem König von Tara aus dem Geschlecht der Milesier, die aus Griechenland eingewandert waren. In der irischen Erzählung des Dun Senchas, Book of Leinster, finden sich geheimnisvolle Hinweise auf die »Queen of Egypt«, die mit einer *brooch* ihren Weg nach Tara fand:

»TARA – Brega Tea – das strahlende Heim der Tea ist berühmt weil Tea (ägypt. Ti oder T-eph-i) eine noble Dame, Tochter der Pharaonen war – nach der Erzählung der Krieger.

TARA – Der Begräbnishügel unter dem die Einzige, die Große,
bestattet ist in der heiligen Erde, die niemals aufgegraben wurde.
Tephi, die Hellglänzende, Strahlende, die ein Kreuz benutzte,
das Land, den Hügel mit der Hochburg zu finden.
Mit ihren Begleitern und mit ihrer ›brooch‹ fand sie den Weg.«

Zum Schmuck der Königinnen gehörten nicht nur Halsband und Brosche, sondern die Armspange, der magische Gürtel, Ohrringe und als Pendel zu verwendende Kleinodien sowie ein als Spirale aufgezogenes goldenes Maßband und der »Goldene Becher der Wahrsagung«.

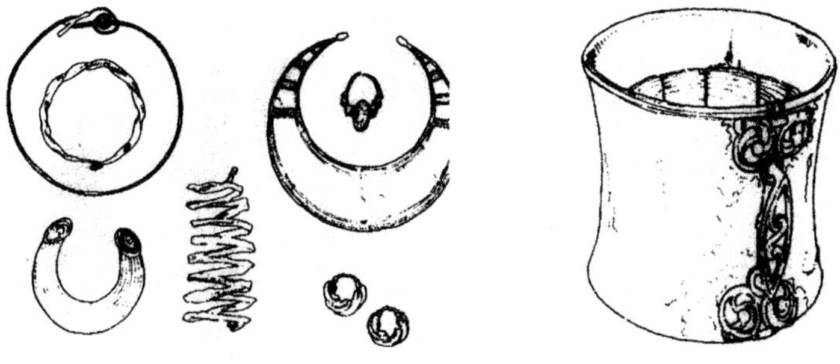

Insignien der Göttin

Taillen-, Arm- und Halsbänder wurden in unterschiedlichen Techniken hergestellt. Sie sind mit Gravierungen und Symbolen besetzt, von denen jedes Detail seine Bedeutung hatte; der im British Museum in London ausgestellte »Ring von Snettisham« gehört zu den eindrucksvollsten »Broeder-Ringen«, er ist aus acht achtfachen Golddrähten zusammengezwirnt und besitzt kunstvoll ausgearbeitete, hohle Enden.

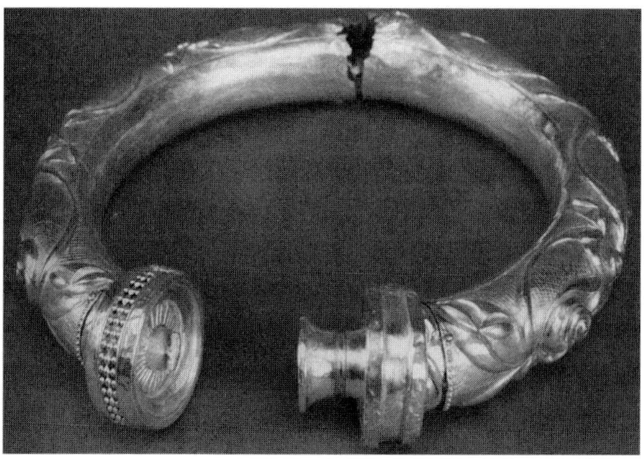

Broighter collar

In der Nibelungensage begegnen wir der isländischen Königstochter Brünhild, deren Kraft nur gebrochen werden konnte durch den Verlust ihres Gürtels, den die Burgunder »Starke Borte« nannten. Siegfried besiegte die gewaltige Frau mit Hilfe der Tarnkappe, die ihm die Stärke von zwölf Männern verlieh, und entwendete ihr den Gürtel. Vorher aber war ihr König Gunther, der über keinen Zauber verfügte, hilflos ausgeliefert. Als er versuchte, sich ihr zu nähern ...

Da griff nach einem Gürtel die herrliche Maid,
einer starken Borte, die sie um sich trug:
da tat sie dem König großen Leides genug.
Die Füße und Hände sie ihm zusammenband,
zu einem Nagel trug sie ihn und hing ihn an die Wand,
als er im Schlaf sie stört; sein Minnen sie verbot.
Vor ihrer Stärke hätt er beinah gewonnen den Tod.

Obwohl viele der alten Kostbarkeiten von den Eroberern eingeschmolzen wurden, sind sie doch noch sehr zahlreich gefunden worden und über die Museen, hauptsächlich in England und Irland, verteilt. Wir können durch diese Betrachtungen lediglich einen ahnungsvollen Eindruck von den mehrfach geraubten Schätzen der Externsteine gewinnen, zu denen auch das eine oder andere aus dem Ostara-Heiligtum zählen mag, das heute im British Museum in London aufbewahrt wird.

III.

Die Externsteine selbst erfahren

Einweihung – Die Kraft des Geistes und die Suche nach Wahrheit

Wenn das Dunkel zerstreut werden soll, wird der »Wille der Erleuchtung« zu einem Schwert, durch das der Schleier der Unwissenheit zerrissen wird.

Vorausgesetzt, wir könnten den Osning noch einmal in seiner ursprünglichen Vollkommenheit als Kraftzentrum erkennen, als Heiligtum in seiner ganzen Schönheit und als Mysterien- und Einweihungsstätte, würden wir dann verstehen, warum nur der germanische Eingeweihte den »Broeder-Ring« vom Steintisch aufheben konnte und kein anderer? Oder durch welche Geisteskraft der Einzuweihende den Wackelstein auf dem Felsen 4 bewegt hat? Würden wir begreifen, was einen Menschen dazu führte, die Gesetze der Materie durch den Geist zu überwinden? Könnten wir erfassen, welches Wissen einen Druiden dazu brachte, die Elemente zu bezwingen? Vielleicht haben wir eine Ahnung davon erhalten durch das große Wissen unserer Vorfahren.

In unseren Breiten fangen wir derzeit erst wieder an, zu erkennen, was die Kraft des Geistes vermag, und unsere Vorstellungen sind weit entfernt von den Inhalten einer Einweihung im Erz-Druidentum oder in der keltischen und germanischen Epoche, der sich Priester, Stammesfürsten und Könige zu unterziehen hatten.

Weit verbreitet ist die Meinung, daß mit Einweihungen spektakuläre, schmerzhafte Prüfungen einhergingen, die unter Umständen zum Tode führten. Ob in derartigen Überlieferungen ein Körnchen Wahrheit liegt, weiß niemand genau. Hauptsächlich ist es ein falsch verstandenes Fragment der Wahrheit, ein Teilaspekt, der sich auf Einweihungsrituale hochgeistiger Persönlichkeiten in sehr alter Zeit beziehen mag, als unter dem durch eine Einweihung herbeigeführten Tod etwas ganz anderes verstanden wurde. Gewissermaßen liegt in jedem Einweihungsweg das mehrfache »Sterben«, womit nicht der körperliche Tod gemeint ist.

Und ganz gewiß gab es in Einweihungsritualen grausame Praktiken, die dann zur Überforderung führten, wenn die geistige Entwicklung nicht der Herausforderung entsprach. Das Wissen um die Grundlagen wirklich hoher Einweihungen wurde daher aus gutem Grunde verborgen in den Geheimlehren. Ein geistig Fortgeschrittener wird aus eigener Erkenntnis ohnehin nicht damit prahlen, um spirituelle Eiferer nicht in Gefahr zu bringen. Genauere Kenntnisse um hohe Einweihungsgrade, die möglicherweise nur noch in Tibet oder heute wieder bei wenigen Schamanen der Indianer in Mexiko, Nordamerika und Rußland durchgeführten werden, würden uns kaum etwas nützen.

Ein hoher Einweihungsgrad setzt das Wissen um viele geistige Ebenen voraus, um die Natur des schöpferischen Allgeistes, um Zyklen und Eigenschaften der Schöpfung, um Schwingungsebenen verschiedener geistiger Welten, die nur erreichbar sind, wenn der Mensch gelernt hat, seinen Geist, seine eigene Schwingung diesen Ebenen anzupassen. Manche Menschen bringen diese Fähigkeit mit in dieses Leben, andere sind auf dem Weg, sie zu erwerben. Daher ist jeder unangemessene Übereifer oder gar eine bewertende Beurteilung falsch. Genauso unsinnig sind bestimmte Drogen, Rituale oder andere spirituelle »Höhenflüge«, die in Unkenntnis ihrer Auswirkungen großen Schaden anrichten können. Die oft nur aus Überlieferungen oder aus einem fremden Kultus bekannten Praktiken wurden in früherer Zeit unter den wachsamen Augen von Lehrern und Priestern durchgeführt, welche die körperliche und geistige Reife des Initianten einzuschätzen wußten.

Die Kelten nannten den Weg der Einweihung die »Hohe Queste«. Queste heißt Suche nach der Wahrheit. Was ist die Wahrheit? Mit Wahrheit sind hier die unumstößlichen universellen Gesetzmäßigkeiten angesprochen, die der Mensch zu verstehen sucht. In dieser höheren Ordnung spiegeln sich die Welten und alles Leben, und weil der Mensch diese Ordnung bei seinem Eintritt in dieses Leben nicht kennt, wird er sich in den Gegensätzen der irdischen Welt in vielen Inkarnationen so lange bewähren, bis er durch positive und negative Erfahrungen gelernt hat, die göttliche Ordnung wieder zu erkennen. Insofern ist unser ganzes Leben ein Einweihungsweg.

Ein Spiegel dieser größeren Ordnung sind die Erscheinungen des Kosmos und der Natur sowie die Heilige Geometrie, nach deren Gesetzmäßigkeit sich im körperlichen Wachstum alles Leben entfaltet, nach der auch die Harmonielehre der Musik aufgebaut ist; die Farbenlehre leitet sich ab von den sieben Regenbogenfarben des Lichtspektrums. Zur Einweihung einfacheren Grades gehörte in alter Zeit zumindest ein Grundwissen, das man dem Menschen nirgendwo besser vermitteln konnte als in der Natur und durch die Natur. Eine Elite großer Lehrer konnte aus althergebrachtem Wissen schöpfen, aber auch für sie war ein jahrzehntelanges Studium obligatorisch.

Aus Wissen folgt keine stupide Gläubigkeit, sondern das Erfassen einer großartigen Schöpfung, vor der sich der irdische Mensch nur verneigen kann. Sich als Ausdruck und Teil dieser Schöpfung zu verstehen, führt zu einer inneren »religio«, die den Menschen danach trachten läßt, mit der größeren Ordnung im Einklang zu leben, anstatt gegen ihre Gesetze zu verstoßen, was dem gleichkommt, blind mit dem Kopf gegen eine Mauer zu rennen.

Sobald der Mensch diese Hintergründe versteht, wird er sein eigenes Fehlverhalten erkennen und verändern wollen, er wird sich der Verantwortung gegenüber sich selbst und allem anderen bewußt. Und er wird sich in der Aufgabenstellung seines Lebens um eine Disziplin bemühen und nach seinem Gewissen – das schon die alten Ägypter im Herzen lokalisierten –, aus dem Zentrum der Liebe, des Mitgefühls, des größeren Verstehens und der Barmherzigkeit, leben wollen und seinem Dasein einen entsprechenden Sinn geben, so daß er mit seinem göttlichen Ursprung und mit sich selbst in Frieden leben kann.

Diese Werte standen am Anfang aller Weisheitslehren und Religionen. Da wir aber Menschen sind und die göttlichen Gesetzmäßigkeiten nicht kennen oder verstehen, auch bei allem Bemühen immer nur einen ganz kleinen Teil der Größeren Ordnung erfassen, wie einen winzigen Ausschnitt eines gigantischen Hologrammes, werden wir hin- und hergeworfen in Unkenntnis, zwischen Freud und Leid und allen so tief menschlichen Eigenschaften. Dennoch sind wir »Kinder des Universums«, wir sind Lernende und keine Sünder – denn jeder Ausdruck der Schöpfung ist göttlich – und als das »gewußt«, was wir sind und wie wir sind. Was Einstein auf die Gesetzmäßigkeiten des Kosmos bezog, gilt für Alles-Was-Ist, auch für unsere menschliche Natur, … denn »Gott würfelt nicht«.

Einweihung an den Externsteinen früher und heute

Zum Thema »Einweihung heute« tauchen einige grundsätzliche Fragen auf. Was bedeutet dies in unserer Zeit für den normalen Menschen, der kein Druide, König, Priester oder Volkstribun ist? Mit welcher Erwartungshaltung kann ein spirituell gebildeter Mensch sich diesem Thema an einem Kraftort zuwenden oder ein Mensch, der sich bisher weniger mit geistigen Themen beschäftigt hat? Mancher mag denken, das ist nur etwas für spirituell orientierte oder ausgebildete Leute – weit gefehlt.

Hervorzuheben ist, daß der Osning sowie eine Reihe alter Kultstätten im Großraum der Externsteine in Deutschland nicht die einzigen Heiligtümer der alten Zeit gewesen sind. Bei näherem Hinsehen finden sie sich in vielen Gegenden.

In Sagen und Ortslegenden kann man eine Menge Hinweise zu einstmals »stehenden Steinen« oder Felsenheiligtümern finden. Auf die aus alter Zeit bekannten natürlichen Kraftzentren – Anhöhen, Bergkuppen oder Felsformationen – wurden Statuen von Heiligen oder zumindest ein Kreuz gestellt. Am Eingang oder im Inneren so mancher Höhle wurde »der Teufel vertrieben« durch Passionszeichen, ein Pax-Christi oder ein anderes Zeichen. So manch »heiliger Stein« oder Menhir aus megalithischer Zeit wurde durch geschickte Steinmetzarbeit verwandelt in ein Kreuz. Noch heute werden fälschlicherweise die meisten »Passionszeichen« verallgemeinernd als »Merkmale des Leidensweges« bezeichnet, obwohl es die Zeichen geheimnisvoller Orden sind, wie der gewaltige

»Grand Menhir von Uzec« in der Bretagne oder das Felsenrelief an den Externsteinen.

Auch das Aufstellen eines Altares oder Anbringen eines Heiligenbildes in oder an Naturdenkmälern war üblich. Hin und wieder bezeichnen Gottesmutterdarstellungen oder Kruzifixe sogar alte »heilige Wege«, auf denen später Prozessionen die christlichen Gläubigen zum Kraftort führten. Die eine oder andere Lichtung oder ein Waldstück tragen bis heute vom Keltischen abgeleitete Bezeichnungen, wenn nicht sogar eine klare Aussage über ihre frühere Bedeutung wie »Druidenhain«, »Feen- oder Hexenring«, »Teufelsstein« u.ä. Dies kann Anlaß sein, sich selbst einmal an einem solchen Ort nach positiven oder auch negativen Kräften umzusehen. Wer sich daher an einem Ort nicht wohlfühlt, sollte ihn sofort verlassen.

Können wir die alten Kraftorte heute überhaupt noch für eine »Einweihung« nutzen? Ja! Wenn wir ein wenig davon wissen, was Einweihung unter Zuhilfenahme der Naturkräfte bedeutet. Im Universum geht nichts verloren. Einmal sind dafür hilfreiche geistige Schwingungen sowie Abläufe vorangegangener Einweihungen am Ort »gespeichert«, außerdem entspricht der Charakter des Kraftortes einer »Einführung in den höheren Geist«, d.h., es ist seine »Wesensart« in den am Ort vorhandenen höheren Schwingungen.

Und Einweihung kann im weiteren Sinne auch heißen, sich mit seinem Leben auseinanderzusetzen, sich selbst besser kennenzulernen und einzuschätzen oder in der geistigen und seelischen Entwicklung fortzuschreiten, um bessere Lösungen für das Leben zu finden.

Auch das bezog man in alter Zeit in diesen Begriff ein. Schon in vorchristlicher Zeit, und lange bevor die Kirche den Pilgerweg als Buße im härenen Gewand vorschrieb, wanderten Menschen auf langen Wegen zu einem Heiligtum, wie auf dem Jakobsweg nach Santiago de Compostella oder nach Chartres, dem alten Carnut-Is.

Was bewegte Menschen in diesen frühen Zeiten dazu, die Strapazen auf sich zu nehmen, über unwegsames Gelände, der rauhen Natur ausgesetzt, ein oft so weit entferntes Ziel anzustreben? Welche Idee trug sie, um auf den alten »Hellwegen« (Heils-Wege) Hunderte von Kilometern zurückzulegen? In der Alten Welt war der Mensch nur wahrhaft Mensch, wenn er geistig erwacht war, d.h., sich dessen bewußt wurde, was Leben heißt.

Daher ist es, wenn man es überhaupt »Einweihung« nennen will, für jeden Menschen sinnvoll, auf welche Art und Weise auch immer, sich auf einen Ort wie den Osning einzulassen, ganz besonders dann, wenn er in einer schwierigen Lebenssituation gefangen ist oder eine solche hinter sich gebracht und noch nicht verarbeitet hat.

Dabei ist eine angemessene Erwartungshaltung angebracht: Wer sich ein- oder zweimal auf einen Kraftort eingelassen hat, wird nicht als Heilige/r oder als ein Einstein nach Hause gehen.

In wenigen Erläuterungen kann ich im Rahmen dieses Buches nur eine kleine »Anleitung« zu diesem Thema geben, jeder Mensch kann nur im eigenen Erleben, je nach geistiger Entwicklung oder in Bezug auf seine Lebenssituation, seinen inneren Prozeß vollziehen.

***

Betrachten wir zunächst unsere menschlichen Gegebenheiten. Das Leben ist Fluß und fortlaufende Entwicklung, in diesem Sinne unterliegen wir ständiger Wandlung, ob wir es wissen, begreifen, wahrnehmen oder nicht. In dieser Entwicklung gibt es aber mehr oder weniger intensive Zeitpunkte oder Lebensstationen. Bewußt damit zu leben, macht den einzigen Unterschied, damit entgehen wir dem oft »holprigen« Reifeprozeß zwar nicht, aber wir sind offener, achtsamer, was die Notwendigkeit von selbst herbeizuführenden oder uns aufgezwungenen Veränderungen betrifft. In den großen Transformationen des Lebens hilft es uns zumindest, Glauben und Vertrauen nicht zu verlieren, vielmehr zu wissen, daß wir eine Phase der Entwicklung zu einer größeren Reife durchleben.

Transformations- bzw. Einweihungsrituale waren in früheren Kulturen eine Selbstverständlichkeit. Man hatte sie in großer Weisheit nach Lebensabschnitten, Alter und Reife vorgesehen, nicht jeder wurde dabei ein großer Eingeweihter. Sie begannen in der Kindheit und erstreckten sich über den ganzen Lebenszeitraum bis hin zur großen Transformation des Todes; dadurch wurden die jeweils aufeinanderfolgenden Aufgabenstellungen in Familie und Gemeinschaft hervorgehoben.

Der Initiant wurde in seine neuen Aufgaben »eingeweiht« und unterzog sich, je nach Grad der Einweihungen, einigen Prüfungen. Einige der Aufgabenstellungen mußte er ganz alleine in der Einsamkeit bewältigen, zurückgeworfen auf sich selbst, alleine mit seinem Schöpfer. Der Priester oder Medizinmann stand zur Verfügung, der zu Initiierende wurde über die Schwelle der Transformation »getragen und begleitet« in eine neue Lebensstufe mit neuen Aufgaben und Zuständigkeiten. Darum heißt es, daß der Prozeß der Transformation in die »Initiation« führt.

So wurden Kinder an das Jugendalter herangeführt, die Jugendlichen auf das Erwachsensein vorbereitet, die Erwachsenen übernahmen ihre Rolle als Eltern und ihre entsprechenden Aufgaben innerhalb der Gemeinschaft, die Älteren hatten ihre von »alters« hergebrachte Stellung und wurden vom Clan geehrt und versorgt.

Nicht nur Verantwortungs- und Selbstbewußtsein, Einsatzbereitschaft, Mut und Weisheit wurden durch diese Einweihungen erworben, sondern die verschiedenen Arten der Prüfungen bei Jugendlichen entsprachen einem natürlichen »Eignungstest« für ihre Rolle im Leben und in der Gemeinschaft. Für den Erwachsenen war es ein Prozeß der Selbsterkenntnis; jeder wußte damit, wo er stand bzw. in seinem Leben angekommen war, erkannte seine Stärken und Schwächen oder seine Grenzen. In diesen »Einweihungsprozessen« waren tiefenpsychologische Muster eingewoben, die unsere heutige Psychologie weit in den Schatten stellen.

Es war der Schritt über eine Schwelle zu anderen Lebensinhalten, die eine neue Verantwortung, Lebenseinstellung und Weisheit erforderten und dementsprechende Verhaltensmuster. Damit organisierte sich eine Gemeinschaft und jedes einzelne Mitglied ständig neu und war »im Fluß«.

Was das betrifft, laufen heutige Transformationsprozesse ganz anders ab. Auch heute entgeht kein Mensch diesen natürlichen Wandlungsprozessen. Aber wir haben nur noch wenige Anhaltspunkte oder »Haltegriffe«, *die über die Schwelle helfen.* Unser Familiengefüge hat sich gelockert, wir haben keinen Clan, keinen Schamanen, keine Ordnungsprinzipien, die etwas vorgeben oder erklären, manchmal haben wir keinen Menschen, der uns versteht, wenn wir uns selbst nicht mehr verstehen. Wir haben keine Stammesordnungen, die uns ganz selbstverständlich in unsere erworbene Reife hineinstellen.

Das jedoch besorgt »die Schule des Lebens« auch in unserer Zeit, aber wir sind uns dessen nicht wirklich bewußt. Wir hinken eher unserer eigenen Entwicklung hinterher und bemerken nicht, wo wir angekommen sind, oder haben nicht den Mut, den inneren starken Glauben, das Vertrauen zu uns selbst und zu dem, was erneuert werden müßte. Dann bleiben wir die ewig »Gestrigen«, wir geraten in Stagnation und Intoleranz und werden immer mehr Widerstände, Abwehrmechanismen und Ängste entwickeln; und wir sehen uns mit dem gesamten derzeit sehr ausgeprägten Statusdenken unserer Gesellschaftsordnung konfrontiert, dem wir uns anpassen zu müssen glauben bzw. aus dem wir herauszufallen fürchten. Auf diese Weise wird in unserer Zeit der Individualisierung jeder noch mehr in die innere Einsamkeit getrieben und auf sich selbst zurückgeworfen, wobei das ohnehin ein wesentliches Merkmal des Transformations-Geschehens ist.

Im Tarot heißt die Karte der Transformation DER TOD. Es ist die 13. Karte, bei den Indianern heißt sie »Der Ritt durch die untergehende Sonne«. In einem der inhaltlich schönsten Tarot-Decks (Tarot der Medizinfrau) spricht die Karte:

»Wie die untergehende Sonne bringe ich allem den Tod, was an diesem Tag sein Leben gehabt hat. Aber ich verspreche Erneuerung. Wenn es keinen anderen Ausweg mehr gibt, dann komme ich. Ich bin gütig. Nur ich allein kann dir die Gelegenheit bieten, unlösbare Probleme zu lösen. Jeden Tag, wenn die Sonne untergeht, frage ich dich: Hast du die Gelegenheit zum Wandel wahrgenommen? Hast du diesen Tag genutzt, um in Liebe zu leben, um deinen Auftrag zu erfüllen? Wenn nicht, werde ich wieder zu dir kommen. Ich werde dir immer bedrohlicher erscheinen – je nachdem, wie du es brauchst! Ich werde auch Furcht in dein Herz pflanzen, sofern es nötig ist! Denn ich bin gütig.«

Vorzeichen und Stufen der Transformation bemerken wir in unserem hektischen Leben oft nicht rechtzeitig. Eine Lebensphase ist abgeschlossen, Reifeprozesse haben uns gewandelt. Wir mögen bereits große Einsichten erworben und unsere Erfüllung gefunden oder Ideale verwirklicht haben. Wir fühlen uns mit der Welt im Einklang, doch das erweiterte Potential will eingesetzt werden!

Einstimmung am Osning und Stufen zur Reife

Nehmen Sie sich, wenn möglich, zwei oder drei Tage Zeit für das Erlebnis Externsteine, und vielleicht denken Sie daran, daß in alter Zeit eine Heilige Straße von Paderborn zum Osning führte, auf der sich die Menschen tagelang auf das Heiligtum vorbereitet haben, ähnlich einer Pilgerreise auf dem Jakobsweg. Manche Menschen spüren den Osning bereits am Abend zuvor bzw. in der Nacht. Oft geben ganz spezifische körperliche oder gefühlsmäßige Wahrnehmungen oder Träume Auskunft darüber.

Nach einem ersten kleinen Besichtigungsrundgang an den Felsen der Externsteine begeben Sie sich am besten an einen etwas entfernteren Platz, von dem aus das Gesamtmassiv gut zu sehen ist. Während dieser ersten »Berührung« mit dem Ort findet bereits (bewußt oder unbewußt) eine körperliche und geistige Einstimmung auf das Energiepotential der Externsteine statt.

Wenn Sie nicht meditieren wollen oder können, legen Sie sich einfach entspannt ins Gras, setzen sich auf eine Bank oder lehnen sich an einen Baum, atmen Sie tief und gleichmäßig, lassen Sie Ihren Alltag hinter sich und Ihre Gedanken und Empfindungen vorbeiziehen. Fragen Sie sich: »Warum bin ich hier? – Wie bin ich hier? Wie geht es mir hier und jetzt – an diesem Ort?« Gedanken und Eindrücke können kommen oder auch nicht, geben Sie sich auf keinen Fall »Mühe«.

In einer vorbereitenden Meditation, das kann auch ein unbenannter, innerer Zustand der Ruhe sein, wird unser Schwingungspotential aktiviert und das Energiefeld mit dem Ort in Einklang gebracht, die Schwingungsfrequenz wird angehoben, die das Bewußtsein erweitert und die Aufnahmefähigkeit von Informationen anhebt. Ein veränderter Bewußtseinszustand ist geeignet für eine entspannte und dennoch höhere Konzentrationsfähigkeit und für eine andere Art der Wahrnehmung. Das hat, bezogen auf den Aufenthalt am Kraftort den Vorteil, die vom Ort ausgestrahlten subtilen Kräfte direkt und uneingeschränkt aufzunehmen. Deshalb sollte *für diese Einstimmung* ein möglichst neutraler Platz am Kraftort ausgewählt werden, nicht zu nah am energetischen Zentrum.

Vielleicht möchten Sie den Ort bitten, das für Sie Nötige zu tun. Machen Sie sich bewußt, vielleicht in einer Visualisierung, daß Sie sich an einem Ort befinden, an dem die Mutter Erde besondere Kräfte ausstrahlt und kosmische Energien aufnimmt, die sich in Ihnen ausbreiten.

Definieren Sie bei der Frage »Warum bin ich hier?« Ihre Absicht, das was Ihnen am Herzen liegt. Etwa: »Was will ich hinter mir lassen oder bereinigen? Wofür suche ich Lösungen? Für welchen Schritt meines Lebens brauche ich Kraft und Unterstützung?« Vielleicht auch möchten Sie Dank sagen für Ihr Dasein, für das, was Ihnen das Leben schenkt, oder weil Ihnen etwas gut gelungen ist.

Wenn Sie wollen, verbinden Sie sich in Gedanken mit Ihrer inneren Führung, mit der Erde, den Lichtkräften und den »Hütern« des Ortes. In alter Zeit haben die Menschen hierfür Rituale der »Aufnahme« gekannt. Einige habe ich von den Druiden »gelernt«, einige von den alten Ägyptern, die sehr genau erläutert haben, daß ABSICHT und DEFINITION bei vollkommener Konzentration auf einer bestimmten Schwingungsebene auf Körper, Geist, Empfindung und Wahrnehmung wirken. Phantastisch ist die Erfahrung, daß es funktioniert!

Jeder Mensch hat bei einer Einstimmung ein anderes Erleben. *Alles was kommt, ist richtig,* auch wenn es im Moment noch nicht eingeordnet oder verstanden werden kann. Aus den unterschiedlichen Schilderungen meiner Seminarteilnehmer wurde insbesondere deutlich, daß es nicht einen einzigen Weg oder eine bestimmte Art der Verbindung mit einem Kraftort bzw. der Aufladung gibt, sondern, daß jeder Mensch dafür eine ihm innewohnende eigene Erlebnisfähigkeit und »unbewußte Technik« hat. Es lebe unsere Individualität und Einzigartigkeit!

Das Entscheidende ist, das Bewußtsein auf eine Schwingungsebene zu bringen, welche die Aufnahme der Schwingung und damit die Anpassung an das Energiefeld des Ortes ermöglicht, was geistige und seelische Prozesse unterstützt, erleichtert und beschleunigt. Meine Beobachtung ist, daß der Kraftort diese Schwingungsebene auf Dauer (mindestens den ganzen Tag) hält und sich bei einer entsprechend bewußtseinsfördernden Arbeit am Ort bei den meisten Teilnehmern an den weiteren Tagen um ein Vielfaches erhöht.

Aus den Berichten der Teilnehmer ging hervor, daß 70% davon bereits in diesem ersten tieferen Kontakt mit dem Ort überaus starke bildhafte und erlebnishafte Erfahrungen machen. Sie erzählten, häufig zutiefst berührt, über Wahrnehmungen bezüglich des Ortes, über Informationen, die sie zu ihrem »Hiersein« erhielten oder von Eingebungen bzw. Erkenntnissen anderer Art, die sie in dieser Intensität nie vorher erlebt haben. Einige Persönlichkeitsveränderungen, Wandlungen und Heilungen grenzen an Wunder. Wenn Sie zu den Besuchern am Osning gehören, bei denen sich am Ort gar nichts ergibt, dann warten Sie einige Tage ab, bei einigen stellen sich Ergebnisse erst viel später ein.

Gehen Sie niemals mit zu hoher Erwartungshaltung an einen Kraftort, und wundern Sie sich nicht, wenn Sie, nachdem Sie beflügelt, befreit und glücklich von einem Kraftort in Ihre häusliche Umgebung zurückgekehrt sind, im Laufe der nächsten Tage feststellen, daß dieser Zustand nachläßt. Ihre eigene Schwingung sinkt wieder ab, was sinnvoll und »gesund« ist. Doch die höheren Schwingungen des Erlebens am Kraftort haben, wie in einer »Blaupause«, einen Rahmen hinterlassen, in den Sie durch den in Ihren Händen liegenden Entwicklungsprozeß der kommenden Zeit auf individuelle und natürliche Weise hineinwachsen werden. Auch darin liegt große Weisheit und die Chance, durch eigene Bemühungen zu wachsen, und das ist das einzige, was zählt! Unsere Psyche und unser Nervensystem sind selten vorbereitet auf große »Sprünge«, es sei denn, es ist eine dementsprechende seelische und körperliche Entwicklungsphase vorausgegangen.

Die Queste – den eigenen Weg finden

Nach alt-germanischer Tradition wurden für mehrere Stufen der Einweihung verschiedene Plätze am Osning aufgesucht. Betont sei, daß hier nur einige wenige Aspekte der früheren Einweihungen einbezogen werden, vor allem solche, die in unserer Zeit einer sinnvollen inneren Betrachtung dienen können. Wenn Ihnen danach zumute ist, können Sie viele andere Aspekte einbeziehen.

Die folgenden Ausführungen sind nur als Vorschläge zu traditionellen Inhalten gedacht, und vergessen Sie nicht, daß dabei große Herausforderungen angesprochen werden, von denen vieles für hohe Einweihungsgrade galt. Lassen Sie sich davon nicht beeindrucken, und überfordern Sie sich nicht, sondern passen Sie die gegebenen Anstöße Ihrer Lebenssituation an und Ihrer persönlichen Art und Weise, sich auf Ihre Themen einzulassen. Für Ihren Weg durch diese Stationen stehen Sie in Ihrer eigenen Verantwortung.

Am Felsen 1 und in seinen Kammern begann die Einweihung. Sind auch die Kammern heute geschlossen, so empfiehlt es sich, direkt am Felsen einen ruhigen Platz zu suchen, was manchmal wegen vieler Besucher nicht ganz einfach ist. In diesem Fall lassen Sie sich nur auf die Kraft des Felsens ein und suchen dann einen ruhigeren Platz in seiner Nähe, eventuell auf der Rückseite oder auf der anderen Seite des Sees, von wo Sie den Felsen im Blick haben.

Wenden Sie sich nach innen, geben Sie Ihrer inneren Stimme Raum, wenn Sie sich auf die Stufen der Transformation einstellen, und gehen Sie Ihrem Erleben nach Ihren eigenen Empfindungen nach.

Der Aufbruch ist meistens verbunden mit einer inneren Stimme, einem Drang, die alten Lebensverhältnisse zu verlassen. Der Aufbruch kann sich auch als existentielle oder spirituelle Lebenskrise zeigen, meistens dann, wenn die innere Stimme überhört wurde.

Die »Welt verschlingt uns«, um eine Wiedergeburt zu bewirken. Trauer – Schmerz – Ängste – Kriege – Existenzverluste – sind der *point of no return* und bewirken eine Abspaltung von den alten Lebensverhältnissen: Die Wahrheit setzt sich durch! Entscheidungen stehen an.

Die Initiation beginnt erst dann, wenn wir mit dem *point of no return* erfahren haben, daß nach dem *Tode* (dem Ende einer Lebensphase) Rettung und Neuanfang möglich sind. Der *point of no return* ist verbunden mit der schmerzhaften Lebenskrise, in der wir uns im Hin- und-hergeschleudert-Werden fast besinnungslos und ohnmächtig wie eine *Traumgestalt* erlebt haben. Als »Traumgestalt« wechselt der Mensch in Auseinandersetzungen auf irdischer Ebene zwischen niedrigen und hohen Schwingungen verschiedener geistiger Räume und Welten. Auf diese Weise – »wenn es ganz eng geworden ist« – wird ein Mensch die Bereitschaft entwickeln, an sich zu arbeiten und Verantwortung für das eigene Leben zu übernehmen. Das ist der Sinn der Prüfungen der Initiationszeit. Wir sprechen auch von der »konstruktiven Krise«, in der wir uns in Frage gestellt sehen oder uns selbst »hinterfragen« müssen. Das Wort »Queste« enthält das englische Wort »question«, was die Fragestellung und die Suche nach einer Antwort bedeutet.

Am Felsen 1 fand der »innere Drachenkampf« statt, darunter verstand man das »Abtauchen in die eigene Seelenwelt« und zu lernen, die eigene Energie sinnvoll zu lenken durch das Ordnen der Begierden und des Trieblebens, was später allgemein bezogen wurde auf Sexualität und durch Kirche und Religion negativ belastet ist. Ergründen Sie Ihr Triebleben im Hinblick darauf: ... was ist mein Trieb oder mein Treiben, was treibt mich, ... von was lasse ich mich treiben? Fragen Sie sich, inwieweit Sie sich z.B. eigenen oder fremden unangemessenen Ansprüchen, gesellschaftlichen Normen oder anderen Zwängen unterordnen. Wie steht es mit Begierden, dem eigenen Macht- oder Besitzstreben, Erwartungshaltungen, mit dem »Haben-Wollen« oder »Haben-Müssen«?

Der Sargstein unterhalb des Felsens 1 offeriert das »Begraben-Sein«, die Konfrontation mit der Todeserfahrung, dem Sterben und traditionell »das Töten der Ängste«, das eigentlich bedeutet, die Ängste anzuschauen, mit ihnen umgehen zu lernen und sie zu überwinden. – Wovor fürchte ich mich?

Sie können sich dazu in den Sargstein legen, wenn es Ihnen beliebt. Es genügt auch eine ganz einfache Einlassung auf das Thema irgendwo in der Stille, wenn sie auf Ihre innere Stimme hören.

Am Felsen 2 können Sie mehreren Aspekten nachgehen. Hier wurde die »Stärkung der Gedächtniskräfte« bewirkt und das »Heraufheben alter Erinnerungen«, Weisheit aus anderen Leben oder aus dem Ort selbst. An dem Platz vor dem Felsen 2 stand der Hörg mit einem Schacht, dort erschließt sich die »Quelle des Wissens um die Geheimnisse der Welt«. Die Formulierung dafür kann sein: »Ich ›erinnere‹ mich unabhängig von Zeit und Raum und integriere altes Wissen.« Es war der »Brunnen des Mimir«, des Lehrers, der jeden Morgen aus dem Brunnen »trank«.

Im Sacellum, der Höhenkammer des Felsens 2 lernte der Eingeweihte, »das Schwert aus dem Baum« zu ziehen, d.h. das Schwert des Lichtes und der Erkenntnis zu nutzen, um den Schleier der Unwissenheit zu zerschneiden oder als Werkzeug für eine große Veränderung. Es ist der Ort der Wissensvermittlung, der Ausbildung und der Wissenschaften.

Auf der oberen Plattform der Kammer, die heute nicht mehr vorhanden ist, stand ein »Baum«, besser gesagt, eine Irminsul. Der im höchsten Grade Einzuweihende hing dort neun Tage und neun Nächte, um, wie es überliefert ist, »in die Rolle des Gottes selbst einzutreten« und das Bewußtsein der All-Einheit zu erreichen. Neun ist die Zahl der Vollkommenheit.

Vielleicht fällt Ihnen dazu etwas ein im Hinblick auf Ihr Verhältnis zum Göttlichen, zu Ihrem Ursprung, zu religiösen Fragen u. v. m.

Unterhalb des Felsens 2 steht die »Kanzel«, früher und zu gewissen Zeiten einer der energisch höchsten Plätze. Anzunehmen ist, daß hohe Einweihungen zu bestimmten Zeiten stattfanden, um diese besonderen Kräfte zu nutzen. Ob die »Säule der Hierophanten« eine weitere Irminsul war, ist nicht bekannt. Doch hier vernahm der Einzuweihende, was ihm der/die Hierophant/in mitzuteilen hatte, bevor er die neun Tage am Holz hängen würde.

Fragen Sie sich, was ein Hierophant Ihnen zu sagen hätte (auch ohne, daß Sie neun Tage am »windigen Baum« hängen). Stellen Sie Fragen, die sich auf Ihr Leben beziehen.

Für welche Stationen der Einweihung der ***Felsen 3*** vorgesehen war und ob überhaupt, ist mir nicht bekannt. Oben befindet sich jedoch eine kleine Plattform und auf seiner Rückseite offensichtliche Spuren der Zerstörung. Vielleicht können Sie etwas über die Bedeutung herausfinden.

Am Felsen 4 befindet sich der »Hängende«, mit einer großen, sehr alten Symbolkraft, die in der Gestik der Ergebenheit für das Abstandnehmen vom eigenen Tun und Handeln spricht, auch für das Sterben und dafür, sich einem höheren Willen und Geschehen unterzuordnen.

Der Felsen 4 trägt den »Wackelstein«, den der Eingeweihte in alter Zeit durch geistige Kräfte in Bewegung zu versetzen hatte. Damit brauchen Sie sich nicht aufzuhalten, denn er ist mit Eisenklammern gut befestigt.

Auf dem hohen ***Felsen 5*** lädt der »Rufer« dazu ein, Übersicht zu gewinnen, die »Seelenkräfte« in der Verbindung zum Höheren, zum übersinnlichen Bewußtsein zu beherrschen. Nutzen Sie die Kräfte des Felsens, um mit sich in Einklang zu kommen, dort werden Ihre Gehirnhälften ausgeglichen. Versetzen Sie sich in seine Position dort oben auf dem Felsen und betrachten Sie Ihr Leben aus dieser höheren Sichtweise. Vielleicht erleben Sie, wie vieles von dem, was Sie sorgt und einschränkt, bedeutungslos ist. Der

Rufer verspricht den Sieg im Kampf gegen übermächtige negative Aspekte unserer menschlichen Natur, die wir erkennen und überwinden wollen.

Am ***Felsen der Großen Mutter*** errang der Einzuweihende »die Jungfrau durch das Durchreiten der Waberlohe«. Das bedeutet die Integration der »Jungfrau«, d. h., des weiblichen Aspektes, der Anima. Dies gilt heute nicht nur für männliche Personen, auch bei Frauen ist die Anima häufig in den Schatten gedrängt. Gefordert wird ein Gleichgewicht im bewußten Einsatz der Gegensätze.

Verordnen Sie sich am Felsen der Großmutter Ruhe und Besinnung und überlassen Sie sich der Großen Göttin, »die alle ihre Kinder im gleichen Maße liebt«, ob Mann oder Frau.

Das weibliche Element der göttlichen Schöpfung ist der »Gral«, die Hagia Sophie der Weisheit, die uns dazu führt, »die Wahl« zu treffen, Entscheidungen für unser Leben herbeizuführen.

»Und übrig bleibt die Erfahrung von GNADE, der ›Gnade Gottes, die höher ist als alle Vernunft‹, und das Erwachen des MITGEFÜHLS und der LIEBE zu sich selbst.«

***

Wenn Sie sich vom Osning verabschieden, lassen Sie nicht alle Erfahrungen dort. Nehmen Sie Ihre Erkenntnisse mit nach Hause und überlegen Sie, wie Sie diese in Ihr Leben integrieren können.

Einweihung und der Hinweg auf der Pilgerreise sind nicht das Ziel; das Ziel sind Umkehr auf dem Lebensweg und das »Zurückkommen« ins Leben.

Der Gral wird nicht durch Weltentsagung erlangt, nicht einmal durch Abkehr von Sitte und Brauch einer bestimmten Gesellschaft, im Gegenteil: Man muß mit ganzer Kraft tätig in das Leben seines Jahrhunderts hineingehen, so, wie es einem das unverdorbene Herz vorschreibt – die innere Stimme, sagen die Mystiker dazu.

Die verlorenen Wurzeln des Alten Europa

»Heute« – das ist eine Zivilisation, in der die ursprünglichen Sinnbilder (...) entehrt sind; in der Schlange und Adler in den Zirkus gehören und der Heilige Hain in die Sägemühle; (...) in der Geld fast alles kaufen kann, außer der Wahrheit, und beinahe jeden (...).
Robert Graves

Über Zeiten hinweg war größter Wert auf die Erhaltung und Weiterentwicklung eines unschätzbaren Wissens gelegt worden. Dieses Wissen war den Menschen »heilig«, es war ihre »Religion« und wurde über Generationen an diejenigen weitergegeben, die sinnvoll damit umgehen konnten. Die Ausbildungszeit metaphysischer Disziplinen umfaßte mehr als zwanzig Jahre. Aus Vorsicht und Achtsamkeit wurde das hermetische Wissen der Geheimlehren nur mündlich weitergegeben, es war auch in früherer Zeit nicht für jeden bestimmt.

Irische und schottische Mönche begannen im 7. Jh. einige der Weisheitslehren aufzuschreiben. Sie gehören zu den ältesten Quellen, auf die wir für das westliche Europa zurückgreifen können. Im übrigen christlichen Europa begannen die Mönche meist erst um 1200 n. Chr. die alten Überlieferungen in schriftlicher Form niederzulegen. Bis dahin wurden die ursprünglichen Inhalte nur noch von wenigen Eingeweihten verstanden. Das Alte Europa verlor mehr und mehr seine geistigen Traditionen.

Nach Jahrtausenden des Wissens um Erde, Mensch und Natur, nach weitgehender Toleranz der Völker Europas im Glauben und Denken, die eine ungeheure Vielfalt kultureller Entwicklungen hervorgebracht haben, brachte die Zeitenwende große Veränderungen.

Gewiß waren vorangegangene Epochen nicht ohne kriegerische Auseinandersetzungen, nicht ohne ein Auf und Ab spiritueller Richtungen und nicht ohne religiöse und politische Verfehlungen. Bereits die Menschen der heraufdämmernden Eisenzeit (etwa 500 v. Chr.) begründeten ihre Macht auf Waffen. Ihre Gesetze und Regeln waren anderer Natur, nicht die von Gerechtigkeit und Wahrheit, sondern sie brachten grausame Praktiken mit sich, oft schwarze Magie und religiösen Machtmißbrauch. Die

Römer nahmen den Völkern ihre Freiheit und Eigenständigkeit, danach wurde eine neue, falsch interpretierte Heilslehre aufgezwungen.

Die natürlichste und wertvollste Eigenschaft des Menschen, zu denken, zu forschen, zu wissen, sich in der Fülle des Lebens zu entfalten, wurde unterdrückt. Der Bezug zur Natur, zur Erde, zum Kosmos, ja, fast jede menschliche Regung wurde zur Sünde stilisiert. Die Scheiterhaufen brannten in religiöser Euthanasie. Geschichte und Mythologie wurden verketzert und verboten. Der Geist des Alten Europa wurde endgültig gebrochen.

Eine macht- und geldgierige, orientierungslose »westliche Welt« ist daraus hervorgegangen, deren Werte und Bildung mehr und mehr schwindet, nicht nur in Europa. Auf welchen Kontinenten *der im Geist vergewaltigte Europäer* sich niederlassen konnte, hat er vorwiegend Unheil verbreitet und andere Völker vergewaltigt. Die fatalen Folgen erstrecken sich global gesehen bis in unsere Zeit.

***

Wir erleben in einem sich erweiternden Verständnis für die jahrtausendealten Kulturen der Naturvölker, welche Bedeutung die Mythologie haben kann. Sie kennen darin ihre Geschichte bis zu den »Anfängen« der göttlichen Ahnen. Es ist ein unglaubliches »Wissenhaben«, das nicht nur ein transpersonales, holographisches Erinnerungsvermögen beinhaltet, sondern auch eine mehrdimensionale Auffassungsgabe für den umgebenden Kosmos sowie für die Natur.

Erst jetzt, nachdem wir Einblick erhalten haben, erkennen wir, daß ihr mythologischer Bezugsrahmen alles enthält, was dem Menschen zum Leben dient, vor allem aber Achtung und Respekt vor gewaltigen Naturkräften und der Mutter Erde. In diesen Rahmen schmiegte sich ihre Kultur ein und entnahm ihr Weisheit, Verständnis, geistige Inhalte und letztlich die Nahrung zum Überleben.

In der Neuzeit wird die Mythologie in den Bereich unüberprüfbarer Legenden und Märchen verwiesen, von der Wissenschaft wird sie völlig ignoriert, weil sie nicht bewiesen werden kann. So weit uns die Zeit auch davon getrennt hat, so tauchen doch unübersehbare Hinweise oder

Bestätigungen auf. Zum Beginn archäologischer Forschungen wurden viele gewiß interessante Artefakte oder Beobachtungen übergangen, weil man sie in keinen Zusammenhang bringen konnte; das ist das eine. Das andere ist, daß sich die Archäologen und Historiker lange – wenn nicht bis heute – in der Angst bewegten, etwas zu entdecken, was nicht in das gängige Geschichtsbild paßt.

Mythologie ist hilfreich, denn sie ist unsere Geschichte. Beweisbar ist sie jedoch nicht, und der Mensch hat sich weit von dem entfernt, was Mythologie außerdem beinhaltet. Sie ist mehrdeutig und setzt keine zeitlichen Grenzen; sie enthält Erzählungen, die nicht verstanden werden und daher nicht glaubhaft sind; sie enthält Werte, die wir nicht mehr kennen; sie spricht von den »Anfängen« einer Kulturentwicklung oder gar der Menschheit, was aus der Sicht des christlich geprägten und »westlich-kultivierten« Menschen ein Unding ist. Und sie spricht von einem umfassenden Naturverständnis.

Wir wundern uns über den Verfall von Bildung, über das Abstumpfen der Seele und der Gefühle des Herzens, über die Folgen der Vereinsamung, über den Mangel an inneren Werten. Wir stellen eine allgemeine Verrohung unserer eigenen Natur fest und stellen sie in fortlaufenden TV-Sendungen in die Normalität, wodurch der Mensch letztlich *das Schwert gegen sich selbst richtet.* Wie absurd es ist, die Entwicklung des Menschen in seiner Persönlichkeit an eine materialistische Welt zu knüpfen, an Errungenschaften der Neuzeit und an die Abkehr von einem größeren Bezugssystem des Lebens, zeigt diese Verarmung.

Heute fahren Europäer in den letzten Winkel der Erde, um aus den spirituellen Wurzeln anderer Kulturen zu lernen bzw. von dem, was noch übriggeblieben ist; oder spirituelle Lehrer werden aus aller Herren Länder nach Europa geholt. Daraus entstanden große Mißverständnisse über geistige Lehren, da ihre Hintergründe und Praktiken, auf einen ganz anderen Kulturkreis bezogen, möglicherweise aus einer ganze anderen Epoche, in unserer westlichen Welt gar nicht verankert werden konnten.

Abgesehen von immer und weltweit gültigen Grundweisheiten und hermetischen Lehren, die allen Menschen dienen, hat nicht alles der New-Age-Bewegung gutgetan. Letztlich ist es der verzweifelte Versuch, in die

Neue Zeit des Wassermannzeitalters alte Inhalte von Wissen und Weisheit zu bringen, die es bei uns nicht mehr gibt. Das, was vor unserer eigenen Haustür liegt, wird nicht verstanden und liegt brach, ist unerforscht und vergessen. Es kann ohne ein gründliches Studium nicht erlangt werden, weil die Kluft zwischen Vergangenheit und Gegenwart zu groß ist und weil der Geist Europas noch immer gelähmt und daher anfällig ist für jede Art von Manipulation.

Nachwort

Läßt sich das, was die Externsteine einst waren, heute auch nur noch erahnen, so weisen viele Auffälligkeiten auf größere Zusammenhänge hin, Zusammenhänge, die den Übergang einer älteren Kultur zum Keltentum erahnen lassen. Großangelegte Ausgrabungen in diesem Gebiet würden sich mit Sicherheit lohnen, auch im Umfeld der fünf Hauptfelsen. Das Ostara-Heiligtum liegt derzeit im unzugänglichen Sperrgebiet des Senne-Truppenübungsplatzes. Was vor den Zerstörungen durch militärische Übungen im Gelände noch übrig war, fiel dem für die landwirtschaftliche Nutzung eingesetzten Dampfpflug zum Opfer. Durch die wenigen Hügelgräber am Rande des Sperrgebietes führt heute ein archäologischer Lehrpfad.

Ende des 18. Jahrhunderts waren jedoch, wie Gerhard Tiggelkamp in seiner engagierten und lehrreichen Broschüre über die Externsteine empört und bedauernd schrieb, »...die Hünengräber bereits ausgeraubt worden, zugunsten des Londoner Museums«. Dort werden die Kleinodien unter vielen anderen in Glaskästen ruhen, vielleicht in der Abteilung »Vorzeit«, mit einem kleinen Hinweis auf ihre Herkunft versehen. Welcher Besucher dort hat je von den Externsteinen gehört und könnte sie in ihren wirklichen Zusammenhang bringen?

In Deutschland bestand bisher kein allzu großes Interesse an der wirklich alten Geschichte. Während es im Ausland Tausende archäologischer Grabungsstätten gibt, alleine in der Türkei mehr als zweitausend, in den Ländern des Nahen Ostens sollen es Zehntausende sein, sind es in unserem Lande denkbar wenige.

Die großen Ausgrabungen, an denen deutsche Universitäten beteiligt waren, fanden und finden derzeit, durch Spendengelder namhafter deutscher Firmen unterstützt, an den antiken Stätten anderer Länder statt. An der Ausgrabungsstätte des alten Troja wehen die Fahnen der Firma Siemens!

Namhafte Forscher haben sich inzwischen mit den Externsteinen befaßt und hervorragende Arbeit geleistet, Anregungen von vielen Hobbyforschern haben zum größeren Verständnis des Ortes beigetragen. Aber:

»Der Prophet im eigenen Lande gilt nichts«; das ist eine alte Weisheit. So ist es vielen ergangen, auch denen, die den Legenden von Newgrange in Irland ernsthaft nachgingen und deren aufsehenerregende Beobachtungen zunächst auf hartnäckigsten Widerstand stießen.

Der Geomantieforscher Paul Devereux schreibt darüber: »Die Archäologen behandelten die Bedeutung von Newgrange zunächst auf beschämende Weise. Der Intellekt des modernen Europäers wurde hier mit einem Element seiner eigenen Vorgeschichte konfrontiert, und er reagierte darauf wie jemand, der sich nicht an seine Träume erinnern kann und daher schwört, überhaupt nicht zu träumen.«

In den 80er Jahren verhalfen Devereux und Martin Brennan, Student der bildenden Künste, ein junger Amerikaner irischer Abstammung, mit einer Gruppe von Freunden der steinzeitlichen Anlage von Newgrange und der weiteren Umgebung zu ungeahnter Berühmtheit. Diese jungen Leute ließen sich nicht beirren von festgefahrenen archäologischen Erkenntnissen oder anderen Auseinandersetzungen. Sie ließen sich tragen von Faszination, von Unbefangenheit und Neugier und haben als typische »Quereinsteiger« eine Welle von Forschung und wissenschaftlichem Interesse unvorhergesehen Ausmaßes für die alten Stätten ausgelöst.

Kein Mensch hatte bis dahin deren Bedeutung verstanden oder den Versuch unternommen, diese Bauwerke zu entschlüsseln. Seitdem weiß man, daß Newgrange vor mehr als 5.000 Jahren errichtet wurde. Es ist inzwischen wiederhergestellt worden und einzigartig. Das Interesse ist sowohl bei Fachgelehrten als auch bei Irland-Reisenden so weit gestiegen, daß der Besucherstrom organisiert und eingeschränkt werden mußte. Newgrange wurde in das Weltkulturerbe der UNESCO aufgenommen. Das Privileg zu erhalten, ein einziges Mal im Leben das Licht-Schauspiel zur Wintersonnwende im *cairn* von Newgrange sehen zu können, gleicht heute der Unwahrscheinlichkeit eines Volltreffers im Lotto.

In der Öffentlichkeit ist kaum bekannt, wie viele Archäologen, Geomanten, Radiästheten und Quereinsteiger, in Gruppen oder als Einzelpersonen, heute in der ganzen Welt größtes Interesse an den alten Kulturstätten zeigen. Daraus entstand ein inzwischen anerkannter, sich mehr und mehr etablierender Forschungszweig einer neuen Archäologie, die nicht nur Artefakte ausgräbt, um Museen auszustatten, sondern die sich mit geistigen, kulturellen und technischen Gegebenheiten auseinandersetzt und dabei auf unglaubliche Zusammenhänge stößt. Während wir lange dachten, daß unsere Zivilisation »das Rad neu erfunden habe«, sehen wir jetzt, daß alles schon gewußt war.

Alte heilige Plätze gaben den Forschern in den letzten Jahren auch in Deutschland Auftrieb. Was liegt näher, als sich einem der außergewöhnlichsten und kulturgeschichtlich bedeutendsten Orte in Deutschland zuzuwenden, dem OSNING. Wünschenswert wäre, das flächendeckende Netz einer Großraumanlage ins Auge zu fassen, die sich über viele Kilometer erstreckte, zumindest aber den Bereich um die Felsen. Wenn Kaiser Karl auch die Schätze mitnahm, so gewiß nicht das Gestein, das bei den Sprengungen herunterfiel. Es spielt keine Rolle, ob die heutigen Erkenntnisse die letzte Wahrheit sind, gewiß wird es in einigen Jahren weitere Entdekkungen geben. Vielleicht wird erst die Zukunft erweisen, daß sie in den »geschichtslosen« Zeitraum vor den Kelten und den Germanen fällt.

Literaturverzeichnis

Becher, Matthias: Karl der Große, C.H. Beck, 1999
Beck'sche Reihe: Das Mittelalter – Ein Lesebuch zur deutschen Geschichte, C.H. Beck, 1997
Muhl, Arnold und Weiss, Rainer M.: Wikinger – Waräger – Normannen, Begleitheft zur Kunstausstellung, Staatliche Museen Preußischer Kulturbesitz, 1992
Berndt, Helmut: Die Nibelungen, Lübbe, 1979
Botheroyd, S. & P.: Lexikon keltischer Mythologie, Diederichs, 2003
Coe, Micheal D.: Das Geheimnis der Maya Schrift, Rowohlt, 1995
Cotterell, Maurice M.: Die ersten Götter der Erde, Heyne, 1999
Devereux, Paul: Das Gedächtnis der Erde, AT-Verlag, 2000
Eco, Umberto: Das Foucaultsche Pendel, dtv, 1992
Editions Tchou Princesse: Guide de la Bretagne Mysterieuse, 1966
Einhard: Vita Karoli Magni, Hahn, Aschendorff, 2005
Erkens, F.-R.: Aspekte des Königinnentums
Fasching, Gerhard: Sternbilder und ihre Mythen, Springer, Wien, 1994
Fitzpatrick, A.P.: Who were the Druids?, Weidenfeld Nicolson Illustrated, 1997
Fuchs, Theodor: Arminius und die Externsteine, Urachhaus, Stuttgart, 1981
Golther, Wolfgang: Handbuch der germanischen Mythologie, Magnus, Essen, 1999
Gould Davis, Elizabeth: Am Anfang war die Frau, Ullstein, 1987
Gowlett: Auf Adams Spuren, Herder, Freiburg, 1985
Hermann, Karl: Die Geschichte der Externsteine
Kestermann, Dieter: 3000 Jahre Externsteine, Burkhart, 2000
Koneckis, Ralf: Geheimnis Externstein, Topp + Möller, 1995
Laidler, Keith: Das Haupt Gottes, Scherz, 2001
Lawlor, Robert: Sacred Geometry
Leigh Molyneaux, Brian: Heilige Plätze, Magische Orte, Taschen Verlag, 2002

Lincoln, Henry/Baighent, Michael/Leigh, Richard: Der Heilige Gral und seine Erben, Lübbe, 1984
Meehan, Bernard: The Book of Kells, Thames and Hudson Ltd., 1995
Mitchell, John: Die vergessene Kraft der Erde
Mitchell, John: Die Geomantie von Atlantis, Goldmann, München, 1986
O'Brien, Tim: Light Years Ago
Piggott, Stuart: The Druids
Pörtner, Rudolf: Die Wikinger Saga, Magnus Verlag, Essen, 1981
Poynder, Michael: Pi in the Sky, Rider & Co., 1992
Ranke-Graves, Robert von: Die Weiße Göttin, Rowohlt, 2002
Reihe Ravensburg: Rom – Byzanz
Ritters, Volker: Das Relief an den Externsteinen, Edition Tertium
Roob, Alexander: Alchemie und Mystik, Taschen Verlag, 2001
Stout, Geraldine: Bend of the Boyne, Cork University Press, 2002
Tacitus: Germania & Annales
Tacitus: Historien IV, 61, 65
Tiggelkamp, Gerhard: Die Externsteine im Teutoburger Wald
Vitebsky, Piers: Schamanismus, Droemer Knaur, 1998
Wallace, Patrick F.: Guide to the National Museum of Ireland
Westwood, J.: Sagen, Mythen, Menschheitsrätsel, Frederking & Thaler, 1995

Fotos an den Externsteinen: Michael Singer

Stichwortverzeichnis

WEGFÜHRER ABSEITS AUSGETRETENER PFADE

Südlich des Pfälzer Waldes liegt ein vergessenes Kleinod voller verborgener Zeugnisse aus keltischer Zeit. Roland Kroell hat diese Gegend erwandert und zeigt uns die Wege zu magischen und mythischen Orten, die darauf warten, von respektvollen und offen lauschenden und empfindsamen Menschen wieder entdeckt zu werden.

Es ist ein Land, wo wir auf geheimnisvollen Spuren etwas über die verborgenen Schätze der europäischen Kultur erfahren können. Die Frage von: »Wo kommen wir her, wohin gehen wir«, wird hier besonders berührt. Kaum ein Landstrich Europas hat so viele Wandlungen erlebt wie daß Elsaß. Kelten, Römer, Germanen, Alemannen, Franken, Staufer, Habsburger, Burgunder, Bischöfe, Kardinäle, Franzosen, Deutsche – um nur einige zu nennen – haben hier gewirkt, und jeder hat in diese Landschaft und ihre Bevölkerung etwas eingewebt und damit unbewußt oder bewußt hinterlassen.

Roland Kroell
Magische Nordvogesen
Pb., 176 Seiten, durchgehend farbig illustriert
ISBN 3-89060-228-2

RUNEN UND LEBENSBAUM – DIE »BIBEL« DES NORDENS

Seit langem vergriffen, ist dieses Buch immer noch ein Geheimtip. Der VATAN ist das esoterische Weltbild unserer Vorfahren, gespiegelt in Runen und Lebensbaum, und den Autoren gelingt es wie niemandem vor oder nach ihnen, dieses Weltbild in all seinen Verwurzelungen und Verästelungen darzustellen. Ein Muß für alle, die sich für das Wissen unserer Vorfahren interessieren.

Edmund und Michaela von Hollander
VATAN
Die uralte Wissenschaft der Runenmeister,
Seherinnen und weisen Frauen
Paperback, 448 S., 14 x 21 cm
ISBN 3-89060-039-5

DIE ERDE ERSPÜREN

Feng-Shui ist in aller Munde, aber die wenigsten wissen, daß Feng-Shui nur ein Aspekt der traditionellen Wissenschaft der Geomantie ist.

Um Geomantie zu verstehen, muß man sich auf das Unsichtbare einlassen, eine ganzheitliche Wahrnehmung entwickeln. Die Autorin öffnet in diesem Buch den Blick auf überzeugende Weise. Zuerst erklärt sie die Grundlagen der Geomantie, die auf einem traditionellen Wissenschaftsbild beruhen. Ohne ein Verständnis dieser Grundlagen – alles ist Schwingung, die Erde ist ein Lebewesen, es gibt unsichtbare feinstoffliche Dimensionen – ist Geomantie nicht möglich, bedeutet doch schon das Wort: »die Erde erspüren«.

WÜNSCHELRUTEN – MAL GANZ ANDERS

Die meisten kennen Wünschelruten als Werkzeug von Leuten, die damit Wasseradern oder Erdgitter aufspüren möchten. Daß die Möglichkeiten des Rutengehens viel weiter gehen, zeigt die erfahrene Praktikerin hier: Ruten als Orakel und Wegweiser, zur Verbesserung des Lebensumfeldes, als Hilfsmittel zur Kontaktaufnahme mit Pflanzen und zur Kommunikation mit Natur- und Elementarwesen sowie zum Aufspüren von Kraftorten.

DIE VERGANGENHEIT IST NICHT VERGANGEN

Die unverbildete, kindlich anmutende Schöpferkraft des keltischen Menschen ist mehr als ein Mythos. Sie lebt nicht nur in unzähligen literarischen Zeugnissen und in dem bis heute nicht annähernd vollständig erfaßten Reichtum volkstümlicher Mythen und Überlieferungen weiter. Sie ist in jedem von uns lebendig, wie tief verschüttet auch immer sie sein mag. Dieses Buch versucht, dieses Erbe zu heben – ohne falsche Mystifizierungen.

Die Autoren nähern sich dem Rätsel des Keltentums zunächst ganz nüchtern und sachlich, eben so, wie es unserer Mentalität entspricht. Man braucht verschiedene gedankliche Ansätze, um das Keltentum zu »definieren«, z. B.: wie die Römer den Begriff verstanden; wie die Kelten ihn verstanden; als Bezeichnung einer linguistischen Gruppe; als Kunststil; als Geisteshaltung; als Begriff für das sogenannte »keltische Erbe«.

Momo Edel/ Bertram Wallrath
Die Kelten
Europas spirituelle Kindheit
Broschur, 224 Seiten, viele Abbildungen
ISBN 3-89060-090-5

AUF HEIMLICHEN FÄHRTEN IN ALTE ZEITEN

Nur dürftig und unsicher sind alle Berichte über das, was die Druiden waren und wußten. Gewiß aber ist eins: Als die geistige Elite der Kelten, deren Kultur über mehr als ein Jahrtausend blühte, prägten die Druiden mit ihrer Weisheit das heidnische Europa entscheidend. Angesichts der lückenhaften Quellenlage versucht Manfred Böckl gar nicht erst, ein »gesichertes« Bild der Druiden zu entwerfen; ihm geht es vielmehr um den Kern, um die Botschaft: Daß wir wieder lernen, das Gewebe des Lebens als Ganzes zu erkennen und zu achten – und uns darin wieder einzufügen.

Manfred Böckl
Die Botschaft der Druiden
Weisheit aus der Anderswelt
Pb., 192 Seiten + 16 Farbtafeln
ISBN 3-89060-073-5

EIN QUANTENSPRUNG IN UNSERER BEZIEHUNG ZUR NATUR

Nachdem die Vorstellung, daß in der Natur unsichtbare Intelligenzen am Wirken sind, nicht mehr ganz so absonderlich erscheint, wie noch vor Jahren, ist jetzt die Zeit gekommen für dieses Buch, in dem uns einer vom elbischen Volk der Leprechâns erzählt, wie wichtig die Zusammenarbeit der Menschen mit den Naturgeistern ist. Leicht lesbar und auf unterhaltsame Weise bringt uns die Autorin Tanis Helliwell die Welt der Elfen, Devas und Elementale näher – und selbst Skeptiker werden ihr Vergnügen haben und ins Nachdenken kommen.

Tanis Helliwell
Elfensommer
Meine Begegnung mit den Naturgeistern
Ein Tatsachenbericht
Paperback, 224 Seiten
ISBN 3-89060-318-1

KOOPERATION STATT KONFRONTATION

Die einfachste, billigste und heilste Art, mit Schädlingen umzugehen, ist, mit ihnen zu reden und Frieden zu schließen. Anhand zahlreicher Beispiele belegt der Autor, daß eine Kommunikation mit Tieren möglich ist. Es gilt jedoch, einige einfache Grundregeln zu beachten, um eine Verständigung und auch Vereinbarungen mit anderen Lebewesen möglich zu machen. Daß dies mit menschlichen Worten und jenseits davon selbst mit Schnecken möglich ist, kann jeder erlernen und erfahren. In fünf einfachen Schritten erfährt der Leser, wie leicht es ist, selbst mit Schnecken erfolgreiche Vereinbarungen zu treffen.

Hans-Peter Posavac
Schneckenflüstern statt Schneckenkorn
Pb., 112 Seiten, mit vielen
Zeichnungen von Kay Strathus
ISBN 3-89060-240-1

DAS HEILIGE IST DAS LEBENDIGE

Menschwerdung ist der Moment, da uns das große Staunen überkommt, das ehrfürchtige Erschauern angesichts eines gewaltigen Sternenkosmos oder des Sich-Öffnens einer Blüte. Der Baum ist das Bindeglied zwischen dem Weltall, dem Leben auf der Erde und dem Kosmos in uns Menschen. Etwas von diesem Numinosen anhand vieler alter und neuer heiliger Haine und Wälder wieder sichtbar – und erfahrbar – zu machen, ist Anliegen dieses kulturgeschichtlichen Reiseführers.

Wolfgang Bauer/ Sergius Golowin/
herman de vries/ Clemens Zerling
Heilige Haine, heilige Wälder
Hardcover mit Schutzumschlag,
304 Seiten mit vielen Fotos + 32 Farbtafeln
ISBN 3-89060-064-6

URWISSEN EINES URVOLKES

Auf einer außergewöhnlichen Expedition in die Berge Kolumbiens kommt der französische Geograph und Alpinist Éric Julien unter eigenartigen Umständen in Berührung mit den Kogi. Angehörige dieses Stammes retten den lebensgefährlich erkrankten Julien und heilen ihn mit Pflanzen und ihrem Wissen aus einer anderen Zeit. Mehr und mehr versteht er, daß die Kogis mit ihren Zeremonien das Gleichgewicht der Erde bewahren helfen und daß es ein für das gesamte Ökosystem nicht mehr gutzumachender Verlust wäre, würden sie ausgerottet und ihr Kultur zerstört.

In dieser ganz das Erlebte atmenden Schilderung bekommen wir eine Ahnung, welch tiefes Wissen wir verloren haben und wiedergewinnen müssen, um eine Zukunft zu haben.

Éric Julien
Der Weg der neun Welten
Die Kogi-Indianer und ihr Urwissen
vom Leben im Einklang mit Himmel und Erde
Pb., 320 Seiten, 32 Farbtafeln
ISBN 3-89060-322-X

EIN BUCH ÜBER BÄUME, WIE ES NOCH KEINES GAB

Im vorchristlichen Europa wie in allen anderen Teilen der Welt wurde die ganze Erde als ein atmendes Wesen gesehen, erfüllt von sichtbaren und unsichtbaren Lebensformen. Bäume waren in dieser heiligen Landschaft hochangesehene Pforten der Einweihung. Die Kraft und Energie heiliger Haine und einzelstehender alter Bäume half den Kelten, Germanen, Römern und Griechen, aber auch schon den Menschen der Bronzezeit und der Jüngeren Steinzeit, die Grenzen ihres Bewußtseins zu erweitern und Kontakt mit dem Unsichtbaren aufzunehmen.

Fred Hageneder
Geist der Bäume
Eine ganzheitliche Sicht ihres unerkannten Wesens
3. erweiterte Auflage,
gebunden mit Schutzumschlag, 416 Seiten,
17 x 24 cm, reich illustriert, viele Farbabbildungen
ISBN 3-89060-472-2

DEN BÄUMEN LAUSCHEN

Es gibt zwei Arten von Engeln: solche mit Flügeln und solche mit Blättern. Der jahrhundertealte Weg, Rat zu finden oder der Natur Dank zu sagen, führt in den heiligen Hain. Da heilige Haine – mit Verlaub gesagt – selten geworden sind und selbst ehrwürdige einzelne Bäume in friedvoller Umgebung nicht immer schnell zu finden sind, wenn wir sie bräuchten, bieten wir hiermit ein Baumorakel an, das uns den Engeln der Bäume wieder näherbringen kann.

Das *Baum-Engel-Orakel* lädt zu inspirierenden Meditationen ein und läßt die Bäume zu uns sprechen.

Fred Hageneder, Anne Heng
Das Baum-Engel-Orakel
Buch kartoniert, 112 Seiten,
mit 36 Karten im Stülpdeckel-Karton
ISBN 3-89060-076-X

Menschen und Bäume

Liebe

Wenn Sie Menschen fragen, warum sie zu dem Ort gezogen sind, wo sie leben, werden sie oft antworten: »Ich habe mich in diese Gegend verliebt.« Es beginnt mit einer zärtlichen Romanze mit der Natur, den Bergen und den Flüssen, den Wäldern und Wiesen, den Bäumen und den Menschen. Es ist in Ordnung, sich in die Natur zu verlieben; es muß niemanden in Verlegenheit bringen. Im Gegenteil, eine Beziehung mit der Natur aufzubauen, ist eine heilende Grundlage für Menschen und Gemeinschaften, ihre Angelegenheiten auf ökologische Weise zu regeln.

Überdies bemerkt eine wachsende Zahl von Menschen, daß sich etwas ändern muß, nachdem die Menschheit den Planeten über Jahrhunderte ausgebeutet hat. Gier ist normal geworden. Es ist Zeit, unser Verhalten zu ändern. Der Mißbrauch der Erde erschafft Ödland. Die Schwingung der Erde zu erhöhen, ist unser aller Aufgabe.

Indem die **»Freunde der Bäume«** die alte weltweite Tradition Heiliger Haine (wieder) einführen, hoffen sie, ihren Teil zu jener Veränderung beizutragen, die notwendig ist, um die weltweite ökologische Krise zu meistern.

Was ist ein »Heiliger« Hain?

In den alten Kulturen Griechenlands, Roms und Ägyptens genauso wie bei den keltischen Stämmen der Waldländer oder den Angelsachsen gab es Bäume mit einem heiligen Status, die vor jedem Schaden beschützt wurden und die von den damaligen Menschen, die ein tieferes Verständnis zur Natur hatten, respektiert wurden. Es waren Plätze der Feiern und Freuden, die nichts Beängstigendes hatten. Manchmal wurden Geschenke oder Opfergaben gebracht (Blumen, Früchte, Kerzen, um die Äste gebundene Bänder), um gegenüber der Quelle allen Lebens **Dankbarkeit** auszudrücken.

Dies waren natürliche Tempel, Plätze mit einer starken und friedvollen Atmosphäre. Man muß nicht religiös sein, um dies zu spüren. Jeder wird solch einen Platz als besonderen Ort erfahren. Solche Orte gibt es heute noch in Indien und Japan.

Ein Heiliger Hain ist ein besonderer Ort, aber ohne die Architektur: ohne Kathedrale oder Tempel. Ohne diesen historischen und kulturellen Kontext sind dort Hindus, Buddhisten, Moslems, Christen oder Juden gleichermaßen willkommen. All diese Religionen haben ihre Heiligen Bäume in ihren eigenen Traditionen.

zusammenbringen

Die **»Freunde der Bäume«** möchten solche Plätze von Besinnung, Frieden und gegenseitiger Freundschaft in der Natur zu schaffen:

- friedvolle und ruhige Plätze, wo Sie sich wohlfühlen und mit sich und Ihrem Umfeld ins Reine kommen.

- Plätze, die uns etwas über wahre Ökologie lehren und wo wir Kraft finden, die wir der Natur **zurückgeben** können auf unsere eigene Weise.

- Orte für praktischen Umweltschutz.

- Plätze, wo wir Inspiration, Entspannung und Heilung finden können. Orte, die uns den Zugang zu etwas Größerem eröffnen mögen.

»Freunde der Bäume« wurde im Mai 2002 als gemeinnütziger Verein gegründet, das englische Pendant **»Friends of the Trees«** im März 2003. Am Steytrisch im Elsaß entsteht die erste Baumpflanzung mit drei Bereichen:

DER HAIN DER HEILUNG mit Vertretern aller heimischen Baumarten.

DER HAIN DER STILLE als Ort der Besinnung.

DER HAIN DER SCHREINE, ein Baumkreis, der die Verbundenheit aller Religionen mit dem Baum dokumentieren soll.

Der englische Verein sucht einen alten Wald in Britannien und setzt sich für den Schutz der alten Eiben ein.

Mehr Informationen:
www.freunde-der-baeume.de
www.FriendsOfTheTrees.org.uk

Freunde der Bäume

Freunde der Bäume e.V. · Cecilienstr. 29 · D-66111 Saarbrücken
Tel: 0681 938 7077 · Fax: 0681 390 4102 · *info@freunde-der-bäume.de*